KB273959

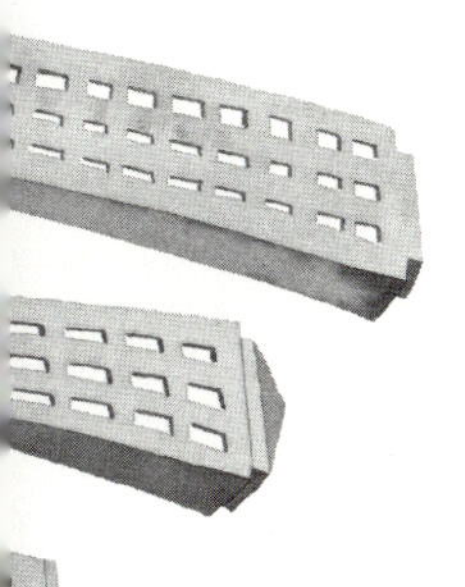
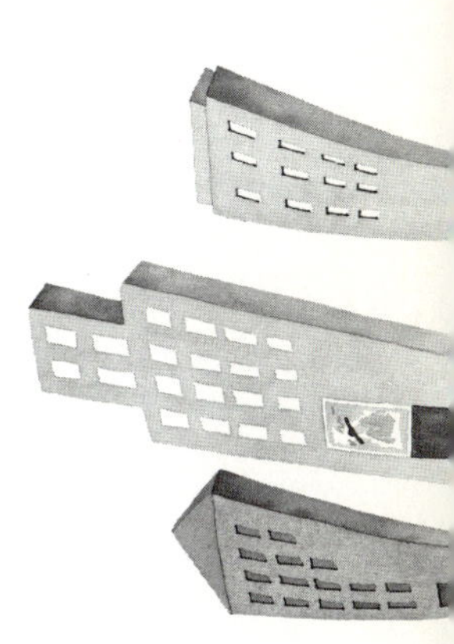

위기의 한국 기업 재창조하라

신정수 지음

가림출판사

한국기업 재창조하라

디지털 시대에 한국 기업은 경쟁력이 있을까?

세상은 온통 강한 자만이 존재하는 시장으로 변해 가는데, 한국 기업은 '살아야 된다.'는 말만 무성하지 기존의 것들에 미련을 버리지 못하고 변화를 관망만 하고 있다. 지금까지 그들을 지탱해주었다고 굳게 믿었던 방법들이 앞으로도 계속 한국 기업의 유지와 성장, 또한 안정을 보장해줄 수 있을까? 한국 기업들이 가진 라인 구조와 상명하달식 조직 체계는 과연 앞으로 성장에 도움이 되고 성과를 내는 데 적합한가?

한국 기업 최대의 위기를 맞았다

지금 당신의 회사는 위에서 시켜야만 일하는 구조를 가지고 있지는 않은가? 그렇다면 그 구조를 당장 쓰레기통에 버려라. 성장에 장애가 될 뿐이다. 보다 새롭고 강한 구조로 전환해야 살아남을 수 있다.

한 달에 한 번 꼬박꼬박 지급하는 급여 테이블은 어떤가? 성과를 많이 낸 사람이나 그렇지 못한 사람도 일정하게 정해진 봉급을 받아간다. 그렇지만 그들이 매월 그 급여만큼의 성과로 회사에 기여하는가? 제품 원가는 계속 오르고 가격 경쟁은 점점 치열해지지만, 제품 가격은 내려가고 있는 현실이다. 기업의 수익은 점점 줄어드는데도 급여는 매년 인상되고 있으니, 이 땅 위에서 사업하기란 정말 힘들겠다는 생각이 든다.

돈을 벌기 위해서는 돈을 벌 수 있는 '구조'를 갖춰야 한다

거의 모든 한국 기업에서는 시간이 흘러서 때가 되면 승진할 수 있고 일을 잘하든지 못하든지 봉급이 호봉에 따라서 지급된다. 이런 체제에서 누가 주인처럼 일하겠는가? 어쩌면 그것은 기업주의 탓인지도 모른다. 기업주는 사원들이 제발 자신의 반만이라도 경영자와 같은 마음가짐으로 일해주기를 기대하지만, 눈치만 보고 안전지대에서 머뭇거리는 사람들이 더 많다. 그 원인은 그렇게 되도록 만들어 놓은 기업 구조 때문이다.

돈을 벌 수 있는 구조를 갖추라. 직원들 스스로가 '경영자의 마음가짐'으로 일할 수 있고 기여한 만큼 급여를 받을 수 있는

구조를 만들어야 한다. 그것이 기업이 경쟁력을 높이고 성장하
는 원동력이 될 것이다.

　회사가 희망이다. 한국 기업이 전통적인 경영 구조나 사업 방
식을 고수한다면 앞으로 성장과 안정을 보장받지 못한다. 지금
까지 유지했던 모든 것을 버리고 새롭고 강한 구조를 갖춰야
한다.

　　　　　　　　　　　　　　　　　　　　저자 신 정 수

차례 C O N T E N T S

3부 기업 경영 환경의 변화

4부 한국 기업이 버려야 할 5가지

모두가 하나로 뭉쳐야 살아남는다. 오늘 출근하는 나의 일터가 우리 모두의 희망이다. 살아남기 위해서 회사 성장에 장애가 되는 것들은 찾아서 개선해야 한다. 유가 상승으로 치솟는 원자재 가격을 어떻게 잡을 것인지, 경기가 어려워 주춤거리는 판매 실적은 어떻게 높일 것인지, 회사 수익은 줄어드는데 고통 분담은 어떻게 할 것인지, 이제 함께 고민하고 함께 문제를 해결하는 '공동책임' 의식을 가져야 한다.

회사가
희망이다

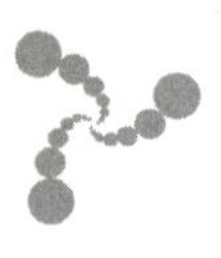

01
한국 기업의 전복 위기

아침이 밝아오기만을 기다리는 사람이 있는가 하면, 그렇지 않는 사람도 있다. 아침을 맞이하고자 열망하는 이들은 그날 하루를 보내기 위한 최소한의 준비가 된 사람들이다. 그들은 언젠가 승리를 확신하는 비전을 가지고 있다. 하지만 요즘 같아서는 아침을 피하고 싶은 사람들이 더 많을 것이다. 열심히 하긴 하는데 제대로 되는 일이 없기 때문이다.

오늘 출근하는 내 일터가 우리 모두의 희망이다!

회사는 말없이 병들어 가고 있다. 이대로 방치하면 치명적인 상황에 빠질지도 모른다. 스스로 병마와 싸워서 이길 수 있는 항체나 면역력을 소진한 상태에 있다. 더구나 우리 옆에는 우리 덩치의 백 배나 되는 중국이 빠른 속도로 성장하고 있다. 포스코 박태준 명예 회장께서 중국 상하이를 둘러보고 다음과 같이 말했다.

"가끔 중국에 가는데 대단히 걱정스럽다. 웬만한 것은 다 중국에 뺏길 것이라는 생각이 든다. 대중국 전략을 어떻게 하느냐가 매우 중요하다. 방대한 경제가 바로 옆에서 저렇게 뛰고 있는데 우리에겐 얼마나 좋은 기회인가. 중국을 잘 파악하고 활용해야 하는데 그러지 못하고 있는 것 같아 굉장히 아쉽고 안타깝다."

1부에서는 '회사가 희망이다' 라는 주제를 다루고자 한다. 지금 한국 기업은 기업주만이 위기를 느끼고 안간힘을 쓰고 있고, 직원들은 위기를 인식하지 못하고 있다. 바로 코앞에 와 있는 위기를 왜 모른단 말인가? 이대로 가다가는 1~2년 안에 도산하는 기업이 속출하고, 갈 곳 없어 방황하는 화이트칼라들이 넘쳐날 것이다.

지금 위기를 인식하고 태도를 바꿔야 한다. 적극적이지 못했던 태도에서 적극적인 태도로 바꿔야 하고, 생각 없이 살던 일상에서 가치 있는 생각을 찾아야 하고, 회사를 위해 좀 더 할 수 있는 것이 무엇인지 기업주와 직원이 다 함께 고민해야 한다.

BRICs의 부상과 한국 기업의 대응 전략

BRICs는 브라질, 러시아, 인도, 중국을 일컫는 말이다. 이 중에서 브라질을 제외한 세 나라가 우리들 바로 옆에서 달리고 있다. 불행 중 다행이라 생각한다. 옆집이 잘되면 떡이라도 얻어먹을 수 있고, 구경거리라도 볼 수 있기 때문이다. 이 나라들의 특징은 자원이 풍부하고, 수요 시장을 일으킬 수 있는 인구도 있으며, 인건비가 저렴하고 노동력이 풍부하다는 것이다.

러시아는 세계에서 가장 넓은 국토를 가지고 있으며, 중국은 세 번째 넓은 국토에 16억 인구를 보유한 매력이 많은 나라이다. 지금 중국은 일본과 한국을 벤치마킹해서 문제로 인식되었던 것들을 고치고 개선안을 보태어서 국토를 개발하고 있다. 그들은 건물을 짓기 전에 6, 8, 12차선 도로들을 만들어 중국 전 지역을 그물망처럼 연결하고 있다. 또 경제 개발구를 만들고 세계적인 기업들을 유치해서 토지 구입과 사업에 필요한 인허가, 각종 세제 혜택을 지원하고, 기업을 운영하기 좋은 환경을 만드는 데 힘을 쏟고 있다. 그 결과 선진 기업들이 몰려와 저렴한 노동력을 활용하면서 기술을 중국 땅에 이전하였다. 자동차 산업이 이동을 하고, 조선 산업도 중국으로 기선을 빼앗겼다. 반도체 제품과 휴대폰도 중국에서 생산하고 있다. 이제는 러시아와 인도도 들썩거리고 있다.

기회를 놓치면 안 된다. 중국이 한국을 너무 멀리 앞지르면 따라잡기 힘들다. 지금부터라도 회사에 에너지를 충전해야 한다.
그것도 강하고 오래가는 것으로 말이다.

"우리가 힘이 없었을 때

총과 군화발로 우리를 지배했었다.

우리가 힘을 키웠을 때.

그들은 함부로 대하지 못했다.

우리가 다시 기력을 잃어버린다면

다시는 돌이키지 못하는 경제 속국이 될 것이다."

남의 집 불구경하듯 하지 마라

한국 기업은 총체적 위기에 맞닿아 있다. 우리 집에 검은 연기가 나고 있는데, 불이 붙었는데 그냥 보고만 있겠는가? 어쩌면 내부에는 이미 불이 번지고 있는지도 모른다. 연기가 피어오를 때 빨리 진압하면 가재도구며 살림살이를 건질 수 있다. 그리고 부족한 것은 안전에 더 주의하면서 집중해서 고치면 된다. 그러나 모두 다 타서 무너져버리고 아무것도 없으면 재건을 위해 더 많은 자원이 필요하다.

우리가 일하는 회사의 문제를 남의 집 불구경하듯 보고 있지 마라. 불구경만 하다가는 피해가 고스란히 자신에게 돌아올 것이다. 지금이 위기라는 사실을 깨닫지 못하는 자들이야말로 무딘 사람이거나 간이 큰 사람 중에 하나이다.

지금 우리는 세계적인 경제 전쟁으로 한 시간 후의 동향도 예측하지 못하는 스모그 속에 있다. 내년에도 물가가 상승하고 경기 침체가 장기화되면 아마도 저성장 고물가의 스태그플레이션(stagflation : 경기 침체하의 인플레이션)이 올지도 모르겠다. 실업률과 물가 상승률 합을 바탕으로 현재 경기 추세를 분석한 수치가 높을수록 스태크플레이션 현상이 강해지는데, 한국은 그 수치가 OECD 국가의 평균인 3.49%보다 무려 5배 이상 높다.

위기의식으로 변화에 철저히 대응하라

한국 기업은 석권하고 있는 LCD시장에서도 대만에 밀려 생산물량을 줄이고 있다. 한국 경제를 이끌어가는 조선 산업의 대표 D기업도 인수합병(M&A) 대상에 올라 있다고 한다. '2007년 베스트 셀링카' 도요타 캠리(Camry)는 한국 시장 상륙을 눈앞에 두고 있다. 우리 토종 브랜드 현대자동차의 결론은 간단하다. 정면승부이다. 기술 개발도 하고, 품질도 높이고, 차별화될 수 있는 특별한 가치도 만들어내고, 연비도 따라잡을 수 있는 제품을 개발해야 한다. 한쪽 부서에서는 비지땀을 흘리며 연구 개발에 박차를 가하고, 다른 쪽에서는 임금 인상으로 쟁의 활동을 벌이고 있다가는 회사가 공중분해될 수 있다. 그 기업을 선뜻 사겠다는 회사도 나타나지 않을 것이다. 왜냐하면 강성노조가 있는 곳은 매력이 없기 때문이다. 사원들은 자기 실속만 차리려다 회사를 문 닫게 하고, 알토란같은 핵심 기술 하나 보유하지 못한 회사를 누가 인수하고 싶겠는가?

노래 가사처럼 있을 때 잘해야 한다. 유럽 경제를 주시하고, 주변국인 말레이시아, 인도, 중국, 러시아, 베트남 등을 관찰해야 한다. 그들이 달릴 때 함께 동승해서 달려야 한다.

앞장서서 달리기 위해 필요한 것은 견고한 내부 시스템이다. 각자가 충실히 기능을 해줘야 한다. 어느 한 곳이라도 달릴 수 없는 상황이 벌어지면 모든 기관이 멈출 수밖에 없다. 사전에 점검하고 조율해야 한다.

사장실에 숨지 말고 세상 밖으로 나가서 공부하라

시장 판세가 어떻게 흘러가는지 알아야 반장을 하든지, 사장을 하든지 할 수 있다. 유럽의 경제 판도를 읽어야 하고, 중국을 비롯한 성장 국가들의 변화 추세도 파악해야 한다. 시장 판세도 모르면서 사장 자리에 앉아 회사가 굴러갈 것이라고 믿다가는 큰일 난다.

직원들에게만 자기계발하라고 소리치지 말고, 사장부터 직접 뛰어다니면서 시장 판세를 주도할 가치를 찾아야 한다. 사장도 세계 최고가 될 수 있는 가치를 만들어야 한다. 직원들 이야기만 듣고 판단해서도 안 된다. 파트너들의 조언만 듣고 결정해서도 안 된다. 고객의 소리만 듣고 결정해서도 안 된다. 사장이 직접 경험하고 판단해서 결정해야 한다. 폼만 잡고 편안하기만을 기대하는 사장이라면 오늘 당장 그 자리에서 물러나는 것이 옳다.

사장도 코치가 필요하다. 전문가의 코치가 필요하다면 학계와 재계에서 지혜로운 멘토를 만들어 올바른 방향으로 회사를 이끌어라. 기업의 방향을 제시해줄 수 있으려면 사장도 사리사욕을 채우기보다는 당장의 편안함과 안락함을 포기하고 큰 그림에 집중해서 미래 청사진을 실현하도록 고행의 도전장을 던져야 한다. 봉급을 받는 사장이든, 회사를 창업한 사장이든 모두에게 동일한 임무가 주어져 있다. 리더의 역할과 중요성에 더 많이 공감하고 책임감 있는 경영을 해야 한다.

회사를 위해 자기계발한다는 착각에서 벗어나라

직원들을 평등하게 대하면 문제가 하나둘 발생한다. 직원들은 자기계발을 멈춰버리고 문제 인식 없이 안전지대로 숨을 것이다. 회사 성장이 멈추면 외부에서 초빙한 전문가의 진단이 나오고, 그들의 냉철한 판단에 따라 그때부터 회사는 직원들을 차등화된 방식으로 관리하고 대접할 것이다.

자기계발은 회사 발전만을 위하는 것이 아니다. 직무 기술을 향상시키고, 창의적인 아이디어를 발견하고, 부족한 분야를 학습하는 것은 바로 자신의 생존을 위한 것이다. 현재 직위보다 업무 능력이 부족하면 자동적으로 퇴출 대상이 되기 때문이다.

반면, 다방면에 우수한 능력을 가진 사람은 회사와 사회에 항상 기회가 널려 있다. 외국어에 능통한 사람은 외국 기업과 비즈니스를 할 때 그 능력을 발휘할 수 있을 것이고, 파워포인트 실력이 우수한 사람은 사업 보고서 및 신규 사업 계획에 관한 프로젝트 작성에 기여도가 클 것이다. 회의 기법이나, 의사소통 기술, 코칭 기술 등에서 전문가와 같은 실력을 가진 사람은 조직원 간의 원활한 교류에 영향을 미치게 될 것이다. 회사 전반에 걸쳐서 문제를 제기하고 대안을 제시하는 것도 본인의 경력에 도움을 주는 일이므로 열심히 해야 한다.

여러 분야에 경력이 있고 기술과 실적이 우수한 사람은 조직

속에서 본인의 입지를 굳게 다질 뿐 아니라 영향력을 행사할 수 있는 기회를 많이 가질 것이다. 향후에는 기업이 사람을 평가하는 기준이 달라질 것이기 때문이다.

▶ 사람을 평가하는 기준의 변화

현재 사람을 평가하는 기준	향후 기업이 사람을 평가하는 기준
● 명문대학을 졸업한 인재 선호 ● 중소기업보다 대기업에서 근무한 인재 선호 ● 근무한 기간	● 지원 분야의 전문성 ● 프로젝트 참여 경력 사항 ● 아이디어 제공, 기여도, 성과 ● 최종 학력과 성적보다는 능력

이제 기업은 근무 연수만으로 당신을 채용하지는 않을 것이다. 앞으로는 능력 위주의 인재를 채용하는 시대가 열릴 것이다. 명문대학 출신으로 대기업에서 일했다고 과신하지 마라. 명문대학을 졸업하지 않아도, 지원하는 분야에 오래 근무하지 않아도 전문성을 가지고 있거나, 다양한 프로젝트에 아이디어를 내고 참여한 실적과 기여도가 있다면 그것이 당신을 채용하는 지표가 될 것이다. 자기계발은 본인의 발전을 위해서 노력하고 투자하는 것이다. 회사를 위해 투자한다고 착각하지 마라. 지금 있는 자리에서 열심히 자기계발도 하고 회사의 프로젝트에 적극 참여해서 성공시키면 회사도 발전하고, 본인도 능력을 인정받는 기회를 얻을 것이다.

회사가 희망이다

앞으로는 수출이 늘고 매출이 늘어나도 일자리는 더욱 더 늘지 않는다. 원가 상승으로 회사의 한계 수익은 오히려 줄 어드는 데다 전산화, 자동화로 일자리가 줄고 있기 때문이다. 그렇다 해도 인간 자원이 전부인 나라에서 기술 개발과 함께 인재를 육성하는 일은 너무도 중요하다. 자금이 필요하면 은행에서 빌릴 수 있지만 인재가 필요하면 어디서 빌려오지도 못하기 때문이다.

여성 의류 브랜드인 온앤온, (주) 보끄레머천다이징사를 이끄시는 이만중 회장님은 인재를 키우는 데 투자를 아끼지 않는 분이시다. 우수한 인재를 발굴하고자 여름방학과 겨울방학을 이용하여 인턴사원 제도를 운영하고, 그 과정에서 우수한 인재는 채용한다. 그리고 그들을 현장에서 1~2년 근무시킨 다음 인도, 싱가포르, 미국, 중국, 러시아, 패션 산업의 메카인 이탈리아 등지로 유학을 보낸다. 넓은 세상의 변화를 알게 하고, 외국 사람들과 업무 교류를 하게 함으로써 두려움을 없애고 자신감과 도전정신을 갖게 하기 위해서이다. 물론, 유학 비용은 전액 회사에서 지원하고, 한국에서 받던 급여도 계속 준다.

이만중 회장님은 유학길에 오른 직원들에게 세 가지를 당부하신다. 첫 번째는 한국인이라는 정체성을 잃어버리지 말라고 하신다. 두 번째는 회사의 대사 역할을 수행하는 만큼 근무하는 태도나 행동 하나하나에 최선을 다해달라고 주문한다. 직원의 태도와 일하는 모습을 보고 그곳 사람들이 회사를 평가하고, 한국 사람들을 평가할 수 있기 때문이다. 세 번째는 돈이 되고 홀로설 수 있는 아이디어와 상품을 찾아서 오라고 말씀하신다. 그리고 유학을 다녀온 직원들이 홀로서기를 희망하면 아이템을 점검한 후에 가능성이 있다면 기꺼이 지원을 아끼지 않고 독립시킨다. 회사 운영 비용도 1년까지는 지원해준다. 그리고 이렇게 독립한 직원들과 제휴하여 상호 윈-윈(win-win) 하는 전략으로 비즈니스 파트너십을 형성하면서 회사의 안정성을 확고하게 다져간다.

이만중 회장님의 의도는 직장에서 100% 에너지를 발산하고 있는 직원이라면 독립했을 경우 300~500%의 열정과 에너지를 뽑어낼 것이므로 지원해야 한다는 것이다. 그에 따른 성과는 사회와 회사에 직접적인 이점을 나누어 주고, 큰 사회적 역량으로 확산될 수 있으므로 풍요로운 사회를 만드는 데도 기여가 크기 때문이다.

이만중 회장님의 후원으로 이탈리아에 유학 중인 직원이 현재 10명이 넘는데, 그렇게 투자한 기간도 10년 이상 되었다고 한다. 환경이 어렵게 변하더라도 영향력 있는 우수한 인재가 기업의 길을 개척하는 역할을 수행한다고 믿기에 온앤온, (주) 보끄레머천다이징사는 역량 있는 인재를 만드는 데 집중한다.

우리 기업들도 직원들 모두가 전문가로 성장할 수 있도록 힘써 지원해야 한다. 그들에게 투자되는 비용은 전혀 아깝지 않다. 전문성을 가진 인재들은 자신을 지원해 준 회사를 위해 오늘의 어려움과 내일의 고난을 이겨내고 회사를 정상에 올려놓을 것이다.

회사에 입사한 사람들도 자신이 다니고 있는 회사를 건실하고 위대한 기업으로 만들어야 한다. 지금 일하는 일터는 선배들이 열심히 노력해서 만들어낸 결과물이다. 많은 지원자 중에서 내가 선택된 것은 어쩌면 혜택을 받은 것이다. 이 소중한 일터가 있어서 우리 가족이 생활할 수 있는 에너지가 제공된다. 그러므로 직장 선배들을 존중하고 자신의 일터를 소중하고 감사하게 생각해야 한다. 혜택받은 만큼 더 크고 위대한 회사를 만들어서 주변 친구나 후배들이 많이 입사하여 함께 일할 수 있는 곳을 만들어 가는 것이 현재 근무하는 사람들이 가진 사회적 사명이다.

더 이상 노조와 사업주는 분위기를 험악하게 만들어가면서 서로 싸우지 말기 바란다. 모두가 하나로 뭉쳐야 한다. 살아남기 위해서 먼저 회사 성장에 장애가 되는 것들을 찾아내어 개선해야 한다. 유가 상승으로 치솟는 원자재 가격은 어떻게 잡을 것인지, 경기가 어려워서 주춤거리는 판매 실적은 어떻게 높일 것인지, 회사 수익은 줄어드는데 고통 분담은 어떻게 할 것인지, 이제는 함께 고민하고 함께 문제를 해결하는 '공동책임' 의식을 가져야 한다.

회사란 곳이 창업주와 주주들만의 돈주머니가 되어서는 안 된다. 이제는 서로 의지해서 능력과 에너지를 결집시켜 또 다른 환경 변화에 대응해나가야 한다.

넓고 큰 시장으로 눈을 돌려라. 제3국에서 원자재를 공급받고, 제3국에서 제품을 생산해서, 제3국에 팔아야 한다. 실패를 두려워 말고 세계 지도 위에 큰 그림을 그려 실행해 보기를 권한다.

실패를 줄이기 위해 현지 전문가의 도움을 받거나, 제휴와 파트너십으로 전략적으로 이동하면 안전도를 높일 수 있다. 자동차를 만드는 회사에 외부 협력 회사가 좋은 아이디어를 준다면 그 분야의 소프트웨어를 달리 하고, 경쟁력을 갖추어 동종 업계에서 차등화에 성공할 수 있다. 이 말은 현재의 구조를 혁신하기 위해서는 문제를 기업 내부에서만 찾으려 하지 말고, 전체 관계 속에서 찾아 협력하라는 의미이다. 서로 관련 있는 모든 기업들이 아이디어를 모아 혁신의 노력을 공동으로 해나가야 한다.

1위를 향한 유일한 불변의 법칙은 신기술 개발이다. 2010년 세계는 융복합화 사회가 될 것이며, 2015년 유통은 생산자와 소비자의 직거래로 바뀔 것이다.

시장 판세를 읽고 미리 대비하는 전략도 계획해야 하고, 주인처럼 스스로 일할 수 있는 기업 구조도 창조적으로 개발하여 시스템을 갖춰야 한다. 직원과 기업주 모두 우리가 일하는 일터를 위해 내가 더 해야 할 것이 무엇인가를 고민하는 하루를 보내면 좋겠다.

리더의 비장한 결정이 필요하다

현대 경영의 패러다임(paradigm : 인식의 틀)과 미래 경영의 패러다임은 다르다. 그러므로 리더는 의식을 변화시키고 조직의 체질을 개선해야만 한다. 치열한 경쟁에서 승리하기 위해서는 전통 방식을 고집하기보다는 가볍고 기발한 아이디어를 바탕으로 새로운 경영 방식을 연구해야 한다. 미래 사회는 지금보다 더 과학적이고, 복잡하고, 스피드해진다.

앞에서 언급한 내용을 요약하면서 미래 경영의 새로운 패러다임을 제시해본다.

미래 경영 패러다임은 세계 시장의 판세를 예측하는 데서 시작한다. 새로운 적을 찾으라. 앞으로 펼쳐질 FTA 환경과 광속 디지털 기술의 발달로 지금 내가 머뭇거리는 순간 나타난 적이 우리의 모든 것을 고갈시킬 것이다. 그들을 발견하고 이길 수 있는 전략을 짜야 한다. 역량 있는 리더가 지휘하는 방향에 따라 에너지를 결집하여 강점을 더 강화한 단순한 구조로 스피드를 내는 전략이 이루어져야 한다.

이전에는 TV를 집에 두고 보았다. 컴퓨터가 만들어지면서 사람들은 TV를 인터넷으로 보게 되었다. 지금은 DMB(Digital Multimedia Broadcasting)를 통해 휴대기기로 TV를 본다. 2008년 전 세계 모바일 인터넷 이용자는 5.5억 명에 달하는데, 2012년에는 15억 명이 넘어설 것으로 추산하고 있다. 이런 환경에서 예전의 TV 생산과 판매 방식에 머물러 있다면 문제가 있다. 휴대기기를 이용해서 TV를 보는 시대적 변화에 대응할 수 있는 텔레매틱스(telematics : 자동차와 무선통신을 결합한 새로운 개념의 차량무선인터넷 서비스) 지능형 TV를 개발해야 할 것이다. 환경의 변화를 감지해서 문제를 해결할 수 있는 구조나 시스템으로 조직을 새롭게 개선해야 한다. 또한 잠재 경쟁자를 찾아서 싸움의 방식을 미리 연구해야 한다.

▶ 생존 방식의 전환에 대한 위기 인식

현재의 경쟁 패러다임	미래의 경쟁 패러다임
시장 점유율 경쟁	**기회선점의 경쟁**
※ 규정된 시장에서의 경쟁	※ 미래 발생 가능한 기회의 주도권 선점
사업 단위(GPM) 경쟁	**기업 역량 경쟁**
※ 제품 중심의 사업 단위간 경쟁	※ 기업을 핵심 역량 결합체로 보고 재원 배분
인내력(deep pocket) 경쟁	**스피드 경쟁**
※ 중 · 장기 개발은 느리다 　→ 철인 3종 경기	※ 스피드는 경영의 필수 요소 　→ 100m 달리기
조직화한 활동장 경쟁	**비정형화한 활동장 경쟁**
※ 라인 조직의 탑 – 다운 방식	※ 수평 자율 경영 조직 　→ 산업간 경계 소멸
다각화와 규모 경영	**핵심 가치 산업**
※ 무조건 하면 된다	※ 가장 강한 것 하나만 집중

현재 경영 패러다임에서 미래 경영의 패러다임이 어떻게 변하는지를 알아보자.

시장 점유율 경쟁 ⇒ 기회선점 경쟁으로 전환

지금까지 우리는 규정된 시장에서 점유율 경쟁을 벌여 왔다. 거의 모든 기업이 시장 점유율을 높이기 위해서 광고, 홍보비를 쏟아 붓고 선두 기업이 하는 방식을 벤치마킹해서 비슷하거나 같이 따라 하기에 급급했다. 이런 싸움 방식은 시간이 갈수록 더 많은 투자를 요구하지만, 반대로 수익은 줄어든다. 선두가 바꾸면 따라서 바꾸어야 하지만 일등은 못하기 때문에 투자된 개발비에 비해 매출이 상승하지는 않는다.

예로 한 통신 산업은 시장 점유율을 높이기 위해 수백 억 원이라는 광고홍보비용을 지출했다. 선두 기업의 고객을 빼앗기 위해서 후발업체가 천문학적인 숫자의 돈을 투자하자 선두 기업도 방어 차원에서 더 많은 자금을 광고홍보비로 지출하는 양상을 보였다. 한정된 시장에서 투자율을 높인다고 그만한 부가가치가 생기는 것은 아니다. 이미 시장은 포화 상태이기 때문에 그렇게 들어간 비용은 대부분 다른 통신사 회원을 자사로 번호 이동시키는 정도로 소요되었다. 결과적으로는 한정된 고객을 놓고 시장 점유율 경쟁을 벌여 비용만 많이 지출하였다. 시장 점유율 경쟁이 보여주는 허실의 대표적인 사례이다.

기회선점은 미래에 발생 가능한 기회의 주도권을 선점하는 것이다. 고객의 만족도 높아지고 기업도 수익이 많이 발생하는, 상호 원-윈 할 수 있는 방식을 먼저 발견하고, 실전에 적용함으로써 비용을 들여 광고하지 않아도 시장에서 승리할 수 있는 싸움 방식이다.

사업 단위 경쟁 ⇒ 기업 역량 경쟁으로 전환

'사업 단위 경쟁'은 제품이나 팀 중심의 경쟁이다. 한 부서나 팀에서 제품을 개발하고 여러 부서가 지원하는 경영 체제로 대부분 회사가 취하는 경쟁 전략이다. 이렇게 한 부서나 팀에서 '경쟁력'을 만들어내던 것을, 미래 경영에서는 '기업 역량 경쟁'으로 전환해야 한다. '기업 역량 경쟁'은 경쟁의 주체가 기업 속의 한 조직에서 기업 전체로 바뀐 경쟁 상태를 말한다. 이를 위해서는 '수평 자율 경영 구조'를 만들어 한 프로젝트에 기업의 모든 인력이 하나로 뭉쳐 최고의 결과를 낼 수 있어야 한다.

의류 브랜드 회사 디자인 부서의 예를 들어보겠다.

예전에는 10명의 디자이너들이 있는 팀에서 바지, 블라우스, 재킷, 니트 등을 만들어 시장에서 경쟁을 벌였다. 그러나 기업 역량 경쟁 상황을 인식하면서 조직 시스템은 '수평 자율 경영 구조'로 바뀌었다. 한 팀의 10명이 전 시장의 기업들을 상대로 경쟁하는 것이 아니라, 100명의 디자이너 중에서 특정한 제품 즉, 바지면 바지, 니트면 니트, 블라우스면 블라우스에 뛰어난 실력을 갖춘 열정 있는 디자이너들이 모여 만든 제품이 더 좋은 경쟁력을 갖추는 것이다. 기업 역량 경쟁 상황에서는 노력하는 실력 있는 디자이너들은 수십 배의 보상을 받고, 실력이 부족한 사람들은 이 책의 212쪽에 나오는 회전문의 법칙에 따라 자연스럽게 다른 회사로 이동하게 된다.

기업 역량 경쟁으로 전환할 때 갑자기 한꺼번에 바꾸려고 하면 지금까지 라인 구조만을 경험한 직원들에게 두려움을 주어 역효과가 생길 수도 있다. 회사의 가장 핵심 부서부터 우선 수평 자율 경영 구조로 전환한 다음 가장 가까이에서 영향을 받는 부서를 바꿔가는 순으로 확대해 가면 된다.

인내력 경쟁 ⇒ 스피드 경쟁으로 전환

이전에는 중장기 계획을 세워 단계적으로 제품을 개발해서 시장에 내놓았다. 지금은 자고 나면 신기술이 탄생하는 시대이다. 유사 기능 제품들이 실시간으로 출시되는 스피드 경쟁이 이제 경영의 키워드가 되었다.

지금의 고객은 개발자보다 느리다. 고객은 개발자보다 전문 분야에 약하다. 그러나 개발자가 혁신적인 제품을 개발해서 시장에 출시하면 고객은 빠르게 반응한다는 것을 명심해야 한다.

▶ 시장의 자금 흐름도

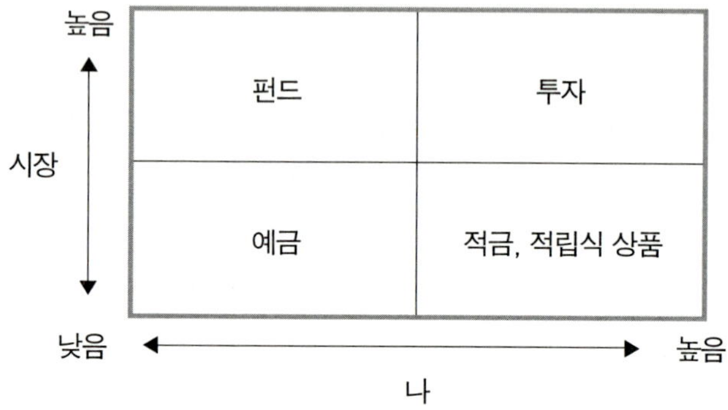

금융권의 예를 들어보자. 시장의 유동 자금도 상품력에 따라서 이동한다.

시장에 있는 수익성 금융 상품에는 예금과 적금, 펀드, 그리고 투자가 있다. 위 표에서 '나'라는 항목은 자신이 어느 정도 수익을 내고 싶은지, 그래서 어떤 종류의 상품과 가장 잘 맞는지를 아는 정도를 나타낸다.

자기 자신도 잘 모르고 시장 판세도 잘 모르는 사람은 예금을 선택한다. 자신을 잘 알지만 시장 판세를 모르는 사람은 예금보다 이자가 높다는 적금이나 적립식 상품을 선택을 한다. 자신에 대해서는 잘 모르지만 시장 판세를 잘 읽어내는 사람은 펀드 상품으로 옮긴다. 예금이나 적금보다 이익이 크기 때문이다. 자신을 잘 알고 있으면서 시장 판세도 잘 읽는 사람은 투자를 한다. 투자가 수익이 가장 크기 때문이다. 이처럼 어떤 상품을 만들어서 시장에 내놓느냐에 따라 유동 자금은 빠르게 이동한다. 따라서 금융권에서는 경쟁력 있는 상품을 개발해서 시장에 출시하는 스피드 경영을 간과해서는 안 된다.

생산자와 고객을 직거래로 연결하는 홈쇼핑을 따라잡기 위해서도 스피드 경영이 필요하다. 항공기처럼 변하는 자동차도 기술 경쟁을 높이기 위해 전략적 제휴와 파트너십으로 스피드 경쟁 시대에 상품 경쟁력을 높이고 있다. 현대자동차는 MS 인피니온과 제휴하여 음성인식 오디오 시스템과 내비게이션, 텔레매틱스 개발에 몰두하고 있으며, BMW도 구글과 인텔이 결합한 내비게이션을 장착해 구글 검색 기능을 탑재한 모바일 오피스카를 만들려고 노력하고 있다. 재규어도 애플사와 결합하여 드라이버 셀렉터(애플이 디자인한 다이얼형 변속기)를 개발하는 중이다. 사람이나 물건을 운반하던 기능을 넘어서 항공기처럼 자동차도 최첨단 상품으로 발전해 가고 있다.

인터넷이 활성화되면서 인터넷을 통한 광고비가 급증하는 것은 기업에게는 상당히 매력적인 부분이다. 2008년 세계 인터넷 광고홍보비는 652억 달러로 전체 광고비의 10%에 달하며, 2011년에는 1,066억 달러로 전체 광고비의 13.6%를 차지할 전망이다. 이러한 추세에 따라 최근 IT 업계는 '인터넷 접속 창'을 선점하기 위한 경쟁이 본격화되고 있다. 인터넷 접속 창은 PC뿐만 아니라 휴대폰, TV로 확대되고 있으며, 연관 산업 즉, 미디어 산업, 광고 산업, 유통 산업에까지 영향을 미치고 있다.

IT 산업은 인터넷을 중심으로 재편될 것이며, 휴대폰은 인터넷 머신기의 핵심으로 성장할 것이다. 따라서 휴대폰의 5대 업체(노키아, 삼성전자, LG전자, 모토로라, 소니 에릭슨)에 스마트폰 3사(애플, RIM, HTC)가 새로운 경쟁자로 합세하는 확대 경쟁으로 전환될 것이다.

들고 다니는 휴대폰이 손목에 차는 시계 스타일로 바뀔 것이며, PC도 저가, 고성능, 소형, 경량을 선호하는 시장의 요구에 맞춰 변할 것이다. PC 업계는 TV 시장에도 강력한 경쟁자로 부상할 것이며, 휴대폰 시장에도 진입해서 인터넷 접속 창을 선점하기 위해 확산 전략을 시도할 것으로 예상된다.

하루가 다르게 변하는 시장 환경에서 우리 기업이 예전 모습 그대로를 유지하면서 경쟁에서 승리하기만을 기대하고 있다면 큰 착각이다. 이전 것을 버리고 스피드 경쟁으로 이동할 수 있는 경영 체계를 갖춰야 한다. 이를 위해 제휴와 파트너십으로 이동하는 전략을 적극 고려하기 바란다.

조직화한 활동장 경쟁 ⇒ 비정형화한 활동장 경쟁으로 전환

전쟁 무기는 기술 발달에 따라 진화해 왔다. 대규모 싸움은 창과 방패를 발명하면서 시작되었다. 그 다음에는 먼 거리에서도 적을 사살할 수 있는 화살이 만들어졌고, 화약이 발명되면서 총과 대포가 만들어지고, 급기야 탱크와 비행기가 탄생했다. 경제 전쟁도 이와 함께 진화해 왔다. 전쟁으로 다른 나라를 복속시키는 것은 점령국의 넓은 영토와 산물, 노예라는 막대한 이익이 있었기 때문이다. '부의 획득'이라는 전쟁 원인은 오늘날도 바뀌지 않았다. 미국의 주도로 일어난 이라크전도 그 이면에는 세상 모든 부의 근원인 석유를 향한 야욕이 있었음을 모두가 안다.

그러나 싸움 방식은 변했다. 지금의 전쟁은 컴퓨터로 주요 시설물과 전산망을 파괴하는 방식으로 전환되고 있다. 힘으로 싸우고, 무리를 지워서 싸우고, 무기를 가지고 싸우던 시대는 사라졌다. 눈에 드러나는 영토 전쟁은 이제 눈에 보이지 않는 경제 전쟁이 되었다. 그 싸움 무기는 선진 마인드와 기술, 전략, 협상력, 속도와 기습적인 기회선점 경쟁이 되었다.

지금 경제 전쟁에서 살아남으려면 많은 땅과 인원이 필요하지는 않다. 덩치보다는 두뇌 전략과 기회선점 속도가 우선이 되는 싸움을 해야 하기 때문이다. 그러나 아무리 좋은 전략도 스피드를 잃으면 무용지물이 된다. 민첩성이 관건이다. 생존을 위해서는 초스피드 경영이 필요하다. 민첩해지려면 '뭉치면 산다.'는 아날로그 시대의 주장은 버려라.

한 사람이 군대의 역할을 감당하는 조직으로 전략을 이동시켜야 한다. 그래야 즉시 대응할 수 있다. 무거운 갑옷을 입고 둔한 몸놀림으로 싸운다는 고정관념에서 벗어나, 컴퓨터를 들고 전략과 협상력으로 무장된 전문가를 보내서 시장을 선점해야 한다.

다각화와 규모 경영 ⇒ 핵심 가치 산업으로 전환

만들면 팔리던 시절이 있었다. 그러나 지금은 품질 좋고 저렴한 상품들이 넘쳐나는 시대이다. 돈이면 다 통하던 시대도 있었다. 그러나 이제는 확실한 차별화와 가치를 선호하는 시대가 되었다. 다각화와 규모 경영을 했던 세계적인 기업들은 많지만, 그중 GE 그룹만이 유일한 성공을 거두었다. 그랬던 GE의 다각화 전략도 이제는 옛말이 되었다. 그들도 수익성이 없는 사업은 하나둘 처분하고 있다.

이제는 자신이 누구보다 잘할 수 있는 것을 찾아서 끝까지 물고 늘어져야 한다. '하면 된다.'고 믿고 무리수를 던진 기업들은 지금도 꼬리에 꼬리를 물고 시장에서 퇴출되고 있다. 이제는 '핵심 가치에 집중하는 경영'으로 전환해야 한다.

박지성 선수처럼 강점을 더 강화하라. 약점을 보강하려고 시간 낭비하지 마라. 다만 강점을 효과적으로 성공시키기 위한 전략은 필요하다. 다방면으로 생각하고 연구해서 최적의 대안을 찾아 강점과 결합시켜라. 핵심 가치는 기술력일 수 있고, 우수한 인재일 수도 있고, 원자재 가격 책정에 대한 특별한 노하우나, 회사를 대표하는 슬로건과 브랜드 콘셉트일 수도 있다.

핵심 가치는 다음 조건을 만족해야 한다.

- 가장 잘할 수 있는 것

- 미래 비전이 보일 것

- 창조적이고 탁월함이 있을 것

- 확대 전략이 가능할 것

- 올인 할 가치가 있을 것

- 세계 최고가 될 수 있을 것

회사의 핵심 가치를 정확하게 파악하고 집중하고 몰입하기 바란다. 이를 위해서는 리더의 비장한 결정이 필요하다.

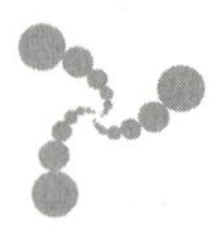

02
크고 위대한 기업

인정만 추구하는 기업이나 계산기로 예상 매출만 두드리는 기업은 망한다.

"사업 포트폴리오가 안정적이라는 것은 회사의 사망을 의미하는 것이다."

제프리 이멜트(Jeffrey R. Immelt) GE 회장이 한국 능률협회가 주최한 조찬 간담회에서 한 말이다.

GE 그룹은 인수와 매각의 다변화를 기획하고 사업을 세계적으로 확장하기 위해 미국 시장에서 가전 사업 매각을 결정했다고 한다. 대기업이라도 수익이 없는 사업은 철수하고 부가가치가 있는 새로운 사업으로 빠르게 이동하고 있다. 모든 것을 소유하면서 경영하던 시대는 지났다. 크고 방대한 기업은 환경 변화에 빠르게 대응하기 어렵다.

크고 위대한 기업이 되기 위한 조건은 무엇일까?

경영의 안정화를 꾀하라

경영을 안정화하라. 그러기 위해서는 노사 간의 절대적 화합이 요구된다. 독일에는 파셴(Paschen)이란 가구 회사가 있다. 이 회사는 파셴가에서 운영하고 있는 5대째 125년의 역사를 자랑하는 기업이다. 한때 독일에도 수천 개 가구 회사가 있었지만, 대량 생산 가구 제품과의 경쟁에 지면서 대부분 문을 닫았다. 파셴사도 한계에 봉착했으나, 서재 가구를 주문 생산하는 방식으로 전략을 바꾸었다. 그리고 가구협회에서 탈퇴했고, 회사 노조도 같은 시기에 연합회를 탈퇴하면서 노사가 자유롭게 협상할 수 있는 환경도 만들어 갔다. 계절마다 돌아오는 성수기와 비수기 문제를 해결하기 위해 파셴사는 직원들의 협조를 구하면서 그들을 더욱 배려하였고, 그러자 노조도 회사 사정을 이해하게 되었다. 주문을 받아서 생산하기 때문에 재고가 없었고, 원재료도 5일 동안 사용할 분량만 유지하여 비용 손실도 최소화시켰다. 이후 파셴사는 300개 독일 대표 브랜드를 소개하는 책자에도 이름이 올랐고, 게르하르트 슈뢰더 독일 전 총리, 슈퍼 모델 클라우디아 쉬퍼도 그들의 고객이 될 만큼 최고의 제품을 만들어 내었다. 현재는 바티칸 궁전 도서관에 들어갈 가구를 만들고 있다고 한다.

한국 기업이 위기 속에 있음에도 아직 노사 간의 대립으로 회사가 곤경에 처한 경우를 신문을 통해 자주 본다. 가슴 아픈 일이 아닐 수 없다. K 자동차 노조가 18년 연속 파업을 하고 있다는 기사를 본 적이 있다. 회사가 망해서 문을 닫고 직원들이 일터를 잃고 거리를 배회해봐야 소중함을 느낄 수 있을까.

회사가 희망이다. 크고 위대한 기업을 만들기 위해 합심해서 노력해야 한다. 세계적인 경쟁으로 우리 기업이 총체적 위기를 맞으면 회사의 생존을 위해 아이디어를 모아야 한다. 회사의 자금 사정이 좋아지면 임금 인상 요구는 그때 해도 늦지 않다. 임금은 기업주의 지불 능력이다. 그 지불 능력이 멈추는 날 기업은 부도가 난다. 경영의 안정화를 위해서 조금씩 양보하고 협조해야 한다.

환경 변화에 적응하라

환경 변화에 적응하라. 사회는 하나의 제품에 여러 가지 기능을 포함하는 융복합화 상품 시장으로 급속하게 전환되고 있다. 디지털 카메라, MP3 플레이어 회사는 휴대폰 회사에 밀리고 있다. 7%의 관세만 내면 아무 나라나 가서 물건을 팔 수 있게 되자, 세계 1, 2, 3위 기업만이 생존하는 시장으로 바뀌었다. 제품 성능과 기능은 하루가 다르게 변하고 새로운 적이 언제 어디서 나타났는지 대기업으로 손꼽히는 회사들도 고전하고 있다. 성능과 기능성을 높이기 위해 고급 인재를 채용하지 말고 제휴와 파트너십으로 연계 개발(C&D : Collaboration & Development)을 계획해야 한다.

환경 변화에 적응하기 위해 책상에 앉아서 컴퓨터를 들여다본다고 문제가 해결되지는 않는다. 답은 시장에 있다. 경쟁사의 움직임도 살피고, 제품도 파악하고, 그들의 전략도 분석하고, 고객의 소리도 귀담아 듣고, 다른 산업에 영향을 미칠 미래의 적도 발견해야 한다. 광속의 환경 속에 경쟁력 있는 상품을 개발하는 데 집중해야만 지금의 위기를 헤쳐나갈 수 있고, 위대한 회사로 도약하는 것이 가능해진다.

단순하게 경영하라

단순하게 경영하라. 복잡하고 긴 것은 버리고 간단하고

짧게 바꾸어라. 복잡하고 길면 기억하지 못하고 기억하지 못하면 성과가 떨어진다. 성과가 떨어지면 회사가 손해를 본다. 회사의 비전, 브랜드 콘셉트, 업무 처리 방식, 복무 방침과 성과에 대한 지불 규정 등은 서로가 명쾌하게 이해할 수 있도록 간단하게 정리해야 한다. 쉽고 단순하면 기억하기 편하다. 잊지 않고 기억하면 스스로 열정을 다해 일한다. 열정을 다해 일하다 보면 회사도 좋아지고 본인에게도 이득이 생길 것이다.

특별한 기업 문화를 형성하라

특별한 기업 문화를 형성하라. 필자는 미국 오하이오주의 내셔널머시너리란 회사에서 컨설팅 공부를 한 적이 있다. 200년이 넘은 역사를 가졌으니 미국이란 나라가 생길 때부터 세워진 회사이다. 근무하는 모든 직원들은 가슴에 7가지 다른 색깔의 이름표를 달고 다니는데, 한 부서는 신입 사원도 하얀색 명찰을 달고 가장 직급이 높은 사람도 하얀색 명찰을 달고 있었다. 다른 부서에도 하얀색 명찰을 달고 다니는 사람이 있었다. 어떤 사람은 노란색 명찰을 달았지만 직급이 낮아보였는데, 직급이 높은 사람이 노란색 명찰을 착용하기도 했다. 하늘색 명찰도 많이 보였고, 진한 곤색 명찰도 있었지만 많이 보이지는 않았다.

그 명찰이 직급을 나타내는 것인지, 기술력을 나타내는 것인지, 직무의 전문성을 뜻하는 것인지 도무지 알 수 없어서 관리자인 짐 폴린스에게 물어보기로 했다.

"가슴에 달고 있는 명찰 색깔은 무엇을 뜻합니까?"

"우리 회사의 문화와 역사라네."

"회사의 문화와 역사라니요?"

"하얀색 명찰은 우리 회사에 입사한 1세대라네."

깜짝 놀랄 대답이었다. 온몸에 소름이 끼쳤다.

"그럼 하늘색 명찰은 무슨 의미인가요?"

"하늘색 명찰은 할아버지가 다니셨고, 아버지가 다니셨고, 이제 그 아들이 입사한 3세대를 뜻한다네."

"진한 곤색 명찰은 몇 세대입니까?"

"우리 회사에서 가장 오래된 7세대의 가문일세."

그들은 근무복에 명찰을 달고 출근하는 것을 자랑스럽게 생각한다. 가슴에 달고 있는 명찰은 그들의 자부심과 긍지였다. 이런 문화를 지니고 있는 회사가 시장에서 사라질 수 있을까? 그들은 자신들이 더 열심히 일해서 지금보다 크고 위대한 기업을 만들어 주변 많은 사람들이 입사해서 함께 일하기를 소원하고 있었다. 명찰 하나가 만들어낸 위대한 기업 문화이다.

크고 위대한 기업으로 성공하려면 다음 재창조 공식을 적용하라.

$$재창조 = (S+L+C+3P) \times Pa$$

S = 구조(Structure)
L = 리더십(Leadership)
C = 조직 문화(Culture)
3P = 제품(Product), 프로세스(Process), 사람(People)
Pa = 참여(Participate)

크고 위대한 기업으로 도약하려면 '변화' 하는 데서 멈추지 말고 '재창조' 해야 한다. 재창조를 위해서는 직원들을 병들게 만드는 기존의 구조부터 모두 바꿔야 한다. 스스로 일하고 성과를 내며 기여도가 큰 사람에게 큰 혜택이 가는 구조를 만들어야 한다.

다음으로는 리더의 의지가 필요하다. 리더는 누구보다 앞서 열심히 일하고 상황을 판단해서 회사가 나갈 방향을 명쾌하게 설정해야 한다. 책상 앞에서 지시하지 말고, 세상 밖에 나가 많은 것을 보고 배워 시장의 판세를 확인해서 먼저 성과를 내라.

특히 한국 기업에서 간과하기 쉬운 부분으로 조직 문화를 만드는 것이 있다. 이 항목은 불필요하게 보이지만 그러나 다른 모든 항목과 똑같은 중요성을 가진다. 문화를 만든다는 것은 오랜 시간이 걸릴 수 있다. 그러나 문화는 가치를 지닌다. 아름다운 문화를 가진 기업 직원들은 회사에 자부심을 가지고 일할 수 있다. 그런 문화를 가진 회사는 환경이 어렵더라도 강한 결집력을 발휘하여 지혜롭게 이겨나갈 수 있다.

그리고 기업의 가치까지 담은 제품 개발도 게을리하지 말아야 한다. 가치를 담은 제품은 일하는 방식, 팀원들의 열정이 있어야 가능하다. 가치 있는 제품은 고객이 스스로 찾아와 구매한다.

한 사람이 한 군대의 역할을 하는 방식을 선택하라. 프로젝트를 진행할 때는 전체 직원의 의견을 수렴해서 목소리가 반영될 수 있도록 하고, 그 다음에 헌신을 요구하라.

가장 중요한 것은 직원들의 참여다. 앞에 제시한 재창조 공식에서 직원들의 참여 앞에 있는 곱하기 기호는, 직원들이 적극 참여할 경우 더하기보다 더 많은 시너지 효과를 낼 수 있으며, 배가의 법칙이 만들어진다는 것을 의미한다.

회사도 직원들도 모두 '위대한 기업 만들기'에 힘을 쏟기 바란다. 대기업만이 위대한 회사가 되는 것은 아니다. 작은 중소기업이라도 구성원 모두가 어떻게 생각하고 행동하느냐에 따라서 '크고 위대한 회사'가 충분히 될 수 있다. 여러분의 회사와 동료, 부하 직원들을 향한 따뜻한 배려와 관심 그리고 그들 모두를 '프로'로 만드는 진정한 의미의 지원이 지금 당신의 회사를 크고 위대하게 만들 것이다. 필자는 모든 아이디어를 다 쏟아 여러분들의 회사를 위대한 기업으로 바꿀 수 있는 전략을 제시할 것이다. 그것을 실행할지 말지는 이제 여러분의 손에 달려 있다.

2부에서는 글로벌 경제 전쟁이 벌어지고 있는데도 위기를 인식하지 못하는 한국 기업의 문제점을 지적하고 대안을 제시할 것이며, 어떤 일이 벌어지고 있는지 알아보기로 한다.

한국은 세계 경제사에 유래 없는 눈부신 성장을 이룬 나라이다. 모든 것이 무너진 전쟁의 폐허 속에서 맨주먹만으로 '한강의 기적'을 일궈 내었다. '할 수 있다.'는 신념 하나만 있으면 모든 것이 가능했던 찬란했던 시간들이었다. 그러나 세계화의 소용돌이 속에서 브레이크 없는 질주를 해온 한국 기업들은 하나둘씩 그 소용돌이 속으로 빨려 들어가 공중 분해되었다. '위기'임을 체감하면서도 '위기'의 실체가 무엇인지 몰랐던 것이다.

한국 기업의 위기

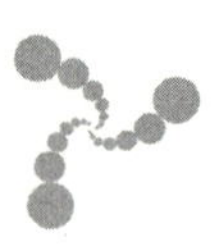

03
서비스 산업의 이동

S사의 노트북을 사용하다가 고장이 난 적이 있다. S사 서비스 센터 전화번호를 찾아서 1588-○○○○번을 눌렀더니 상냥한 목소리의 아가씨가 전화 응대를 했다.

"제가 노트북을 사용하다 고장이 났습니다."

"네, 손님. 주소 확인하겠습니다."

"경기도 광주시 ○○면……."

"손님. 강변역 테크노마트 6층에 가서서 서비스를 받으시면 됩니다."

이런 정도의 안내는 중국 길림이나 연변 조선족을 이용해도 충분히 업무를 수행할 수 있다.

미국의 이런 전화 안내 서비스 산업은 이미 인도로 이동해 있다. 인도는 1억 5천만 명이 영어를 구사할 수 있기 때문이다. 인건비는 미국인을 채용하는 것에 비해 1/10에 지나지 않는다. 한국에서 전화 안내 업종에 종사하는 사람에게는 한 사람당 월 평균 150~200만 원 정도가 고정적으로 지출된다. 이런 서비스 업종이 중요하지 않다는 것은 아니지만 딱히 돈을 벌어주는 역할을 수행하는 것이 아니기 때문에 기업은 인건비에 상당한 부담을 가지는 것이 사실이다. 그렇다고 전화 안내 서비스 센터를 없앨 수는 없는 노릇이다.

피할 수 없는 선택

필자의 친구는 중국 산둥성 교남시에서 국장을 하고 있다. 그 친구의 월급이 중국 화폐로 2,000위엔이다. 우리 돈으로 계산하면 고작 30만 원이다. 공무원 국장의 월급이 그 정도면 대한민국 돈 30만 원은 아직도 중국에서는 가치가 있다는 것을 말해준다. 길림이나 연변에 서비스 센터를 설치하고 조선족을 고용하여 전화 상담 업무를 수행하게 하면 한국인 급여의 1/10만 지급해도 업무 수행 능력이 떨어지지 않는 우수한 인재를 채용할 수 있어 인건비 문제를 해결할 수 있다. 한국에 있는 전화 안내 서비스 산업이 중국으로 모두 이동한다면 국내의 일자리는 감소할 것이다. 그렇다 하더라도 중국으로 이동하지 않으면 그 기업의 경쟁력은 떨어진다. 가뜩이나 취업이 어려운 지금 일자리마저 줄어드는 것은 바람직하지 않지만, 이제는 기업들에게 피할 수 없는 선택이 되었다.

04
노사 관계의 냉기류

외국 기업이 한국 시장을 긍정적으로 평가하는 부분 중에 하나는 우수한 인재가 많다는 것이다. 그러나 국가의 엄격한 제도적 장치와 근로자들의 노동쟁의에 대한 대응 전략의 어려움 때문에 외국인들은 한국에 대한 투자를 망설이고 있다. 세계 유수의 글로벌 기업들은 한국을 피해서 핀란드나 서유럽권으로 생산 기지를 이동시켰다.

국내에서 자주 발생하는 격렬한 노사 분규로 외국에서는 이미 한국 노동 시장에 대한 이미지가 실추되어 있다. 뿐만 아니라 높은 임금을 실적 구분 없이 동등하게 지급해야 하는 한국의 임금 구조에 부정적인 반응이 팽배한 것도 사실이다. 이러한 주변 인식에도 아랑곳하지 않고 우리 사회는 연일 파업과 투쟁의 목소리만 높여 가고 있다.

노사 분규의 해법은 없는 것일까?

노사 분규가 발생할 정도로 회사가 어렵다면 노조와 사업주 어느 쪽이든 미리 대비하지 못한 사람들이 이에 대한 책임을 져야 한다. 기업은 위기를 사전에 예측할 수 있는 경쟁력 있는 시스템을 구축해야 했다. 노조는 어려운 경영 환경을 이해하고 경영진을 좀 더 신뢰하는 방향으로 나가야 한다. 지금이라도 우리 기업은 좀 더 투명한 경영을 해야 하고, 노사 간의 양보와 협력만이 공생하는 길이라는 사실을 알아야 한다.

노동자들이 주장하는 것들은 대부분 구조 조정 반대, 기본급 인상, 정기 상여금 인상, 정년 연장, 노동조합의 인사 · 경영 참여 보장 등이다.

기본급 인상 문제는 여러 측면에서 검토해야겠지만, 주요 관건은 기업 경영의 투명성 문제와 매년 올라가는 임금에 있을 것이다. 직원들이 회사는 돈을 많이 벌었지만, 자신들은 조금 받았다고 생각한다면 기업의 투명성에 문제가 있다. 매년 직원들의 급여를 올려야 한다는 고정관념도 문제이다. 시장 환경이 어려울 때 판매 가격 인상으로 회사 매출은 일시에 상승할 수 있지만, 원가는 계속해서 오르기 때문에 오히려 회사 수익은 줄어들 수 있다. 기업이 실제로는 적자를 보면서도 지역적인 정서와 노동자 보호 문제 때문에 계속 사업을 운영하는 경우도 있다. 하지만 직원들은 물가 인상만 염두에 두고 급여 인상을 요구한다. 일부 노동자들은 자신의 이익을 위해 파업과 쟁의 활동을 주저 없이 단행하기도 한다. 이러한 점도 투명 경영의 기반 아래 서로가 협조를 구한다면 문제가 없을 것이다. 기업도 직원의 대우에 대해 고민해야 하고, 노동자도 기업의 처지를 이해해야 한다. 서로에게 무엇이 소중한지를 생각할 필요가 있다.

"일터를 유지하는 것을 걱정해야 한다. 회사가 희망이다."

구조 조정만이 능사는 아니다. 사람을 내보내면 회사의 자금난이 해결될 것인가? 그러면 기업 경영은 계속해서 어려워질 것이다. 세계 1, 2, 3등 회사만이 살아남는 환경으로 바뀌어 가고 있다. 인력을 감축시켜도 시간이 조금 지나 경영 환경이 다시 어려워지면 또 감축할 수밖에 없다. 연쇄적인 구조 조정으로 더 불안해진 노동자들이 취할 수 있는 방법이란 한목소리로 단결하여 방어하는 것뿐이다.

대립과 분쟁의 원인은 어쩌면 회사를 이끄는 쪽에 있을지도 모른다. 필요할 때 채용해서 일을 시켰으면 직원들의 미래도 책임질 의무가 있다.

한국 기업은 남보다 앞선 전략을 만들어야 했다. 경쟁에서 이기기 위한 싸움 방식도 연구했어야 했다. 시장 판세조차 읽지 못하고 전략의 부재로 회사가 어려울 때 고락을 함께해 온 직원들을 감원한다는 것은 책임 회피이다. 원인을 찾아 책임자를 가려 처벌하자는 이야기는 아니다. 지금이라도 서로가 합심해서 크고 위대한 회사를 만들어 가기 위해 아이디어들을 모아야 한다.

노사 간의 냉기류를 제거하기 위해 몇 가지 제안을 하고 싶다.

투명한 경영을 하라

무엇보다 투명한 경영을 해야 한다. 회계 처리를 명쾌하게 밝히는 것이 좋다. 회사의 수익과 지출을 직원들이 알 수 있게 하는 것이다. 불투명한 회계 처리가 오해를 낳고 오해는 파업과 대립으로 이어질 수 있다. 매출은 증가해도 기업의 수익이 줄어드는 양상으로 가고 있다면 그 원인을 직원들도 알아야 한다. 회사의 어려움을 공감한다면 직원들은 회사와 일자리를 지키기 위해 반드시 함께 노력할 것이다.

구조 조정보다 돈 벌 수 있는 방법을 연구하라

사람을 내보내지 말고, 돈을 벌 수 있는 방법을 연구해야 한다. 환경이 어렵다고 사람을 계속 내보내면 그 기업은 시장에서도 퇴출될 것이다. 사람을 내보내지 말고 돈을 벌 수 있는 방법을 연구해서 더 많은 수익을 올리면 된다. 그 방법은 직원들이 모여서 머리를 짜내야만 나올 수 있다. 책상 앞에서 머리를 짜내지 말고 당장 시장으로 달려 나가서 해답을 찾아야 한다. 해답은 소비자가 가지고 있거나, 물건을 팔아주는 대리점 사장이 가지고 있거나, 아니면 시장 바닥에서 각설이 타령을 하고 있는 엿장수가 가지고 있거나, 어린 아이의 손에 쥐어져 있는 닌텐도 게임기에 있을 수도 있다.

고객은 지혜롭다. 디지털 시대의 고객은 스스로 필요한 제품을 찾아다닌다. 또한 고객은 이기적이다. 자신의 가치를 반영시킨 제품에만 관심을 가진다. 기업의 핵심 가치에 집중해서 브랜드에 가치를 담은 제품을 개발하고, 고객이 스스로 찾아올 수 있는 명성을 만들어내는 것이 돈을 벌 수 있는 키워드이다.

직원들의 신뢰와 의견을 반영하라

직원들을 신뢰하고 그들의 의견을 반영해야 한다. 머리 숫자를 채워서 일하던 시절은 지났다. 믿고 맡길 수 있는 사람과 일하라. 믿지 못할 사람이라면 처음부터 채용하지 말아야 한다. 믿고 채용했으면 의견이 달라도 서로의 관점을 항상 존중해야 한다. 적절한 충돌은 환영하라. 충돌이 있어야만 직원들이 건설적인 의견을 낼 수 있고, 협력하여 프로젝트를 성공시킬 수 있다.

서로가 하나의 목표로 의견을 모으면 그 다음에는 직원들의 헌신을 요구해야 한다. 직원들의 의견은 전혀 반영하지 않은 채 헌신만을 요구한다면 갈등과 대립만 생길 뿐이다.

성공하는 기업에는 직원과 관리자 간에 건설적인 충돌이 늘 있다. 이런 충돌이 없는 조용한 회사는 위기에 빠진 곳이다. 직원들이 적극 참여할 수 있는 기회와 문화를 만들기 바란다.

나라 전체에 위기론이 퍼지고 있다. 이러다가 아르헨티나나 필리핀처럼 국가 전체가 경제 파산으로 이어지지 않을까 고민하고 있다. 기업 살리기에 적극 동참해야 한다. 노동쟁의의 선봉장이 아닌, 국가 경제의 위기를 극복하는 선봉장이 되어야 한다.

회사가 희망이고, 일터가 희망이다.

오늘 내가 출근하는 회사가 문을 닫으면 다른 일자리를 찾으면 된다. 하지만 찾아간 회사에서 문전박대를 당하면 어쩔 것인가. 회사를 문 닫게 한 사람들을 두 손 들고 환영할 곳은 단 한 곳도 없을 것이다. 기업주도 마찬가지이다. 대외적인 변화를 무시하고 안일한 경영으로 회사를 망하게 했다면 그 어느 곳에서도 고개 들고 설 자리가 없을 것이다.

기업주와 노조는 모두 정신을 바짝 차려야 한다. 오늘 이 시간이 바로 한국 경제 최대의 위기임을 왜 모르는가. 기업은 성장보다 우선 생존의 문제가 급박하다. 조직원들은 회사를 위해 무엇을 더 할 수 있는지를 고민해야 한다. 입사한 첫 날처럼 열정을 가지고 회사의 생존을 위해 협력해야 한다.

05
유가 상승과 경쟁력 저하

유가 상승은 한국 경제에 치명적인 영향을 미치고 있다. 유가 상승으로 동네 목욕탕까지도 100여 곳 넘게 문을 닫았다. 바다에서 고기잡이하는 어선들도 기름 값을 감당하지 못해 선박을 묶어두고 있는 실정이다. 이미 화물연대와 건설 현장 포크레인 업계가 파업을 했고, 공장들도 견디다 못해 조업 시간을 단축하거나 문을 내렸다. 화물연대의 파업으로 컨테이너로 화물을 실어 나를 수 없어 수출하는 기업들은 울상이 되었다. 수출 물량을 제때 출고하지 못해 기업과 국가의 경쟁력이 떨어지고 있다.

서민 경제에 직접적인 영향을 주는 자동차 시장에도 대란이 일고 있다. 두바이유 가격이 140 달러를 넘자 서울 시내 주유 가격은 1리터에 2,000원대를 넘어섰다. 기름 값 상승세가 이어지면서 하루 승용차 통행량도 수도권은 8.7%로 줄어든 반면, 대중교통 이용객은 급증하여 1,000만 명이나 늘었다. 하루가 다르게 치솟는 기름 값을 감당하지 못해 도보로 이동하거나 버스, 지하철을 이용하는 사람이 늘고 있다. 한국철도공사가 밝힌 자료에 의하면, 2008년 6월 한 달 지하철을 이용한 승객은 전월 대비 5.7%가 늘어난 1억 2,900만 명에 이른다고 한다.

자가운전자도 연비가 좋은 자동차로 관심을 이동하고 있다. 중형이나 대형 자가용을 포기하고 소형차나 경차로 바꾸거나, 아예 연비가 높은 외국산 자동차로 바꾸는 경우가 늘어났다. 리터당 얼마만큼 주행할 수 있는지를 알려주는 자동차 연비가 가장 좋은 승용차는 경차이다. 경차로는 리터당 16km를 주행할 수 있다. 차체가 작고 가벼워서 그만큼 더 오래 달릴 수 있기 때문이다. 최근에 휘발유나 경유 모두 리터당 기름 값이 2,000원대에 근접해 연료비 부담이 크게 늘어나자 경차 판매량이 급증하는 추세를 보였다. 중대형 차량도 이제 자동차 연비가 판매에서 중요한 고려 사항이 되었다. 국내 현대자동차의 그랜저 2.7은 연비가 9.2km인데 비해, 수입차 중 P사의 중형 세단은 15.7km이다. 유가가 상승되면서 자동차 시장의 판도가 바뀌고 있어 현대자동차의 리터당 20km를 달릴 수 있는 하이브리드카 개발이 시급한 실정이다.

물가도 천정부지로 치솟고 있다. 삼성경제연구소는 물가 인상 원인을 다음과 같은 몇 가지로 제시했다.

- 통화량 증가
- 국민 세금의 낭비
- 유가 인상
- 환율 폭등
- 공급 비용의 증가에 따른 물가 상승

기름 값이 인상되는 가장 큰 원인 중 하나는 세계적인 투기 자본이 금융권 시장의 신용 불안 위험을 피해 보다 안전한 원자재 시장으로 몰리고 있기 때문이다. 환율 폭등은 원화가 미국 달러에 비해 약세를 보이는 것으로, 그 배경을 두 가지로 압축할 수 있는데, 외국인 투자자가 증권 시장에서 자금을 회수하는 것과 국내 경상수지 적자에 대한 우려이다. 고유가와 고환율의 영향으로 2008년 8월 수입 물가가 2007년 8월에 비해 44.6% 폭등해 1998년 외환 위기 이후 최고치를 기록했다고 한다. 특히 원자재 수입 물가는 무려 84% 폭등해 한국은행이 통계를 작성한 이후 사상 최대 수준으로 치솟았다고 하니 참으로 큰일이다.

OECD가 발표한 세계경제보고서에서 한국은 기름 값이 너무 올라 그에 따른 물가 충격이 원화 약세로 증폭된 면이 있다고 지적했다. 그들은 국제 유가 상승과 원화 절하로 촉발된 물가 상승

압력이 하반기에도 계속될 것이며, 인플레이션이 기업 이익에도 부정적인 영향을 줄 것이라 전망했다. 새 정부가 높게 책정한 경제 성장률 달성을 위해 고환율 정책을 사용하면서 물가를 더 불안하게 만든 것을 국제 사회에서도 충고하고 있다.

고유가로 인한 내우외환(內憂外患)을 극복하기 위해서는 정부와 국민의 노력이 필요하다. 이를 위해 정부가 해야 할 일들을 살펴보자.

대체에너지 개발이 시급하다

독일은 2025년까지 대체에너지를 개발하여 유류를 사용하지 않겠다는 성명을 발표한 바 있다. 우리도 수소 에너지, 바이오 에너지, 태양광 발전, 인공 태양, 풍력 발전 등 기존 원자재보다 품질은 높고 가격은 낮은 대체에너지 개발에 더욱 박차를 가해야 한다. 현재는 대체에너지 개발과 공급 사업의 대부분이 적자이기 때문에 미래의 활발한 개발을 위해 정부가 적극적으로 정책을 만들고 규제도 완화하고 보조금 지급도 대폭 확대하는 것이 필요한 시점이다.

정부는 특히 석유 소비를 감소할 수 있는 정책을 마련하는 데 중점을 두어 기존 석유를 사용하는 제품을 점차 탄소 연료를 에너지로 사용하는 제품으로 변화시키도록 조정하고, 이와 비슷한 대체에너지를 사용하는 제품 시장도 활성화할 수 있도록 해야 한다.

이런 방안들이 현실화되어서 석유 사용량이 점점 줄어들면 석유 값은 떨어질 것이다. 유가 하락으로 투자 이익이 감소하면 투기 자본도 감소되어 유가가 더욱 급격히 하락할 것이다. 실제로 투기 자본이 없다면 30달러 정도의 유가 하락 효과가 있을 것이라는 연구 결과도 있다.

고유가 극복 방안을 제시하라

얼마 전 정부가 10조 5천억 원 규모의 고유가 극복 민생종합대책안을 내놓았다. 높이 오른 기름 값 일부를 정부가 보조해준다는 것이 이 정책의 요지이다.

하지만 근본적으로 기름 값을 내리는 것이 더욱 효과적일 것이다. 기름에 붙은 세금을 과감하게 낮춰 현행 40%에서 20%선으로 유류세를 부과한다면 실질적으로 기름 값이 내려갈 수 있다. 세금 수입은 조금 줄겠지만, 쓸데없이 낭비하는 행정 정책들을 모두 없애고 서민 경제는 물론 국가 경제를 살려내기 위해 정부도 고통을 분담해야 한다.

인플레이션 억제 정책을 제시하라

인플레이션이란 화폐 가치가 하락해서 물가가 전반적으로 계속 상승하는 현상을 말한다. 이는 국내 경기 상황과 국가의 경제 정책에 따라 발생할 수 있다.

국내에서 인플레이션이 조장되는 이유는 가까운 미래의 물가 상승을 예상해서 기업이 그 예상치를 현재 상품 가격에 반영하는 데서 시작된다. 그러나 임금 상승이 물가 상승을 따라가지 못하기 때문에 가계의 실제 소득은 줄어들고 소비는 부진하게 된다. 만약 이에 더해 근로자들이 임금 인상을 요구한다면 기업 입장에서는 더 큰 부담이 될 것이다. 한국은행 금융경제연구원 홍승제 거시경제 연구실장은 "인플레이션 기대 심리가 임금 인상 요구로 이어지면 노사 갈등이 격화돼 사회 불안 요소가 될 수 있다."고 우려했다. 또한 내수 위축으로 투자가 줄고 우리 경제가 위험해지는 상황으로까지 악화될 수 있다.

정부의 경제 성장률을 끌어올리기 위한 정책들도 국가의 인플레이션 조장 주범이다. OECD의 앙헬 구리아 사무총장은 2008년 7월 18일 "이명박 정부가 성장이 아닌 인플레이션 진정에 초점을 맞춘 정책을 펴야 할 것"이라 권고하고, 이날 '2008년 ICGN 서울총회'에서 "한국 정부는 성장을 일부 희생하더라도 인플레 방지에 정책의 초점을 분명히 맞추는 것이 필요하다."며 "물가가 통제 불능 상황에 이르지 않도록 한국 정부가 긴축 재정을 유지하고, 중앙은행은 통화 정책의 고삐를 조여야 할 것으로 판단한다."고 했다. 또한 새 정부의 경제팀이 그동안 수출 증대를 위해 환율 상승을 부추긴 것에 대해서도 "수출국의 경우 통화의 실질적인 가치 하락(환율 상승)이 수출 경쟁력을 강화하는 데 도움을 줄 수 있지만, 물가 불안을 가중시키는 점도 고려해야 한다."고 지적했다.

정부는 일시적이고 인위적인 경제 정책으로 국가 경제 성장률 몇 퍼센트를 상승시키겠다고 궁리해서는 안 될 것이다. 기업과 민생 경제가 튼튼한 기반을 잡을 수 있도록 보조하는 정책으로 점차 상승세를 달성하는 경제 성장률을 만들어야 할 것이다.

현대 모든 산업의 동력은 석유이다. 기름 한 방울 나지 않는 우리나라는 유가가 조금만 들썩해도 온 나라 경제가 휘청거렸던 것이 사실이다. 기름 값 상승에 편승해서 덩달아 오르기만 하고 내려올 줄 모르는 물가는 서민의 한숨을 자아내게 한다.

정부가 나설 수밖에 없다. 석유 소비를 줄이는 정책을 펴면 그것을 기반으로 하는 기업들에게는 분명 타격이 있겠지만, 어차피 언젠가 고갈될 석유라면 지금 대책을 세워 실행해야 늦지 않을 것이다. 정부는 국민 모두가 잘 살아 갈 수 있도록 만들어주어야 한다.

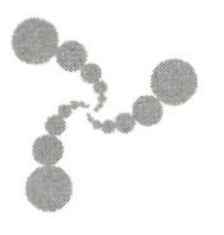

06

전통적 비즈니스 방식 유지

19 60년대부터 한국은 산업 혁명이 시작되었다. 길을 닦고 배도 만들고 건물도 짓고 자동차도 달리기 시작했다. 그에 따라 곳곳에 새로운 회사들이 생겨났다. 오랜 식민지 시절 영향도 있었겠지만, 당시 우리 기업들은 일본의 군대식 조직 체계를 자연스럽게 받아들였고, 그것으로 초고속 디지털 시대인 지금도 상명하달(上命下達 : 탑-다운) 방식 지휘 체제를 유지하고 있다.

전통적인 비즈니스 방식이 다 나쁘다고는 할 수 없다. 그러나 그것은 속도 경영이 중요한 시대에 에너지 흐름을 차단시키는 요소가 많기 때문에 성장에 걸림돌이 될 수 있다. 아날로그 시대는 경쟁이 치열하지 않아서 제품을 만들면 팔려나갔다. 그러나 하루가 다르게 변하는 환경에서는 한 사람이 전 군대 역할을 할 수 있는 경영 체제로 전환해야 한다.

전통적 비스니스 방식의 문제점

전통적 비스니스 방식의 문제점을 지적한다면 다음과 같다.

시켜야 일한다

이유는 간단하다. 해야 할 일이 정해져 있지 않기 때문이다. 이런 조직은 사람은 많은데 늘 손이 모자라고 결과물은 늦게 만들어진다. 팀을 이끄는 리더는 수시로 사람을 더 채용해 달라고 요구한다. 그러면 상부에서는 원인이 무엇인지는 파악하지 않고 바쁜 것 같으니 사람을 충원해준다. 따라서 고정비가 높아져 기업의 경쟁력은 약해진다.

우리나라 기업에는 찾아서 일하는 사람은 그리 많지가 않다. 위에서 시키면 일하는 수동적 문화에 익숙해져 있기 때문이다. 이런 상태가 지속되면 기업은 도저히 살아남기 힘들다. 스스로 일할 수 있도록 업무 분장을 명확하게 하는 것이 중요하다. 본인의 업무는 스스로 책임지고 처리할 수 있도록 해야 하며, 상사는 부하 직원이 업무를 수행하는 데 방향을 제시하고 필요한 여러 가지 정보와 지식을 지원하는 역할을 하면 된다.

시켜야 일하는 또 다른 이유 하나는 예전에 경험했던 실패에 대한 관대한 아량이 없기 때문이다. 실패한 결과에 대하여 포용하지 못하고 질책만 한다면 다시는 나서서 자발적으로 일하지 않으려 할 것이다. 한 번에 성공하기란 쉽지 않다. 직원은 실패를 통해서 경험을 쌓게 되고, 그런 경험이 쌓여서 도전 정신과 열정이 생겨나고, 자신을 믿고 맡겨주는 CEO와 상사를 위해 충성을 다할 기회를 마련하고자 더 열심히 노력할 것이다. 실패에 대한 관대한 아량과 포용이 더 큰 성공을 만드는 기회가 되기도 한다.

직급이 높은 직원은 일이 없고 직급이 낮은 직원은 일이 많다

우리나라 기업은 삼각형 구도의 직급별 업무량 구조를 가지고 있다. 상위 직급일수록 업무량은 적은 대신 책임은 많아진다. 난이도와 중요성이 높은 업무를 수행하다 보니 임금도 높다. 하위 직급은 업무량은 많은 반면 업무 난이도가 낮고 책임 소재는 적어 임금이 그만큼 낮다. 이런 원칙이 정당히 급여 체계에 적용된다면 모두가 인정할 것이다. 만약 그렇지 못하다면 그러한 구조는 직원들의 역량을 끌어내지 못할 뿐더러 불신감까지 심어줄 것이다. 관리자가 자신만의 안정만 추구하는 단순한 역할밖에 하지 못하면 기업 내부에 좋지 않은 영향을 미쳐 조직이 제 역할을 해낼 수 없다.

부서 간에 의사소통이 잘되지 않는다

의사소통의 단절은 기업의 중요한 업무 흐름을 차단하고, 심하면 부서 간에 불신을 유발하기도 한다. GE 그룹을 1981년부터 21년 동안 이끌었던 잭 웰치도 부서 간의 의사소통 단절을 해소하기 위해 원래의 수직 구조 조직을 수평적 조직 즉, '벽 없는 조직'으로 바꾸었다. 수직적 조직을 가진 우리 기업 직원은 직속 상관의 지시만 받아서 그 범위 안에서 한정된 역할을 수행한다. 기업은 내부에 많은 부서가 서로 연관성을 가지고 의존적으로 업무를 진행하지만, 우리 기업들의 조직은 자기 팀과 부서에 피해가 온다고 생각하면 중요한 사항을 아예 외면하기도 하고, 책임이 있을 때는 서로 책임 회피를 위해 언쟁을 하면서 연관성을 무시한다. 몸체를 구성하는 각 부분이 서로 긴밀하게 연결되어 있지 않고, 단지 명령 일원화에 의해서만 움직인다면 그 조직이 무너지는 것은 시간 문제일 것이다.

기업은 직원들의 의사결정을 모든 조직이 신속하게 공유함으로써 상호 윈-윈 할 수 있는 구조를 갖추어야 한다. 의사소통이 원활히 일어날 수 있도록 수직적 조직을 버리고 아래와 같은 수레바퀴형 조직을 만들어보기를 권한다.

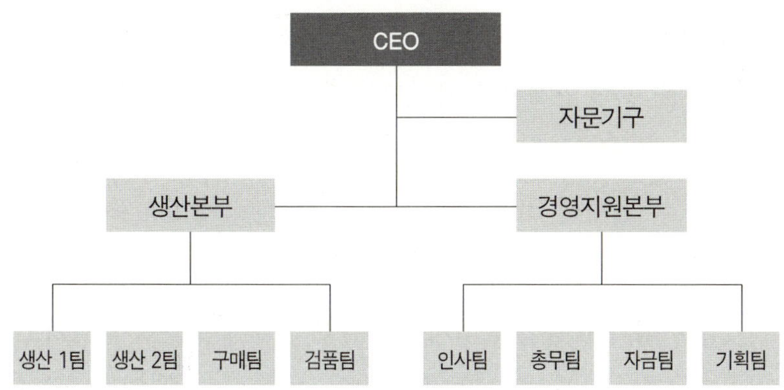
▶ 수직 조직
CEO
자문기구
생산본부
경영지원본부
생산 1팀
생산 2팀
구매팀
검품팀
인사팀
총무팀
자금팀
기획팀

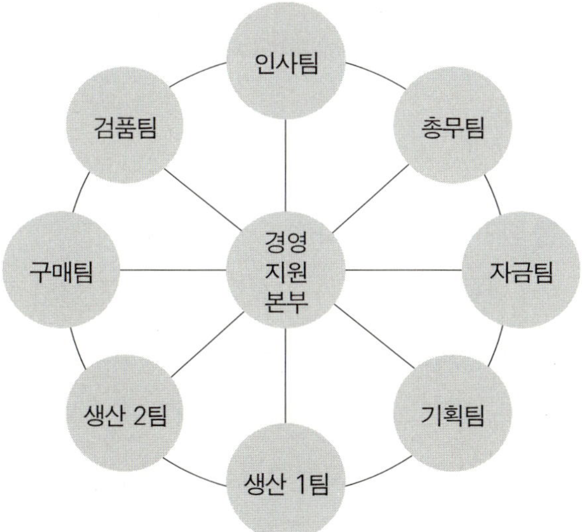
▶ 수레바퀴형 조직
인사팀
검품팀
총무팀
구매팀
경영
지원
본부
자금팀
생산 2팀
기획팀
생산 1팀

수직 조직은 각 부서가 단절되어 있다. 수레바퀴형 조직은 경영지원본부에서 모든 부서와 팀을 지원한다. 전체 조직이 하나의 중심을 향해 연계성을 가지므로 조직원 모두 하나라는 느낌을 준다. 꼭 위의 예를 따르지 않더라도 부서 간 원활한 교류가 일어날 수 있도록 어떤 형태로든 조직 간의 장벽을 허물어야 한다.

기업은 성과에 영향을 미치는 부분을 사전에 충분히 검토하고 직원들이 서로 자신의 역할에 충실할 수 있도록 장애물을 제거해주어야 한다. 조직 변화 목표는 서로가 하나될 수 있게 하는 것이다. 의사소통이 원활할 수 있도록 조직을 바꾼다면 직원들은 서로의 중요성과 연관성을 인정하고 협조할 것이다. 이를 통해 모두가 공동의 목표를 향해 나아가고 있다는 것을 인식할 수 있게 해야 한다.

아이디어를 받아들이지 않는다

기발하고 대범한 아이디어가 필요한 세상이다. 어떤 산업에서든 지금보다 더 진보된 상품이 개발되고 있다. 그런 상품들은 지금까지 없었던 특별한 가치를 포함해서 시장에 출시된다.

요즘 젊은이들은 비싸고 고급스러운 TV를 선호하지 않는다. 그 대신 30인치 컴퓨터 모니터로 TV를 본다. TV가 없으니 공간도 줄일 수 있을 뿐더러 수신료를 내지 않아도 된다. 그리고 컴퓨터로 업무를 보거나 쇼핑을 하다가도 언제든지 TV를 볼 수 있다. 영화관도 관객이 급감하고 있다. 극장에서 아직 개봉하지 않은 새 영화를 단돈 몇 백 원으로 컴퓨터에 다운 받아 언제든지 볼 수 있고, 컴퓨터에 홈시어터를 연결하면 안방에서도 마치 영화관에 앉아 있는 것처럼 음향을 즐기면서 감상할 수 있기 때문이다.

왜 아이디어를 개발하지 않고, 개발된 아이디어를 받아들이려 하지 않는가? 좋은 아이디어를 제공하더라도 제공하는 사람에게 특별한 혜택이 없기 때문이다. 또 회사가 그럭저럭 유지되고 있으니 특별히 아이디어 개발의 필요성을 느끼지 못하고 있는데다 다른 일거리를 만드는 것은 어쩌면 귀찮은 업무라고 생각되어 받아들이지 않기 때문이다.

시장에서 지금 1등 한다고 자만하지 마라. 현재까지 성공이 실패의 원인이 되어 퇴출당할 수도 있다. 아이디어를 제공하는 사람에게는 확실하게 포상해야 한다. 또한 전 사원이 아이디어 개발에 몰입할 수 있는 환경과 분위기를 조성하는 문화도 만들어야 한다.

옛날 조상들은 음식물을 오래 보관하기 위해 땅을 파서 저장하는 방식을 이용했다. 음식물을 인공적으로 냉장 보관하기 위한 방법이 개발된 것은 19세기 초반이다. 영국 런던의 제이콥 퍼킨스는 얼음을 인공적으로 만드는 기술로 1834년 68세의 나이에 특허를 받았다. 이 기계는 오늘날 가정용 냉장고를 탄생시키는 계기가 되었다.

처음 발명된 냉장고는 냉동실과 냉장실이 따로 있었지만 문은 하나였다. 문이 하나라도 땅을 파서 음식을 보관하는 것보다는 편리했기 때문에 소비자들은 집집마다 냉장고를 구입했다. 대부분 가정에서 냉장고를 소유하자 판매량은 떨어지기 시작했다.

그러자 다른 아이디어가 탄생했다. 문이 두 개인 냉장고가 개발된 것이다. 회사들은 냉동실과 냉장실 문을 따로 만들어서 전기료를 아낄 수 있는 '절전형 냉장고'란 이름으로 선전했다. 문이 하나인 냉장고가 수명을 다했을 때 사람들은 모두 문이 두 개인 냉장고를 구입했다. 그러다가 문이 두 개인 냉장고도 어느 시점엔가 시장을 가득 메워 판매가 줄기 시작하자 다른 아이디어가 필요해졌다.

대부분 사람들은 오른손잡이인데 냉장고 문은 오른손으로 문을 열고 왼손으로 물건을 집어내야 하는 구조이다. 왼손으로 문을 열고 오른손으로 물건을 집어내는 것이 더 편리하지 않겠는가? 그래서 탄생한 것이 양문형 냉장고이다. 지금은 양손으로 문을 여는 냉장고가 시장 판세를 주도하고 있다.

그런데 한 회사에서는 완전히 다른 관점에서 냉장고를 개발하고 있었다. 그곳은 기발한 아이디어를 그냥 지나치지 않고 대범하게 제품 개발을 위해 나섰다. 우리나라 사람은 그 해에 먹을 김치를 대량으로 한꺼번에 담는다. 전통 음식인 김치를 비좁은 냉장고에 보관하면 보관 장소도 협소하거니와 냄새가 온통 냉장고 안에 밴다. 뿐만 아니라 김치에 맞는 적정 온도를 맞추지 못해 정성껏 담은 김치가 시거나 얼어버리기 일쑤였다. 하소연만 했던 김치 저장과 냄새 문제를 보통사람들은 그냥 넘겨버렸지만, 만도 위니아에서는 별도로 저장할 수 있는 김치냉장고 '딤채'를 개발해냈다. 김치 냉장고는 폭발적인 반응을 일으켜 새로운 시장을 만들어 큰 수익을 창출했으며, 개발 회사를 크고 위대한 기업으로 성장시켰다. 물론 처음 아이디어를 낸 개발자에게도 어마어마한 액수의 인센티브가 지급되었다.

3M사는 '15% 규칙' 제도가 있다. 연구직 사원들은 하루 근무시간 중 15%에 해당하는 시간을 반드시 엉뚱하고 기발한 상상력을 발휘하는 데 사용하라는 규칙이다. 우리 기업도 직원들이 아이디어를 낼 수 있는 분위기를 조성하고 그런 문화를 만들어야 한다.

변화와 혁신의 가장 중심에 있는 성공 키워드가 '아이디어 발굴'인지도 모른다. 잘못된 것을 바꾸려면 시간과 비용이 많이 들어 출혈이 생긴다. 그러나 아이디어를 발굴해서 시장에서 독보적인 존재로 자리 잡으면 성공한 것만 보여 모든 약점이 묻힌다. 대범하고 기발한 아이디어를 발굴해서 직원들의 에너지를 한 곳으로 집중시킬 수 있는 전략도 추천하고 싶다. 이는 시장에서 경쟁 우위를 갖게 하고, 기업의 성공을 보장할 수 있는 키워드임을 명심하기 바란다.

주인처럼 일하지 않는다

우리나라 기업은 사업주만이 안절부절못하고, 사업주만이 실적을 걱정하고, 사업주만이 내일의 변화에 민감한 반응을 보이고, 사업주만이 기업의 도산을 걱정한다. 이에 비해 직원들은 위기 인식이 덜하다. 회사 수익이 감소했다고 직원들이 먼저 임금을 덜 받겠다고 이야기하는 경우는 드물다. 회사 부도는 나와 아무런 상관도 없고, 내가 원인을 제공하지 않았다고 생각하기 때문에 편안하게 생활한다. 회사가 유지되면 직원들의 노력 때문이고 부도가 나서 망하면 오직 사업주가 잘못해서 생긴 일이라고 단순하게 생각한다. 직원들은 지금 다니는 회사가 없어져도 다른 회사에 취직해서 봉급을 받으면 그만이라고 생각한다. 그래서 한국에서 사업하기 힘들다고 하는지 모르겠다.

왜 한국 직원들은 주인처럼 일하지 못할까?

사업주가 결정해서 만들어 놓은 구조 때문이다. 스스로 일할 수 있는 구조를 만들어야 한다. 이제 와서 너무 고정되어 버려 구조를 바꾸기 어렵다면 새로운 것을 창출하기보다 폐기하고 다시 시작하라. 변화시키기 어렵다면 차라리 회사를 없애고 경쟁력 있는 조직을 갖춘 기업을 다시 만들어 시작하는 것이 빠르다는 말이다. 시어스를 바꾸는 것보다 월마트를 세워서 시어스를 사라지게 하는 것이 쉬웠다. 대형 할인점 월마트는 자기 개조보다 자기 파괴를 선택했기 때문에 탄생할 수 있었다.

스스로 일하는 조직을 만들기 위해서는 CEO의 고정관념부터 바꿔야 한다.

CEO는 고정관념을 전환하라

모두가 주인처럼 일하는 조직을 만들기 위해 다음 네 가지를 적용해보라.

고정된 출근 시간을 고민해보라

왜 대부분 오전 9시까지로 출근 시간을 못 박아 두는가? 사업주는 임금을 지불하는 사람이다. 그들은 직원들이 한 장소에 오밀조밀하게 모여 바쁘게 움직이는 모습을 자기 눈으로 봐야만 안심한다. 때문에 일할 태세를 갖추게 하기 위해 대개 오전 9시로 출근 시간을 정한다. 이를 부정하거나 다른 이유로 반박할 사람은 없을 것이다.

출근 시간, 과연 효율적인가? 과연 직원들이 빼곡히 컴퓨터 앞에 앉아서 일사분란하게 움직이면 회사가 잘 운영될 수 있다고 생각하는가?

직원들은 출근하기 위해 아침 일찍 집을 나서서 교통 체증으로 도로 위에서 많은 시간을 보낸다. 회사에 도착하면 바로 영업장으로 나가기 위해 다시 출발한다. 시간 낭비고 비효율적이다. 명확하게 목표를 관리하고 서로의 역할에 충실하면 집에서 일터로 바로 나가도 된다. 왜 아침 시간부터 출근하느라 스트레스 받고, 귀중한 시간을 도로 위에 허비하는가? 내가 채용하고 선택한 직원을 믿어야 한다. 직원을 믿고 일을 맡겨야 한다. 출근 시간을 고정시켜 두는 것은 모두 믿지 못하고 신뢰하지 못하는 기업 문화의 한 단면을 보여준다.

믿고 맡겨라. 그리고 스스로 일할 수 있도록 하되, 모르는 것은 가르쳐라.

더 이상 일할 시간을 출퇴근으로 낭비하게 하지 마라. 잘되는 기업은 하루 8시간 업무를 "필요한 시간에 나와서 하라."는 원칙과 규정을 정한다. 해외 사업부를 맡고 있는 직원은 유럽 파트너와 시간을 맞추기 위해 저녁 8시에 출근해서 8시간 일하기도 한다. 유럽 시간에 맞추니 업무 효율이나 진척도가 빨라진다.

유치원생 아이가 있는 집에서 엄마가 먼저 출근하고 아빠가 아이와 아침을 먹고 가방을 챙겨서 아이를 유치원까지 데려다준 후에 출근했더니, 아빠 얼굴도 보기 힘들었던 때보다 아이의 정서가 안정되어 표정이 한결 밝아지고 성격도 명랑해졌다고 한다.

시켜야만 일하는 사람을 변화시키려면 자발적으로 일할 수 있도록 만드는 것이 최선의 길이다. 주인처럼 일할 수 있게 하려면 그런 여건을 먼저 만들어야 한다.

오전 9시에 출근하는 것이 정말 바람직하지 않다고 생각되면 지금 즉시 문제를 해결할 수 있는 방법을 모색하고 자율적으로 일할 수 있는 구조를 각 기업 실정에 맞게 연구해서 실행하기 바란다. 출퇴근하는 동안 길 위에서 버리는 4~8시간은 무척이나 소중하다.

성과를 낸 만큼 성공 보수를 지급하라

많은 회사들이 인센티브를 지급하는 규정이 있다. 그러나 인사 규정 어딘가에는 있겠지만, 그것을 이해하고 계산하는 방식이나 원칙을 이해하는 사람은 실제로는 몇 명 없다. 규정이 복잡해서이다. 그래서 지금껏 지급해보지도 않았고, 받아본 사람도 별로 없다.

규정을 간단하게 만들어서 모두가 기억할 수 있게 해야 한다. 그것이 직원들의 열정을 이끌어내는 키워드이다. 오히려 직원들이 그런 제도를 기다리고 있는지도 모른다. 머릿속에 인센티브 지급 규정이 명쾌하게 기억되는 날 직원들은 그 자리에 있지 않고 현장으로 달려갈 것이다. 그들은 어제와 달라진 모습으로 실적을 올리기 위해 열정적으로 일할 것이다. 성과를 낸 직원들의 지갑에 두둑한 인센티브를 채워주고 격려와 칭찬을 아끼지 마라. 영웅 만들기를 시도해서 전 사원의 귀감이 될 수 있도록 대접하고 그런 소문을 내야 한다. 업무 성과를 관대하게 대우하고 격려한다면 직원들은 자신들을 지원해주는 회사를 외면하지 않고 문제점을 찾아 나서서 먼저 해결해보려고 노력할 것이다. 자신의 열정과 역량을 발휘해서 최선의 노력을 기울일 것이다.

일하는 방식을 바꾸라

프로젝트가 실패했다고 하자. 누가 책임을 질 것인가?

결국 책임자는 찾을 수 없을 것이다. 실패의 책임을 하급자는 상급자에게, 상급자는 하급자에게 서로 전가하기 때문이다. 상명하달의 원칙에 따라 윗사람들은 아랫사람에게 업무를 지시한 것으로 자신의 의무가 끝났다고 생각한다. 그렇다 보니 일을 좀 하는 직원에게는 업무가 과중된다. 결과는 늦게 나오겠지만, 그래도 믿을 수 있기에 맡긴다.

하지만 그 직원은 긍정적인 자세로 일하지 않는다. 잘해도 달라지는 것이 없고, 못해도 달라지는 것이 없기 때문이다. 조직 내 다른 직원들은 그저 방관할 뿐이다. 자신이 그 일에 대해서 지시받은 것이 아니기 때문에 그 직원의 몫으로만 생각하고 본인과는 전혀 상관없다고 생각한다. 만약 일을 좀 하는 직원이 스트레스를 받아서 다른 곳으로 가버린다면 그 프로젝트는 실패할 수밖에 없을 것이고, 조직원들은 서로 책임을 미룰 것이므로, 실패의 원인은 어디에서도 찾을 수 없을 것이다.

상급자는 조직원 전체가 프로젝트에 참여할 수 있도록 업무를 지시해야 한다. 그러기 위해서는 모두의 의견을 수렴하는 과정이 필요하다. 또 최적의 결론을 낸 다음에는 각자에게 부여한 업무를 충실하게 할 수 있는 프로세스를 설계해야 한다. 최적의 대안을 결정하기 위해서는 늘 건설적인 충돌이 일어나야 한다. 회사는 시장 경쟁에서 승리해야 하고 늘 이윤을 창출해야 하기 때문에 서로 의견 충돌 없이 분위기가 조용한 곳은 성공하는 기업이 아니다. 만약 회사가 조용하다면 그때가 바로 위기라고 생각해도 된다.

상위자는 목표를 향한 적합한 업무 분배를 위해 조직원의 역량을 미리 관찰해서 파악해야 한다. 가르쳐주지도 않으면서 일을 못한다고 꾸짖는 것은 상사의 자질이 부족해서이다. 프로젝트 수행에 부족한 부분은 사전에 정보를 제공하거나 가르쳐서 일을 수행할 수 있는 역량을 만들어주어야 한다.

골퍼는 골프 클럽을 13개 정도 가지고 경기에 임한다. 13개의 골프 클럽은 각기 다른 역할을 한다. 선수가 풀 스윙을 할 때는 클럽에 따라 볼이 날아가는 거리가 모두 다르다. 골프 클럽 13개를 조직원들의 역량에 비유하면 다음과 같다.

CEO나 팀장은 골퍼의 입장이 되어 조직원의 역량을 정확하게 파악해야 한다. 7번 아이언으로 풀 스윙을 해서 공이 150야드 날아간다면 150야드의 업무는 7번 아이언에게 맡겨야 한다. 공을 160야드에 보낼 수 있는 6번 아이언에게 지시하면 지시한 일을 얕잡아보다가 실수할 수도 있다. 7번 아이언은 150야드를 보낼 수 있지만, 8번 아이언은 130야드 밖에 보낼 수 없다면

140야드로 공을 보내는 업무는 누구에게 지시해야 하나?

8번 아이언에게 해야 한다. 8번 아이언은 풀 스윙을 했을 때 130야드 밖에 공을 보낼 수 없지만, 상사는 이미 8번 아이언을 가지고 140야드를 보낼 수 있는 기술을 습득하고 있다. 왼쪽 발과 오른쪽 발 정중앙에 공을 두고 풀 스윙 할 경우 8번 아이언은 항상 공을 130야드에 날려보낸다. 정중앙에 위치한 공을 오른발 쪽으로 공 하나 정도 넓이로 이동시킨 후 스윙하면 140야드를 낮게 멀리 날려보낼 수 있다. 8번 아이언이 이 사실을 깨우쳤을 경우에는 150야드에도 공을 날려보낼 수 있다. 다시 공을 오른 발 쪽으로 한 바퀴 굴려서 위치시키고 스윙을 하면 원하는 지점으로 더 낮게 멀리 보낼 수 있다.

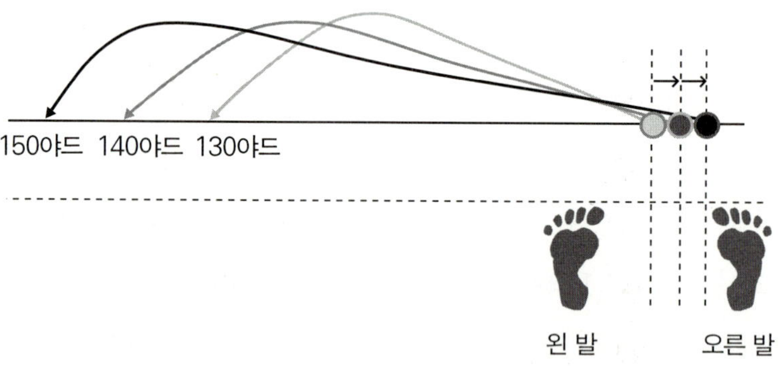

130야드밖에 공을 보내지 못하는 8번 아이언에게 140야드를 보낼 수 있는 방법을 가르치면 8번 아이언은 그 방법을 응용하여 150야드를 보내는 방법을 터득한다. 가르쳐주지도 않으면서 못한다고 야단치는 어리석은 상사는 되지 마라.

책상을 모두 빼라

몇 일 전 모 기업 사장을 만났다. 그는 서울 테헤란로에서 가장 높고 비싼 건물을 임대받아 영업할 사람들이 들어갈 사무실을 만들고 있는데, 인원이 너무 많아서 모두 앉으려면 공간이 부족하여 다른 층이나 건물을 더 얻어야겠다고 푸념했다. 필자는 가지고 있던 아이디어를 제안했지만, 그 사장은 아직 한국 정서로는 책상이 있어야 뭔가 일할 수 있다고 하면서 받아들이지 않았다. 필자는 그 회사가 진심으로 잘되기를 바란다. 망한 다음 필자의 충고를 떠올리면서 더 적극적으로 말리지 않은 책임을 물을까 두렵다.

체면 유지와 관례로만 살아서는 안 된다. 고정관념에서 벗어나야 하고, 예전부터 해 왔던 방식에서 벗어나야 한다. 실질적이고 효율적으로 조직을 구성하고 이끌어야 한다.

보통 회사에서는 직원 수만큼 책상을 두고 일한다. 고정관념 때문이다. 영업하는 사람이 책상이 왜 필요한가? 기획 부서에도 책상은 필요 없다. 사장님 책상도 빼야 한다. 책상을 빼서 더 높은 성과를 얻는다면 책상을 없애는 것이 낫지 않겠는가?

흔히들 책상이 없으면 소속감이 없다고 한다. 소속감을 주기 위해 책상을 배치했다면 오늘 몽땅 없애버리고 다른 것으로 소속감을 심어주도록 하라. 소속감은 시장에서 근무하는 회사의 명성을 얻는 데서부터 시작된다. 집에도 가훈이라는 것이 있듯이 '경쟁력이 높은 회사는 명성과 실적이 500% 향상된 회사' 라든지, '책상 없이 일하는 회사' 라든지, '철저하게 시장 경쟁에 맞서는 회사' 라든지 하는 사훈(社訓)을 만들어 소속감을 줄 수도 있다.

고객의 목소리가 있고, 경쟁사의 제품이 있고, 물건을 파는 대리점이 있는 시장에 희망과 비전이 있다. 영업 직원이 책상 앞에 앉아서 어떻게 물건을 팔 것인가? 일하는 직원이 책상 앞에만 앉아 있는 기업은 불안한 미래만 있을 뿐이다. 시장 판세를 읽고 고객의 소리를 듣고, 경쟁사의 상품에 대해서 분석도 하고, 대리점 사장들의 충고를 반영해서 새롭고 가치 있는 상품 개발에 발로 다니며 들은 이야기가 반영되어야 경쟁력이 생긴다.

기획하는 사람들도 책상 앞에서는 정답을 찾을 수 없다. 답은 공부해서 이미 알고 있는 지식이 아니다. 하루가 다르게 변하는 시장에서 찾아야 한다. 가능하면 영업부와 기획부를 하나로 합치기를 권한다.

시장 판세를 읽고 있는 사람이 직접 기획을 해야 한다. 영업하는 사람도 단순히 물건을 배달하거나 대리점을 만드는 작업을 해서는 안 된다. 고객의 소리를 듣고, 경쟁사 상품을 분석하는 데서 나아가 글로벌 환경의 시장 변화와 새로운 산업의 적을 발견하고 대응할 수 있는 전략까지 만드는 역할을 수행해야 한다.

사장님 책상도 빼야 한다. 사장이 자리 보전만 하는 것은 현장에서 시시각각 변하는 환경을 체감하는 직원들에게 회사의 암울함에 대한 위기의식만 조장하는 것이다. 사장은 소비자도 믿지 말고, 직원들도 믿지 말고, 대리점도 믿지 말아야 한다.

무엇보다 소비자를 믿지 말아야 한다. 현대는 소비자가 가치를 만드는 시대가 아니라 기업이 만든 가치를 소비자가 선택하는 시대이다. 가치 있는 상품을 시중에 출시하기만 하면 소비자는 몰려온다. 따라서 사장은 그 가치를 찾아나서야 한다. 무엇이 시장을 주도할지를 직접 찾아내야 하는 것이다.

직원도 믿지 말아야 한다. 사장처럼 생각하는 사람은 오직 사장 자신뿐이다. 돈 벌 수 있고 스스로 일할 수 있는 구조를 갖추기 전에는 직원을 믿어서는 안 된다.

대리점을 믿지 마라. 직영점을 제외한 대리점은 고객에게 우리 물건을 소개하지 않는다. 그들은 자신들에게 가장 높은 이윤을 남기는 물건을 소개하고 팔 뿐이다. 그런 대리점 사장을 믿고 다리 뻗고 편한 잠을 잔다는 것은 위기를 자초하는 일이다.

문제는 시장에 있고, 해답도 시장에 있다. 책상 앞에서 머뭇거리기에는 시간이 별로 없다. 책상을 빼고 전 직원이 시장으로 달려 나가게 하라.

기업주의 인식부터 바뀌어야 한다

아직까지도 느긋한 사람들이 경영 일선에서 지휘하는 모습을 본다. 전통적인 비즈니스 방식을 유지하면서도 1등 지위에 안심하고 있거나, 새로운 시대 변화의 흐름을 받아들이기를 거부한다면 머지않아서 시장에서 사라지는 기업이 될 것이다.

말로만 변화를 외치는 기업은 많이 보았다. 그들은 건물 외벽에 커다란 현수막을 걸어서 변화만이 살길이라고 호소하고 있었다. 기업주가 아무리 목소리를 높여서 부르짖어도 조직원들의 참여 없이는 절대로 변화와 혁신이 일어나지 않는다. 만약 변화를 시도하는 데 장애가 되는 원칙과 규정이 사내에 있거나, 시스템 장애가 있다면 과감하게 폐기하거나 내다버려야 한다.

지금 같은 위기를 경험하지 않았지만 그럭저럭 기업은 유지되었다고 믿는 느긋한 사람들이 많은 회사에서 리더 자리와 관리자 자리에서 진두지휘를 하고 있다. 자발적으로 버릴 것과 취할 것에 대해서 판단하고 행동할 수 있도록 구조를 바꾸라. 자기계발과 혁신의 끈을 놓는 순간 시장이나 소비자의 기억 속에서 사라지거나 잊혀질 것이다. 지금이라도 새로운 전략을 연구해야 한다. 기술력을 향상시키는 노력에 집중해서 자사만의 특별한 가치를 담아 경쟁력 있고 팔릴 수 있는 제품을 개발해야 한다.

유일하게 변하지 않는 것이 있다면 세상은 지금도 변한다는 것이다. 주인이 된 사람들은 안정의 기본 원칙이 변화라는 사실을 깨닫기 바란다.

　3부에서는 글로벌 환경과 시장 판세의 변화에 관하여 설명하고자 한다. 완전 개방 경쟁 속에서 한국 기업이 가진 경쟁력을 점검해볼 것이며, 세계 1, 2, 3등 회사만이 존재하는 냉혹한 변화의 물결을 논할 것이다. 거대 기업이 시장에서 퇴진한 사례와 새로운 경쟁자가 출현해서 매출이 줄어드는 기업들의 사례를 다룸으로써 경영의 새로운 환경 변화에 대하여 말하고자 한다.

기업이 혼자 열심히 노력한다고 성장할 수 있다고 믿는다면 실수하는 것이다. 성공의 해답은 기업 내부가 아닌 외부, 즉 시장 현장에 있다. 기업에 산재한 문제의 해결책을 책상머리에 앉아서 찾으려 하지 말아야 한다. 회사를 살리고 이끌어 나갈 방법을 연구하려면 밖으로 나가 발로 뛰며 답을 찾아야 한다. 새로운 적을 발견하여 싸움 방식을 연구하지 않으면 결코 기업의 존립과 안정적인 성장을 보장받을 수 없다.

3부

기업 경영 환경의 변화

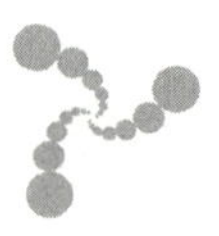

07

글로벌 시대

'글로벌 시대'라는 화두가 한국 기업에 왜 중요할까? '아날로그 시대'란 말도 사람들이 만들었고, '디지털 시대'라는 말도 사람들이 만들었다. 산업 혁명 이후 기계 산업 시대를 아날로그 시대라고 하면, 1950년대부터 컴퓨터와 통신의 급격한 발달로 가져온 정보화 사회로 디지털 시대는 본격 개막되었다. 그렇다고 해도 디지털 시대가 글로벌 시대의 도래를 이끈 것은 아니다.

1997년 7월 1일은 우르과이라운드(UR)가 선포된 날이다. UR을 정의하면 '자유 무역 협정'이다. 세계사에 길이 남을 이날부터 WTO(세계무역기구)에 가입한 148개국이 생산한 모든 제품에

7%의 관세만 붙이면 다른 나라에서 자유 무역을 할 수 있게 되었다. 바로 전 세계 경제 전쟁이 선포된 날이자, 경제 글로벌 시대가 선포된 날이라 할 수 있다. 7%의 관세로 148개국을 내 집 드나들듯 하면서 제품을 판매할 수 있게 되자 세계적으로 약한 기업은 줄도산을 당하고, 강한 기업만이 살아남는 약육강식의 경제 전쟁이 시작되었다.

UR에 대한 한국 기업들의 대처는 어떠했을까? 한국 기업들은 UR이 선포되기 전까지는 특별한 경영 전략이나 마케팅 전략을 연구하지 않았고, 기술 개발에 엄청난 비용을 들이지도 않았다. 대충해도 국내 시장에서 물건을 팔 수 있어서 그런 대로 기업을 유지할 수 있었기 때문이다. 그러나 점차 상황은 변했다. 고가 시장에는 세계 명품 브랜드가 몰려왔고, 중저가 시장은 중국 제품이 한국 시장을 점령하기 시작했다.

사람들의 뜨거운 명품 소비 열기는 외국 사람들에게 한국 시장을 '명품 시장'으로 인식하게 했다. 이탈리아 가방, 향수, 화장품, 의류, 자동차, 가구, 전자제품, 생필품, 먹을거리까지 유명 외국 제품이 현재도 꾸준히 한국 시장을 공략하고 있다. 이런 세계 명품들을 이기기 위해 노력하지만, 아직 기술력과 노하우가 부족한 한국 기업의 경쟁력은 열악할 뿐이다.

벌써 UR이 선포된 지 10여 년이 지났다. 열악한 경쟁력으로 아직까지도 생존을 위해 허덕이고 있다면 한국 기업은 스스로 자문해 보아야 한다. 그동안 자국 내의 시장 점유율 경쟁에만 급급해 하지는 않았는가? 더 많은 시장을 점유하는 것이 경쟁자를 사라지게 하고, 자사가 승리하는 것이라 여기지는 않았는가? 효율 경영보다도 인력을 늘리는 규모 경영에만 급급해 하지는 않았는가? 기술 개발보다 대량 생산의 밀어붙이기 전략으로 일관하지는 않았는가?

UR이 선포되기 전날까지 한국에서 판매되었던 국산 29인치 컬러 TV는 한 대에 100만 원이 넘었다. 당시 A사의 컬러 TV는 180만 원 정도 가격이었다. UR이 선포되던 날 일본 소니사는 한국에 46개 직영점을 만들어서 29인치 컬러 TV를 69만 원 대에 판매하기 시작했다. 이후 국산 제품을 100만 원대에 구입한 사람은 단 한 명도 없었다. 소비자는 주저 없이 소니사 제품을 선택했다. 기업 명성과 함께 그것이 지닌 가치를 공유하기 위해서였다.

한국 기업은 39만 원대로 TV 가격을 낮췄다. 100만 원대 상품을 39만 원으로 내리자 비로소 국산품 구매가 일어났다. 반면, 기업 수익률은 엄청난 폭으로 떨어졌다. 세계적인 명성을 떨치는 유명 기업이 첨단 기술력을 바탕으로 만든 저렴한 가격의 품질 좋은 상품을 들고 한국 시장을 공략했을 때 소비자는 더 많은 정보와 상품 지식으로 무장되었다. 국산과 외제 사이에서 선택의 폭은 넓어져 보다 낮은 비용으로 좋은 물건을 구매할 기회를 얻었기 때문이다.

당시 한국의 S사는 일본 소니사의 하청업체 정도 규모였다.

UR 체제 전까지는 S사와 L사가 그런 대로 한국 시장을 선점하고 있었지만, 그들도 위기를 피할 수 없었다. 그러나 그들은 위기를 기회로 만들어냈다. S사와 L사는 이때부터 신기술 개발에 주력하기 시작했다. 이는 LCD, PDP 초박형 평면 TV를 생산하는 기업으로 성장하는 계기가 되었다.

S사는 차별화를 위해 직선 TV 디자인에서 곡선형 디자인을 개발하고, 가격도 경쟁사에 비해 10~20% 낮게 책정했다. 판매 방식도 세계 주요 도시에 한 날 한 시에 신제품을 공개하는 글로벌 동시 진출 이벤트로 세계 언론의 이목을 집중시켰다. S사는 TV 시장 업계 최초로 시장 점유율 20%(매출액 기준)를 넘어섰으며, 판매량으로도 점유율 15.7%로 1위를 달렸다. 2003년에는 컬러 TV 시장에서 세계 1위 기업으로 등극했다. S사는 이제 지속적인 세계 시장 석권을 위해 지역 밀착형 마케팅 전략으로 전 세계에 기업 이미지를 높여가고 있다. 미국에서는 슈퍼볼 대회를 후원하고, 유럽에서는 유명 박물관에 LCD TV를 기증했다. 유럽 축구 명가 첼시는 S사의 브랜드를 달고 달리고 있다.

S사의 경우처럼 경쟁력을 갖춘 기업은 UR를 적절하게 이용할 수 있다. 그러나 그렇지 못한 기업은 S사와 같은 기업에 밀려 시장을 내줘야 할 것이다.

글로벌 시대에 생존을 위한 필수 요소

기술 개발을 위해서 한국 기업이 지금까지 자체 개발과 연구에만 치중했다면 이제부터는 제휴와 파트너십으로 전략을 이동해야 한다.

기업이 연구 개발(R&D)에 집중하는 것은 중요한 문제이다. 그러나 시장 경쟁이 치열해지면서 기술 개발이 가속화되어 성능이 좀 더 보강된 상품들이 몇 주일 사이로 쏟아져 나오고 있다. 신제품이라도 사용 주기가 짧아진 것이다. 이런 시기에 기업이 홀로 신상품을 개발하여 시장에서 경쟁하기에는 한계가 있다. 내부에서 개발한 지식에 외부 전문 기관의 아이디어를 더하면 시장의 변화 속도를 앞서서 이끌어나가는 기술 혁신을 창조할 수 있다.

필요하다고 해서 몸 불리기를 하던 시절은 지났다. 가능한 한 제휴와 파트너십으로 몸통을 줄여야 하며, 소유에 대한 개념도 달리 해야 한다. 이러한 문제를 극복하기 위해서는 연계 개발을 통해 비용을 단축하고 환경에 즉각적인 대응이 가능할 수 있도록 개발에 대한 체질을 바꿔주는 것이 좋다. 연계 개발은 비용과 위험을 줄이면서 전문성을 확보하는 전략이다.

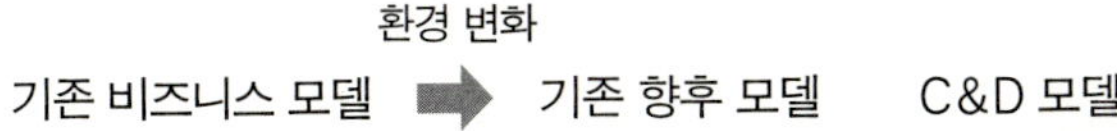

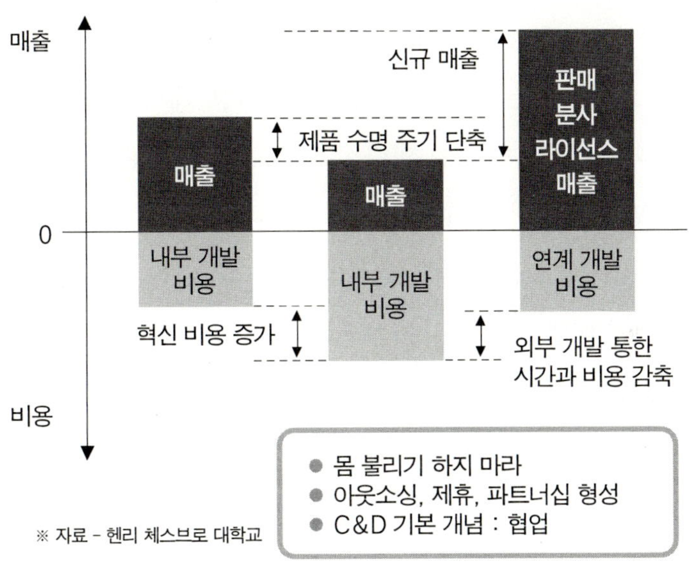

　연계 개발의 기본은 협업으로 이를 통해 둘 이상의 기업이 지식과 에너지를 공유하는 것이다. 협업은 제휴와 파트너십으로 기업 내부 한계를 극복하게 하고, 새로운 아이디어를 외부에서 획득하기 위한 수단이 된다. 이로써 기업의 역량이 증폭되는 배가 법칙이 만들어지고, 양자는 상생하며 윈-윈 할 수 있다.

　이때 연계 개발의 핵심은 '오픈 이노베이션(open innovation)'이다. 우리말로는 '개방형 기술 혁신 체제' 정도 의미이다. 모든 부문 기술을 펼쳐놓고 장점만을 모아서 혁신적인 신기술을 개발하는 것이다. 강점은 기업이 단독으로 개발하는 것보다 시간과 비용을 절감할 수 있고, 자체 몸집 불리기의 위험을 줄일 수 있어 효율적인 경영을 실현할 수 있다는 것이다.

대표적인 예로 프록터&갬블사(P&G)와 IBM, 삼성이 있다. P&G 그룹은 모든 제품의 42%를 연계 개발해서 아이디어나 기술을 외부에서 수혈하고 있다. 그리고 IBM은 다른 방식으로 연계 개발을 실행하여 기업 이익을 창출하고 있다. 루이스 거스너 회장은 구조 조정을 감행해 사업을 회생시키는 과정에서 지적 재산권에 대한 접근 방식을 새롭게 했다. 지적 재산권 유출을 억제하려던 과거의 방어적인 자세에서 벗어나 지적 재산권을 외부에 유출하면서 새로운 수익을 창출한 것이다. 자사가 보유한 반도체 관련 기술 등을 인텔, 모토로라, 텍사스 인스트루먼트와 같은 기업들에게 특허권을 주면서 수익을 챙길 수 있었다. 또 마이크로 소프트 등 세계적인 기업들은 중국을 포함한 각국에 연구 센터를 설립 운영하면서 현지 인력의 참신한 아이디어를 흡수하고 있다. 삼성이 소니사와 제휴로 세계 3위였던 LCD, PDP 생산 라인을 증설해서 현재 세계 1위 자리에 오른 사실도 좋은 사례이다.

1위에 올라서면 늘 공격을 받는다. 더구나 지금은 그 공격도 협업의 연계 개발 형태로 이루어진다. 미국 반도체 기업인 인텔과 마이크론이 손잡고 핸드폰, 디지털 카메라, 컴퓨터 등 대용량 핵심 정보 저장 장치 역할을 하는 낸드플래시메모리(nand flash memory) 분야에서 세계 1위인 삼성전자를 추월하려고 힘을 합쳤다. 인텔과 마이크론의 공동 개발로 양사가 합작한 낸드플래시메모리 회사인 IM 플래시테크놀로지스(IMFT)가 생산한 34나노 32기가 바이트 제품은 업계 최초가 되었다. 나노 공정 숫자가 낮을수록 생산성과 메모리 집적도가 높아 제품이 우수하다. 이들의 지식이 결합되어 시너지 효과와 배가 법칙이 만들어질 경우 삼성전자 42나노 32기가, 도시바 43나노 32기가, 하이닉스 41나노 32기가 제품은 위기에 직면하게 될 것이다. IM 플래시테크놀로지스는 2008년 하반기부터 30나노 대공정으로 대량 생산을 시작한다. 이로써 현재까지 낸드플래시메모리 분야의 3강 구도(삼성전자, 도시바, 하이닉스)는 강력한 위협을 받게 되었다. 조만간 시장 판세는 새롭게 짜여질 것이다.

　싸움의 방식이 바뀌었다. 어제의 적이 오늘의 동료가 될 수도 있다. 상생이라는 대의를 위해 서로 힘을 모아야 한다. 세계 시장에서 국제 경쟁력을 높이기 위해서는 연계 개발로 기술 경쟁력 강화와 속도 경영을 유지할 수 있어야 한다. 이에 더해서 기술과 성능이 하나로 합쳐진 융복합화 상품을 개발하고 창의적인 디자인으로 다양한 면에서 차별화를 계획해야 한다.

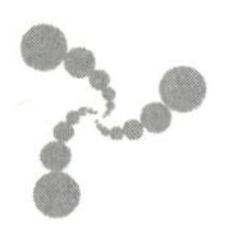

08

세계 1, 2, 3등만 존재하는 시장

U R이 선포되기 전까지만 해도 세계 자동차 회사는 64개였다. 그러나 12년이 지난 지금 국경을 초월한 인수합병(M&A)을 거쳐 10개의 자동차 회사만이 살아남았다. 국내도 6개의 자동차 회사가 있었으나, UR 이후 현재는 현대자동차 하나만 남았다. S사는 프랑스 기업으로, D사는 미국 기업으로, 홀로 버텨낼 힘이 없는 국내 자동차 기업은 모두 어딘가로 흡수되어 버렸다.

하지만 아직 끝난 것이 아니다. 2015년이면 지금까지 살아남은 10개 자동차 브랜드가 5개로 압축될 것이라고 세계 경영 석학들은 전망했다. 그런데 국내 유일의 자동차 기업이 가진 국제 경쟁력은 현재 세계 10대 자동차 기업 중에 자산 가치 10위, 브랜드 인지도 10위라고 한다.

2015년 현대자동차는 생존해 있을까

2007년 4월 일본 도요타 자동차가 세계 판매 1위 기업인 GM을 이겼다. 도요타 자동차의 생산 라인은 전체 공정이 자동화되어 있는데, 이것이 세계 정상 자리를 차지하는 저력이 되었다. 이에 비해 현대자동차는 59%는 자동화, 41%는 인력에 의존하는 생산 구조이다. 그렇다 보니 현대자동차는 늘 회사측과 노조 간의 분쟁과 투쟁이 끊이지 않는다. 이 때문에 외부에서는 현대자동차에 대해 경영이 불안정한 기업이라는 이미지를 가지고 있다. 잦은 분규가 대외 경쟁력에도 좋지 않은 영향을 미치는 것이다. 이런 대내외 여러 요인이 계속 존재한다면 점점 국제 경쟁력을 잃어 가리라는 것은 두 말할 나위도 없다.

2009년 여름부터는 우리나라에 일본의 도요타 캠리가 3천만 원대의 가격으로 판매를 시작한다. 자동차의 명품 브랜드인 렉서스만을 한국에 판매해 온 도요타가 한국 소비자의 욕구를 충족시킬 수 없다고 판단해 다른 브랜드 진출을 선언한 것이다. 캠리 모델은 세계적으로 베스트 셀링카(best selling car)에 선정되었다. 가격은 한국에 진출한 일본 대중차 브랜드인 혼다나 닛산에 비해 경쟁력 있게 책정될 것으로 보인다. 또한 원유 가격의 급등으로 연비에 민감한 국내 소비자들을 만족시킬 만한 높은 연비 성능을 가지고 있어 캠리는 충분히 한국 소비자들을 유혹할 수 있을 것이다. 현대자동차의 소나타와 그랜저가 캠리보다 나은 경쟁력을 갖추지 않는다면 소비자는 연비와 성능에서 한 수 위인 베스트 셀링카를 선택할 것이다.

현대자동차는 2009년 10월까지 리터당 20km를 달릴 수 있는 하이브리드카를 생산하겠다고 선언했다. 그러나 며칠 후 그 계획을 수정했다. 출시 시점을 10월에서 3개월 앞당긴 7월로 다시 발표한 것이다. 이는 도요타의 한국 상륙에 대한 대응책일 것이다. 이제 현대기아차 화성 남양연구소의 하이브리드카 설계팀에 2009년 이후 현대자동차의 운명이 걸려 있다.

하이브리드카는 연료 외에 전기 에너지를 동력으로 쓰는 자동차이다. 일본과 미국의 자동차 업체들은 가솔린 하이브리드카를 10년 전에 생산했다. 그리고 우리나라의 현대자동차는 LPG 하이브리드카의 설계를 끝낸 상태이다. 이미 외국 업체들이 주도권을 잡고 있는 가솔린 하이브리드카 시장에서 경쟁력을 갖추기 위해 LPG를 선택한 것이다. 아울러 100% 수입에 의존했던 모터, 제어기, 배터리, 직류변환기 등 주요 부품을 모두 국산화했다. 2009년 7월 양산 시점에 맞춰 생산 설비를 갖추는 게 최대 관건이다. 그러나 현대자동차에서는 금속 노조 4사가 중앙 교섭에 참석하지 않아서 2008년 5월 15일 쟁의 신청을 한 뒤 6월 말부터 파업에 들어갔다.

회사가 희망이다. 직원의 희망이고 그들 가족의 희망이다. 그 지역 사회의 희망이고 국가의 희망이다. 그러나 열악한 기업의 경영 현실은 비단 현대자동차만의 문제가 아니다. 한국 모든 기업이 같은 입장일 것이다. 유력한 글로벌 기업의 도전으로 생존 자체가 위협받고 있다. 왜 주인만 발을 동동 구르고 있는 것일까? 노사가 한 덩어리로 뭉쳐서 적극적으로 대응해도 모자랄 판에, 왜 직원들은 위기의식 없이 강 건너 불구경하듯 할까? 싸움에서 지면 100% 자동 공정을 위해 모든 인력이 퇴출당할 것이다. H사 직원들이 주장하는 기본급 13만 원 인상이 지금 더 중요하고 급한 일인가?

전자 산업에도 대란이 일어나고 있다

전자제품 시장은 삼성전자, LG전자, 대우전자 3파전 싸움에 중국 하이얼사가 뛰어들었다. 하이얼사는 국내 기업과 비슷한 기술력을 갖추고 있다. 그러나 낮은 인건비를 강점으로 현재 전자 산업의 대표 기업으로 급성장하고 있다.

2003년 LG전자는 중국 내 전자제품 업계에서 매출 1위를 달성했다. 그러나 2004년 4위로 밀려났다. 가격 경쟁에서 밀렸기 때문이다. LG전자와 삼성전자는 10만 원하는 전자레인지를 만들어 출시했지만, 하이얼사의 전자레인지는 3만 원이다. 다른 전자제품도 30~50% 가량 저렴하다. LG전자와 삼성전자의 제품이 3배 정도 비싼 것이다. 이에 대응해 LG전자는 러시아에 공장을 신설하고, 인도에 공장을 증설하는 작업을 했다. 하지만 하이얼사가 러시아나 인도로 진입하지 말라는 법은 없다. LG전자가 밀리는 이유가 무엇일까? 원자재 구매 비용의 차이도 있겠지만, 오를 대로 올라있는 인건비가 가장 큰 원인이다.

오늘 출근하는 회사가 내일 망한다면 당장 나는 실업자로 전락할 것이다. 이는 비단 직원뿐만 아니라 국가적으로도 엄청난 손실이다. 직원들의 적극적인 협조가 있어야 한다.

"한국 노동시장은 융통성이 없고 고비용이다."

윌리엄 오벌린 주한 미국상공회의소 회장이 한 말이다. 우리나라 노동 시장의 경직성은 많은 외국인들의 투자를 가로막는 가장 주요 장애 요소 중 하나이다. 그들은 한국에서는 경영 환경이 악화됐을 때는 노동 인력을 조정하기 어려워 비용이 많이 든다고 생각한다. 그런데도 외국 기업들이 한국에 투자하는 이유 중 하나는 재능 있고 열정적인 고급 인력이 풍부하기 때문이다. 한국의 인적 자본이 투자 유치에 가장 큰 강점이면서 동시에 약점으로 작용하는 것은 매우 안타까운 일이다.

기업과 노조, 정부 정책이 상생의 목적을 달성할 수 있도록 유연성을 만들어야 한다. 기업들도 더 투명한 경영을 해야 하고, 노조도 새로운 노사 문화를 만들어야 하고, 정부도 유연한 노동 시장의 흐름을 탈 수 있도록 환경을 변화시켜야 한다. 세계화 시대에 재대로 대처하지 못한 기업과 사회, 정부와 그 모든 제도가 현재 우리 기업들의 국가 경쟁력을 떨어뜨리고, 일부 사원들을 눈치만 보고 적당주의에 익숙해지는 사람들로 재교육시키는 환경을 만들었는지도 모른다.

세계 1, 2, 3등 기업만이 살아남는 시장이다. 한국 기업은 국제 사회에서 경쟁력을 갖추기 위해서 전통적인 경영 방식에 안주하려는 생각을 버리고, 조직원 스스로 일할 수 있는 구조로 전환해야 한다. 상한선 없는 열정을 불러일으킬 수 있는 구조를 만들고 생산 시스템도 자동화해야 한다. 원자재 수급에 대해서도 연구하고, 제품 디자인 개발에 더 많은 투자를 해야 한다. 불필요한 기능은 줄여서 공정에 들어가는 비용을 낮춰야 한다. 보다 저렴하면서도 세련된 디자인의 첨단 제품을 생산하지 않으면 한국 기업은 더 이상 국제 사회에서 비전이 없을 것이다.

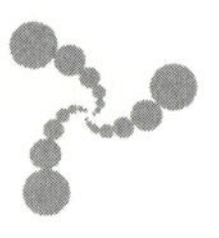

09

세계 2위 코닥의 퇴진

19 17년 미국에서는 『포브스』라는 경제 잡지가 탄생했다. 70년이 흐른 1986년 『포브스』는 세계를 이끄는 미국의 100대 기업을 선정했다. 1위 기업은 GE였고, 2위가 코닥이었다. 미국 2위 기업으로 선정된 지 10년이 지난 1996년, 코닥은 땅에 코를 빠뜨리는 회사로 전락해버렸다.

기술의 진보를 거부한 코닥

코닥의 추락은 환경 변화를 거부했기 때문이다. 필름을 사용하지 않고도 사진을 찍을 수 있는 사진기가 만들어진다는 '기술의 진보'를 거부했기 때문이다.

1996년 디지털 카메라가 시중에 판매되기 시작했다. 디지털 카메라의 대세에 밀려 필름 산업은 급속한 퇴보를 시작했다. 시장 판세를 제대로 읽지 못한 코닥은 뒤늦은 후회를 하며 제품 개발을 시작해 2004년 코닥 상표를 붙인 디지털 카메라를 시장에 출시했다. 그러나 결과는 참담했다. 이 글을 읽는 독자들도 디지털 카메라 하나쯤은 있을 것이다. 그러나 코닥 제품을 가지고 있는 사람은 몇이나 될까?

필사적으로 만든 신제품이 출시된 시점에 또 다른 적이 출현한 탓으로 코닥은 두 번째 시련을 겪게 되었다.

휴대폰 카메라가 출시되다

휴대폰에 카메라 기능이 탑재되었다. 그 기능도 하루가 다르게 향상되어 특별히 작품 사진을 찍는 것이 아니면 휴대폰 카메라로 사진을 찍어도 전혀 손색없는 화질을 갖추었다. 카메라가 달려 있지 않은 휴대폰은 이제 없을 정도이다.

디지털 카메라가 휴대폰 시장에 이와 같이 큰 영향을 미쳤다. 제품 개발에만 매달린 코닥에게는 생존의 결정적인 위협이 된 것이다. 하지만 그것으로 끝난 것은 아니다. 이제 모든 휴대용 전자제품 시장의 새로운 경쟁자는 휴대폰이기 때문이다.

휴대폰 하나로 사진과 동영상 촬영뿐만 아니라, MP3 플레이어로 음악을 듣고, 게임도 즐기고, 금융 서비스도 언제 어디서나 이용할 수 있다. 내비게이션 역할도 해서 길 찾기 안내 기능이 추가된 것은 이미 오래 전 일이다. 최근에는 인터넷에 접속하여 메일을 볼 수 있는 기능이 더해지고 있다.

코닥이 다른 돌파구를 찾지 못한다면 저물어가는 황혼을 바라보며 화려했던 옛 추억을 더듬는 기업으로밖에는 남지 않을 것이다. 기업이 혼자서 열심히 노력한다고 안정적으로 성장할 수 있다고 믿는다면 실수하는 것이다.

성공의 해답은 내부가 아니라 외부, 즉 시장 현장에 있다. 기업에 산재한 문제의 해결책을 책상머리에 앉아서 찾으려 하지 말아야 한다. 회사를 이끌어나갈 방법을 연구하려면 밖으로 나가 발로 뛰면서 해답을 찾아야 한다. 현재 자사의 제품에 영향을 미치고 있거나, 미래에 영향을 미칠 수 있다고 판단되는 상품과 업종을 찾아내고, 새로운 적을 발견해서 싸움 방식을 연구하지 않으면 결코 기업의 존립과 안정적인 성장을 보장받을 수 없다.

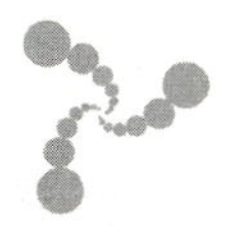

10
새로운 적의 출현과
달라지는 싸움 방식

지금까지 기업은 시장에서 경쟁 우위를 점유하기 위해 같은 분야의 산업에서 적을 찾아 공격과 방어 전략을 계획했다. 이런 싸움 방식은 김위찬 교수의 저서 『블루오션 전략』에도 동종 산업의 적을 찾아서 경쟁 우위를 점하는 방법과 새로운 시장을 찾아나서는 전략으로 소개된 바 있다.

그러나 급변하는 환경 속에서는 같은 산업에서 발견된 적보다 다른 산업에서 나타난 적이 훨씬 더 강력하고 위험하다. 다른 산업에서 출현한 강력한 적들은 자사의 시장을 점점 잠식해서 매출 감소에 직접적인 영향을 미쳐 판세를 바꾸고, 한 발 더 나아가 그 산업 분야 자체를 없애버릴 수 있기 때문이다.

P&G의 새로운 적

짐 콜린스의 저서 『좋은 기업을 넘어 위대한 기업으로』에는 1999년 대표적인 미국의 비누, 세제 및 가정용품 제조업체인 프록터&갬블사(P&G)를 세계 17개 위대한 기업 중 하나로 선정했다. 그러나 Value Migration-2000에서 발표한 자료에 의하면, P&G는 2000년이 1999년에 성장했던 것보다 더 많은 하락을 보였다. P&G의 눈에 보이는 경쟁 상대는 분명히 같은 산업의 스콧페이퍼 회사였지만 이들의 공격이 아니라 엉뚱한 산업에 의한 공격 때문에 매출 실적이 급감했다.

과연 P&G의 새로운 적은 누구였을까? 시장에서 1, 2위를 다투던 기업이 아니면 도대체 누가 경쟁자란 말인가? P&G 앞에 생각지도 못했던 경쟁 분야가 나타났다.

"비데 산업"

2000년부터 시장에는 비데 소비가 활성화되었으며, 현재까지도 비데 산업의 성장은 계속 증가하고 있는 추세이다. 소비자들이 비데를 사용하면서 예전에 비해 1/3 분량의 화장지만 사용한다면 화장지 회사는 전체 매출의 2/3가 감소하게 된다. 새로운 적의 출현에 대응해서 P&G나 유한킴벌리사는 새로운 싸움 방식을 연구해야 한다.

▶ 제품 메트릭스

	기존 제품	신제품
기존 시장	시장 침투 전략	제품 확장 전략
신시장	시장 확대 전략	다각화 전략

제품 메트릭스는 경영 전략을 기획할 때 사용하는 툴이다. 이 툴을 이용하여 화장지 산업의 경영 전략을 연구해보자.

먼저 시장 침투 전략을 적용해보자. 기존 제품을 기존 시장에 포장과 디자인만 바꿔서 출시한다면 매출이 오르지는 않을 것이다. 소비 자체가 줄어들고 있기 때문이다. 그렇다면 신제품을 개발하는 제품 확장 전략을 대입해보자.

신제품 개발을 위해서는 인력이 필요하고 시간과 비용이 발생한다. 품질이 우수한 상품을 개발했으나, 비싼 가격으로 기존 시장에 출시한다면 일시적으로 수익이 상승할 수는 있을 것이다. 그러나 매출이 빠지면 이를 보완하기 위해 계속해서 신상품을 개발해야 하는 문제가 생긴다. 바람직한 전략으로 추천하기는 어렵다.

시장 확대 전략은 제품 확장 전략보다는 적용이 쉬울 수 있다. 기존 제품으로 새로운 시장에 진출하면 되기 때문이다. 그 예가 비데 산업이 영향을 덜 미치는 저개발 국가로 진입하는 경우이다. 소비 시장이 큰 브릭스(브라질, 러시아, 인도, 중국) 시장으로 진입한다면 규모가 확대되어 매출이 늘 것이다. 신시장으로 진입을 위해서는 여러 가지 방법이 있겠지만, 다음 네 가지를 소개한다.

- M&A를 통해서 진입하는 방법
- 기술 이전을 하면서 진입하는 방법
- MOU(양해 각서)를 체결하여 진입하는 방법
- 합작이나 직접 투자를 통해 진입하는 방법

여러 가지 방법 중에서 회사 상황이나 여건을 고려해 최적의 방법을 선택하면 된다. 그래도 신제품을 개발해서 신시장으로 진입할 때는 비용이 발생하고 시간이 걸리는 문제가 있어서 심사숙고할 필요가 있다.

면도기 산업의 새로운 적

질레트는 세계적으로 가장 얇고 강한 면도기를 만드는 면도기 산업의 대표 브랜드 기업이다. 지금까지 상위를 유지하

며 상승 가도를 달려왔던 질레트도 Value Migration-2000에 의
하면, -50%의 매출 하락을 보이고 있다. 그렇다고 질레트가 제
품 개발과 마케팅, 유통에 소홀했던 것도 아니다. 최선을 다해
경쟁력을 갖추고 판매에 매진했지만, 새로운 적에 의해 매출이
급감하고 있다. 그들의 경쟁사는 브라운 면도기나 파나소닉사가
아니었다. 과연 질레트와 면도기 산업의 새로운 적은 누구일까?

"제약 회사"

생각지도 못했던 제약 회사라는 새로운 적 때문에 질레트의
매출은 급감하고 있었다. 제약 회사에서 생산하고 있는 제모제
(除毛濟)를 바르면 털이 자라지 않기 때문에 굳이 면도기를 쓸 필
요가 없다. 날씨가 더운 유럽 쪽에 장기간 출장을 다니는 사람들
은 제모제를 필수품으로 가지고 다닌다고 한다.
앞으로 제모제에는 더욱 다양한 기능이 추가될 것이라고 한
다. 선탠이 보편화된 지금 젊은이들의 요구에 맞추어 털이 자라
지 않으면서도 피부를 적당히 태울 수 있는 기능을 갖춘 제품이
나올 것이라고 한다. 반대로 선크림 기능을 더해서 자외선 차단
과 피부를 태우는 것을 방지하는 제모제도 만들 수 있을 것이다.
이제 제약 회사의 신제품은 면도기 산업을 넘어 화장품 산업에
도 막대한 영향을 미치는 새로운 적으로 부상하고 있다.

MP3 플레이어의 새로운 적

소리 산업의 대명사는 일본의 소니사이다. 소니사는 워크맨을 처음 출시한 이후 2주일에 새로운 모델 하나씩 만들어 내면서 스스로 시장 진입을 높여갔던 회사이다. 그러나 MP3 플레이어가 탄생하면서 시장에 수많은 경쟁사가 생기기 시작했다. 삼성 블루텍, 레인콤, 거원, 애플 등이 그 대표적인 회사들이다. 이 중에서 레인콤의 양덕준 사장은 소니사의 강력한 경쟁자로 부상했었다. 레인콤은 국내 시장의 58%와 해외 시장 27%를 점유하여 MP3 플레이어 산업에서 명실상부하게 한국을 대표하는 벤처 회사로 주목받았다. 이에 대한 반격으로 소니사는 2005년 5월에 자사의 기술력을 기반으로 514MB 모델을 40% 인하한 가격으로 시중에 출시했다. 레인콤을 비롯한 다른 모든 MP3 플레이어 제조사들은 타격을 받아 현재까지 헤어나지 못하고 있다.

하지만 MP3 플레이어 시장을 소니사가 다 석권할 수는 없었다. 새로운 적이 탄생했기 때문이다. 과연 MP3 플레이어 시장의 새로운 적은 누구일까?

"모바일 통신사"

유비쿼터스(ubiquitous) 시대를 겨냥해서 모바일 통신 회사들은 다양한 콘텐츠를 개발하여 휴대폰에 접목하느라 혈안이 되었다. 그들은 휴대폰에 MP3 플레이어 기능을 추가하여 100곡이나 다운받을 수 있게 했다. 음질도 소니사나 삼성블루텍이 만든 MP3 플레이어와 비교했을 때 음악 마니아가 아닌 이상 구분하기 어려울 정도로 우수하다. 사람들은 이제 25만 원 이상 가는 MP3 플레이어를 별도로 구입하지 않고 휴대폰에 음악을 다운받아 다닌다.

교과서 산업의 새로운 적

국정 교과서로 오랜 명성을 얻고 있는 D사의 간부들을 대상으로 강의했던 적이 있다. 강의 전에 사장님이 교육 목적에 대해 간략하게 직원들에게 당부하는 말씀을 하셨다. 그 짧은 시간 동안 D사가 현재 처한 위기가 느껴졌다. 일해야 할 귀한 시간에 큰 비용을 들여서 연수원에 간부들을 모은 이유는 회사 경쟁력을 끌어올릴 만한 아이디어를 연구하라는 뜻이라고 했다. 60년 전통으로 국정 교과서의 명성을 얻고 있는 회사가 이처럼 심각한 분위기 속에서 회사 생존을 위해 사원 교육을 선택한 이유는 무엇일까?

새로운 적이 출현했기 때문이다. 출판인쇄교육 산업에 대적하는 새로운 적은 다름 아닌 인터넷 강의였다. 온라인으로 영어 동영상 강의를 하는 M 회사가 생겨났던 것이다. 그들은 대학 입학을 준비하는 학생들을 대상으로 강남 논현동과 대치동에서 성행하던 고액의 영어 강좌를 온라인으로 개설해 50만 원에 수강할 수 있는 프로그램을 운영했다. 곧 M 회사는 엄청난 대박을 터트렸다. 그곳은 D사처럼 역사와 전통을 가진 회사도 아니다. 시장의 변화를 읽고 새로운 시장을 발견해서 고객의 욕구를 충족시킬 수 있는 상품을 개발했더니 큰 성과로 이어진 것이다. 이름도 들어보지 못한 회사가 짧은 시간에 성공할 수 있었던 이유는 고객이 원하는 것을 찾아 갈증 요인을 해결할 수 있는 가치를 프로그램에 담은 것 뿐이었다.

새로운 적과 싸우려면 새로운 싸움 방식으로 무장해야 한다. 인쇄와 출판 시장은 외형이 계속 줄어들고, 매출도 떨어질 것이다. 매출이 하락하는 것은 영업 부서 직원들이 게으르고 더 열심히 일하지 않아서가 아니다. 급속한 환경 변화로 기업이 타격을 받고 있기 때문이다.

대한민국은 인터넷 보급률이 세계 1위이다. 이전에는 책에서만 얻을 수 있었던 정보와 자료도 인터넷으로 손쉽게 얻을 수 있는 세상이 되었다. 인터넷으로 업무를 지시하고, 인터넷으로 사업을 하고, 인터넷으로 공부도 하며, 인터넷으로 소식을 전한다. 현재는 영역을 넓혀 초등학교에서는 책 없이도 전자 칠판을 활용하여 수업을 진행하는 상황이다.

인터넷의 등장으로 출판인쇄 분야뿐만 아니라 많은 산업에서 새로운 적이 만들어지고 싸움 방식이 바뀌어져 지금의 시장 판세는 완전히 변할 것이다. 만약 자신의 사업 분야에 인터넷으로 무장한 새로운 적이 출현할 것을 예상할 수 있다면 대응할 수 있는 새로운 싸움 방식으로 빨리 전환해야 한다.

D사는 60년 전통과 축적된 노하우를 바탕으로 인터넷 시장에 진입해야 한다. 국정 교과서 출판사란 명성을 활용해서 학생들의 진학 문제를 다루는 상품을 개발한다면 일반 소비자들이 신뢰를 덤으로 줄 것이다. 국내에서 초·중·고등 학생을 대상으로 인터넷 동영상 강의를 하는 회사는 현재 500여 개가 넘는다. 힘들여 만들어낸 결과물이 이들과 유사하게 되어버린다면 조금은 색다르다는 '차별화'만 있을 뿐 기대한 만큼 성공을 거두기는 어려울 것이다. 다른 곳과 비슷하나 조금 다른 '차별화 전략'보다는 자신의 등급을 보다 상위로 높이는 '차등화 전략'으로 승부해야 한다.

11
M&A가 더 필요한 한국 기업

국내 20대 그룹 최고 경영진의 경영 환경에 관한 설문조사에 따르면, 55%는 최근 경영 환경이 1997년 외환 위기 때와 비슷하거나 더 어렵다고 생각하고 있으며, 그중 60%는 당분간 경영 환경이 계속 나빠질 것으로 전망했다. 한 마디로 지금 상황을 기업의 통제가 불가능한 '최악의 환경'으로 여기는 것이다.

이런 어려움은 하루아침에 발생한 것이 아니라 계속 누적된 결과이다. 그것은 앞서 언급한 UR(우르과이라운드) 선포 시점부터라 해도 과언이 아니다. 하지만 그것이 전부는 아니다. 이제 우리나라는 한미 FTA 체결 이후 시간을 대비해야 한다. 앞으로도 경쟁력이 없는 기업은 계속해서 위기를 맞을 것이며, 과학적인 절차를 통해 검증된 우수한 외국 상품이나 기술에 밀려 결국 시장에서 퇴출될 것이다.

2006년 12월 15일 산업자원부가 주최한 '부품 소재 신뢰성 국제포럼'에 당시 국내 CEO들이 모였는데, GE 그룹의 전 회장인 잭 웰치를 화상으로 연결했다. 그는 다음과 같은 네 가지 문제점을 한국 CEO들에게 지적했다.

첫 번째는 한국에서는 애플사의 '아이팟'과 같은 독창적이고 혁신적인 제품이 나오지 않는다. 이 지적은 단순히 신제품을 빨리 내놓거나 제품의 효율성을 높이는 것이 중요한 시대는 지났기 때문에 제품 혁신으로 경쟁력을 키워야 한다는 것이다. 잭 웰치는 자신이 한국에 대한 비판론자는 아니지만, 한국 기업은 제품에 새로운 기능을 더하고 비용의 효율성을 높이려고만 할 뿐 완전히 새로운 아이디어를 내놓은 것이 부족하다고 했다. 이에 비한다면 미국은 모험가 정신과 사업가 정신이 가득 찬 창업가들이 훨씬 다양한 아이디어를 내놓아 보다 혁신적인 제품 개발이 다양하게 이루어진다.

두 번째는 창의성을 키우기 위해서는 합리적인 보상 체계가 중요하다. 인센티브 없이는 창의성을 끌어내기 어렵기 때문에 자본주의적 성과 주의도 중요하다. 직원들의 마음에 성취욕을 심어주고 지갑을 동시에 두둑하게 해줘야 한다. 기업의 목표 달성을 위해 보다 창의적인 아이디어를 내거나 제품을 혁신하는 사람에게 많은 인센티브를 주고, 혁신을 달성한 직원들을 영웅이나 스타로 대접하는 분위기도 조성해야 한다.

세 번째는 한국의 전통적 경영 체제를 혁신과 경쟁력 제고 차원에서 바꿀 필요가 있다. 한국 기업의 경영 체제는 중국, 일본 등과 같이 대부분 상명하달식으로 아직 독립적 전문 경영 인력을 기르지 못하고 있다. 잭 웰치는 '기업 구조 혁신'이야말로 한국의 성공 미래를 좌우하는 열쇠라고 조언하며, 수출이 성장의 중요한 열쇠인 한국 경제가 수출로 얻은 이익을 더욱 높이려면 M&A가 더 많이 필요하고 인수 기업에 투입할 경영 인력도 충분해야 한다고 했다.

네 번째는 한국 기업의 노사 문제이다. 지금은 누가 시장에 제품을 빨리 출시하느냐, 혹은 효율적으로 생산 공정을 갖추느냐가 중요한 문제가 아니다. 노사 간의 신뢰 구축이 최우선 과제이다. 한국 산업 전반에 걸쳐 삼성과 같은 노사 구조의 혁신이 확산되어야 연간 10% 이상 수출 성장을 지속할 수 있다. 자유무역협정과 같은 양자 간 협정을 가능한 한 많이 맺어야 한다. 교역이 늘고 서로에 대한 의존도가 높아지면 노사 관계도 그만큼 평화가 유지될 것이다. 수출만이 회사 생존의 길이라면 회사나

노조는 서로를 항상 존중할 수밖에 없을 것이다.

세 번째 조언에 대해서 긍정적으로 생각하는 사람은 많지 않을 것이다. 아무래도 자기 영역을 남에게 빼앗기지나 않을까 염려되기 때문이다. 그러나 M&A는 반드시 더 이루어져야 한다. 한국 기업들이 가능한 한 빨리 해외 시장으로 진입하지 않으면 한국의 미래는 불투명할 것이라는 주장은 2002년에 기획예산처 브라운백 미팅 초청 강연에서 필자가 했던 말이기도 하다.

시장성을 상실해 가는 나라가 되고 있다

한국은 시장으로서 가치를 점점 상실해 가고 있다. 최소한 시장성을 갖추려면 인구가 1억 명은 넘어야 한다. 그러나 한국은 현재 세계에서 출산율이 가장 저조한 나라로 전락해 있다. 언론에서는 국내 출산율이 매년 평균 7만 명씩 줄어들고 있다고 보도한다. 살 사람이 있어야 물건도 팔리고 회사도 살아남는다. 출산율 저하는 산업 전반에 영향을 미쳐 기업의 자국 내 경쟁만 치열하게 만든다.

신생아가 먹는 분유 만드는 회사를 예로 들어, 왜 M&A가 필요하고 해외 시장을 확보해야 하는지에 대해 설명하고자 한다.

신생아가 먹는 분유 한 통은 평균 2만 5,000원 정도 한다. 아이가 일주일에 한 통을 먹는다면 한 달이면 4통을 소비한다고 가정할 수 있다. 이를 출산율 저하에 따른 기업 손실 수치로 계산해보자. 앞에서도 말했지만, 한국의 한 해 신생아 출산 감소는 7만 명 정도이다. '신생아 7만 명×4통×12개월×2만 5,000원'을 계산하면 연간 840억 원의 매출 손실이 일어난다. 이것은 신생아들이 분유를 먹지 않아서도 아니고, 신제품이 볼품 없어서도 아니다. 영업하는 사람들이 일을 게을리 해서 생기는 현상도 아니다. 단지 아이가 태어나지 않기 때문에 발생하는 현상이다.

분유 회사는 살아남기 위해 어떤 노력을 해야 할까? 매출 감소 원인을 발견하고, 문제를 해결할 수 있는 새로운 전략을 수립해야 한다. 한국 기업은 상황이 어려우면 직원을 내보내고 고정비를 줄이는 구조 조정을 가장 빠른 대응 전략이라 생각한다. 그러나 이 방법은 결코 근본적인 해결책이 될 수 없다. 결국 환경이 다시 어려워지면 또 사람을 내보내야 하기 때문이다.

그보다 기업이 돈을 벌 수 있는 방법과 전략을 연구해서 이동하는 것이 더 효율적인 선택이 될 것이다. 돈을 벌 수 있는 방법을 연구해보지도 않고, 회사가 어렵다고 직원부터 줄이는 과오를 범하지 말기 바란다.

제품 메트릭스를 활용한 해법을 찾아라

분유를 만드는 N사의 매출 하락 위기를 극복하고 돈을 벌 수 있는 방법을 앞에서 설명한 제품 메트릭스를 활용해서 연구해보자.

시장 침투 전략 : 기존 제품으로 기존 시장에 진입하는 전략

포장과 이름만 바꾼 상품을 기존 시장에 좀 더 비싼 가격으로 판매하는 방식이다. 회사의 손실을 만회하기 위해 이런 전략을 선택한다면 기업이 더 큰 위기에 처해질 수 있다. 소비자는 정보에 강하므로, 기업을 불신하여 불매 운동까지 펼칠 수 있다. 회사 이미지와 생존을 위해 이 전략은 사용하지 않는 것이 좋을 것이다.

제품 확장 전략 : 신제품으로 기존 시장에 진입하는 전략

신제품 개발을 위해서는 인력이 필요하고 시간과 비용이 소모된다. 예를 들어 기존 상품에 비해 DNA가 50% 더 들어간 신제품을 만들었다고 가정해보자. 아이들 머리가 좋아지고 면역력도 강해지며 키도 쑥쑥 자란다는 카피를 이용해서 오전 10시에 TV 광고로 소비자들에게 알린다면 일시적인 판매 증가로 손실 일부를 만회할 수 있을 것이다. 그러나 이 전략도 일시적인 문제 해결책에 지나지 않는다. 신생아 출산이 계속해서 저조해지면 매

출도 다시 하락할 것이고 남아있는 소비자의 요구를 채워줄 만한 또 다른 신제품을 개발해야 하는 문제를 안고 있기 때문이다. 추천하고 싶은 전략은 아니다.

다각화 전략 : 신제품을 개발하여 새로운 시장에 진입하는 전략

기업의 생존을 위해 바람직한 전략이다. 그러나 신제품 개발과 신시장에 진입하기 위한 시장 분석은 상당한 시간과 비용과 인력이 소요되므로 좋은 전략이긴 하지만, 기업의 문제를 신속히 해결하기에는 부족하다고 할 수 있다. 다음 전략을 더 눈여겨 보기 바란다.

시장 확대 전략 : 기존 제품으로 새로운 시장에 진입하는 전략

이미 만들어져 있는 제품으로 새로운 시장에 진입하는 것은 제품 개발에 따른 비용과 시간이 적게 소모된다는 이점이 있다. 새로운 시장이라면 중국을 권하고 싶다. 우리나라 한 해 신생아 출산은 49만 3,000명 정도이다. 그러나 중국은 신생아 출생이 한 해 4,000만 명이다. 우리의 100배에 달하는 숫자이다. 뉴스에서 들었겠지만 중국의 신생아들이 중국산 가짜 분유를 먹고 집단으로 이상 증상을 보이고 몇 명이 사망했던 적이 있다. 제품의 안전성이 보장되지 않은 그런 혼란한 시장에 한국 기업이 탁월한 기술력과 높은 품질을 앞세운 제품으로 공략한다면 중국 산모들이 환영할 것이다.

중국 시장을 공략하기 위해 N 기업이 선택할 만한 전략은 다음과 같다.

M&A 방법

중국 기업과 손을 잡는 방법이다. 예를 들면, 이미 중국 시장에서 판매처와 유통 구조를 갖고 있는 A 기업의 최대 주주가 되어 그들을 활용해서 조직적으로 진입하는 것으로 가장 무섭고 빠른 전략이라 할 수 있다.

필자가 기획예산처에서 강의한 내용도 정부의 돈을 가지고서라도 중국 A사를 매입해서 국내 기업에 넘기면 정부도 일정 지분을 확보하고, 기업은 시장을 확보하여 빠른 시장 진입과 상품 판로가 형성되어서 상호 윈-윈 할 수 있다는 내용이었다. 국내 기업은 잠재력이 강한 중국 시장을 선점해 들어갈 것이고, 한국에서 생긴 손실을 만회하는 동시에 더 많은 국내 인력을 채용하는 계기를 마련할 것이며, 중국 시장에서 지속적으로 큰 외화를 벌어들일 수 있을 것이라고 주장했다.

앞에서도 말했지만, GE 그룹의 전 회장인 잭 웰치도 한국 기업에는 M&A가 더 필요하다고 했다. 국내 시장은 머지않아 한계가 드러날 것이다. 높은 임금, 출산율 저하, 유가 상승, 가격 경쟁, 개선될 기미가 보이지 않는 노사 관계 등 넘어야 할 산과 풀어야 할 과제가 너무 많다. 지금은 글로벌 시대로 각국이 눈에 보이지 않는 경제 전쟁을 치열하게 전개하고 있다. 따라서 국내 기업들은 더 넓고 큰 시장을 찾아 전략적 이동을 해야 한다.

기술 이전 방법

한국의 N사가 보유한 기술을 중국 A사에 전수하면서 지분을 확보하는 방식이다. M&A를 위한 비용이 없다면 이 방법으로 시장을 확대할 수 있을 것이다. 그러나 중국의 기술도 나날이 발전하고 있으므로, 나중에는 역공격을 당할 수도 있다. 그러므로 기술 이전에 신중을 기해야 한다.

MOU 체결 방법

한국 N사의 물건을 중국 A사가 판매하는 방식이다. A사에 일정 부분의 이익을 보장해주면서 그들의 판매처와 유통 구조를 이용해서 N사 물건을 판매하는 것인데, 역량 있는 파트너를 선정하는 것이 키워드이다.

합작 또는 직접 투자 방법

합작은 중국 내 A사와 상호 요구 사항에 합의하여 일정 금액의 투자로 공동 경영을 추구하는 전략이다. 직접 투자는 중국에 자금을 들여 직접 시설을 갖추고 인력을 채용해서 제품을 생산하고 판매처를 만드는 경영 전략인데, 시간과 비용이 많이 들므로, 철저히 검토하여 모든 과정을 신중하게 결정내려야 한다.

점점 줄어드는 한국 시장의 열악함을 극복하기 위해서는 국내에만 머물지 말고 시장이 크고 넓은 해외로 판로를 확대하는 것을 고려해보기 바란다. 위에서 설명한 방법 이 외에 더 좋은 전략이 있다면 타당성과 실효성을 적극 검토해볼 수 있을 것이다.

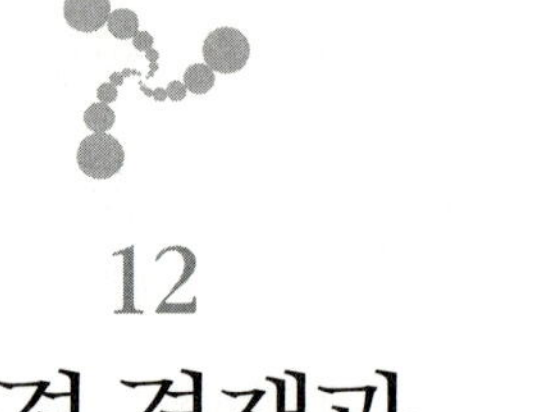

12
가격 경쟁과
개발도상국의 부상

제 품의 최종 판매 가격은 원자재 비용, 인건비, 유통 경로 비용, 광고 비용 등 여러 가지가 포함된다. 그중에서도 큰 영향을 미치는 것은 바로 인건비일 것이다.

가격 경쟁에서 한국 기업이 밀리고 있다

한국은 인건비가 세계에서도 상위권에 속하는 나라이다. 반면, 한국 기업의 제품 가격 경쟁력은 제로이다. 원자재 가격은 얼마나 구매하는가에 따라 단가가 달라질 수 있는데, 소비 시장이 작은 한국과 같은 나라는 대량 구매가 어렵기 때문에 원자재 구매 가격을 낮출 방법이 없다. 이에 더해서 유가 상승은 생산 단가를 올리고 있으며, 제품 원가에 큰 부분을 차지하는 인건비 때문에 매년 급여를 올려줘야 하는 구조를 가지고 있다.

만약 기업이 브랜드 경쟁에 밀렸다면 가격 경쟁에서 이겨야 한다고 필자는 생각한다. 소비자의 구매 변화도 브랜드를 선호하는 것에서 가격을 중시하는 쪽으로 전환되고 있기 때문이다. 시중에는 비슷한 품질의 상품이 범람해 소비자는 같은 품질이라면 보다 경제적인 가격의 상품을 선택할 것이다.

예로 일본에서 성공한 의류 브랜드 유니크로는 노브랜드로 유명하다. 고가 브랜드 상품 한 벌 구입 가격이면 유니크로 상품 2~3벌을 살 수 있다. 속에 받쳐 입는 옷은 비싼 가격의 브랜드를 입을 필요가 없으며, 낮은 가격으로 깔끔한 디자인의 옷을 개성을 살려 수시로 바꿔 입는 것이 더 효율적이란 유니크로의 판단이 젊은 층 고객의 지지를 얻은 것이다.

지금까지 우리 기업은 가격보다도 기술력을 앞세워 시장 경쟁에서 선전했는지도 모른다. 하지만 지금은 중국의 기술력이 우리와 비슷한 수준으로 따라 오고 있는 실정이다. 중국뿐만 아니라 러시아나 인도의 기업이 낮은 인건비를 바탕으로 세계적인 기업들을 유치해서 기술을 전수받아 생산한 제품들이 지금 전 세계를 휩쓸고 있다.

필자의 자녀가 얼마 전 뉴질랜드와 호주를 다녀왔다. 7살 된 녀석의 말에 적지 않은 충격을 받았다. 친척에게 줄 선물을 사기 위해 엄마와 함께 기념품 가게에 들렀는데, 모든 제품에 중국산 (made in China)이라고 표시한 라벨이 붙어 있었다고 한다. 이것은 뉴질랜드의 관광 기념품조차 중국인의 노동력을 거치지 않으면 관광객이 원하는 가격을 맞출 수가 없다는 이야기이다.

저임금 국가로 인력시장이 대이동을 하고 있다

대량 구매가 가능하고, 대량 생산이 가능하고, 대량 소비가 가능하고, 저렴한 인건비를 앞세운 중국이나 태국, 필리핀, 인도, 러시아, 미얀마, 심지어 아프리카까지 개발도상국가들이 새로운 제조원으로 부상하고 있다. 세계적인 기업들은 가격 경쟁에서 이기기 위해 한 푼이라도 인건비가 저렴한 개발도상국을 찾아서 기술을 전수하고 물건을 생산한다. 해외 시장에서 판로를 개척하여 달러를 벌어들이기 위해 움직이고 있는 것이다.

한국의 임금 구조는 기업 성장의 발목을 잡고 있다. 한 번 올라간 임금은 다시 내려오지 않는다. 위를 향해 계속 상승할 뿐이다. 이는 고스란히 제품 가격에도 반영된다. 임금이 높을수록 제품 가격이 높게 책정될 수밖에 없는데, 개발도상국에서 생산한 유사 제품에 비해 터무니없이 비싼 가격은 국내외 시장에서 외면당하고 퇴출되는 원인이 되고 있다.

기업은 가격 경쟁력을 갖추기 위해 인건비가 낮은 외국 근로자를 선택했다. 스리랑카, 필리핀, 태국, 인도네시아, 우즈베키스탄의 노동자, 중국 길림과 연변의 조선족 등. 심지어 파키스탄의 수도 이슬라마바드에서는 '코리안 드림'을 꿈꾸는 사람들이 이제 한국어능력시험까지 치르고 있다. 전국 11개 고사장에서 1만 352명이 응시했으며, 응시률 96.4%에 해당되는 높은 참가율을 보였다.

일자리를 찾는 실업자는 많은데 중소기업과 3D 업종에서는 일할 사람이 없다고 아우성이다. 사람들의 높아진 눈높이를 낮추지 못하고 있기 때문이다. 사람들은 힘든 일은 하기 싫어하고, 편하고 남들 보기에도 번듯한 일자리만 선호하고 있다. 우리가 이렇게 자신의 눈높이를 한껏 올리는 동안 지구 반대편 사람들이 우리 일터를 잠식했다. 그들은 언젠가부터 한국인들이 기피하는 힘들고 고된 블루칼라 일자리로 들어왔다. 그들 중에는 성실성과 부지런함을 인정받아서 장기 근무를 요청받는 경우도 많다. 임금도 훨씬 낮고 불만 없이 열심히 일하는 그들이 어쩌면 우리나라 중소기업을 지탱하는 중심부에 있는지도 모른다. 그리고 우리나라 근로자들은 임금을 조금이라도 더 주는 부자 나라로 다시 이동해서 노동을 팔아 생계를 유지하고 있다.

일자리가 줄어드는 또 다른 원인 중 하나는 기계가 수많은 사람의 일을 대신하고 있기 때문이다. 기계에 밀려 수많은 블루칼라 직종이 사라져 갔다. 예를 들어 큰 건물을 짓기 위해 종합운동장만한 웅덩이를 사람의 힘으로 판다고 생각해보자. 1,000명이 100일은 파야 할 것이다. 그것을 인건비로 환산해보자. 1,000명에게 하루 임금 8만 원을 100일 동안 주면 80억 원의 비용이 든다. 그러나 포크레인 1대를 한 달가량 사용하면 비용이 이보다 훨씬 저렴할 것이다. 그 누구라도 사람을 쓰기보다는 기계를 선택할 것이다. 그러면 당연히 포크레인 기사 자리를 제외한 99명의 일자리는 없어진다.

화이트칼라 직종도 불안하기는 마찬가지다. 이전에 10명 직원이 종일 해야 마칠 수 있는 일을 지금은 컴퓨터 프로그램 하나로 한 시간에 모두 해치울 수 있게 되었다. 가격 경쟁에서 이겨 좀 더 효율적인 수익을 얻기 위해 기업은 기계를 선택하여 더욱 일자리를 줄이려 할 것이고, 노동자는 뭉쳐서 이에 대항할 것이다. 이제 더 낮아지기만 하는 상품 가격과 개발도상국의 인력이 몰려오는 것을 막을 수 없다. 그러나 시장에서 경쟁력 있는 가격은 노사 간의 양보와 타협으로 이루어질 수 있다는 것을 명심하라.

4부에서는 한국 기업이 유지하고 있는 여러 가지 무기력한 것들에 관하여 문제를 제기하고 대안을 제시할 것이다. 설령 필자가 제시하는 문제와 대안이 귀사의 산업이나 특성에 부적합할 수도 있다. 그러나 최소한 지금의 것에 만족하지 말고 새로운 것들로 바꾸는 작업을 시도하기 바란다. 새로운 것을 만들고 적용하는 데는 용기와 결단이 필요하다. 작은 것을 희생하더라도 큰 그림을 그려야 한다. 희생과 아픔을 겪더라도 지금 실행하기 바란다.

열심히 노력한 사람이 돈을 많이 벌 수 있는 구조를 갖추는 것이 기업이 위기를 탈출할 수 있는 유일한 방법이다. 지금까지 방법으로 그럭저럭 회사를 유지해 온 것은 이제 더 이상 해결책이 되지 않는다. 앞으로 몰아칠 광풍 속에서 현재 구조로 버텨 오던 인재 관리 체계가 얼마나 버텨낼 수 있을지 냉정하게 고민하기 바란다.

4부

한국 기업이 버려야 할 5가지

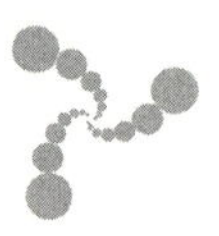

13
라인 구조와 연공서열

전통적인 사업 방식을 유지하는 한국 기업의 구조는 수직 개념의 라인 구조이다. 라인 구조는 조직의 상하를 일직선으로 잇는 상명하달의 명령 체계와 군대에서 연수가 차면 '이병-일병-상병-병장'으로 진급되듯이 '사원-대리-과장-차장-부장'으로 진급되는 연공서열 제도를 가지고 있다. 이런 군대를 모방한 조직으로 초고속 디지털 시대에서 비즈니스를 한다는 것부터가 모순일 것이다.

부서 간에 의견 조율을 원활히 하라

상명하달식 라인 구조와 연공서열은 원활한 부서 간의 의견 조율을 방해한다. 그러므로 먼저 상명하달식 라인 구조와 연공서열의 문제점에 대하여 살펴보자.

부서 간 의견 조율의 문제점

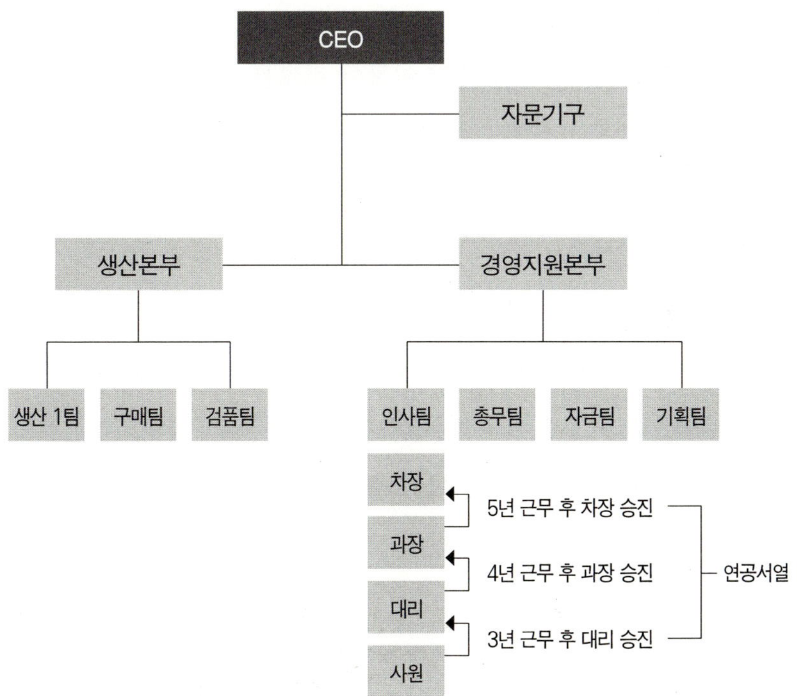

대부분 기업은 이렇게 수직적인 선형 구조로 부서를 구분한다. 예시로 든 조직은 생산본부와 경영지원본부로 나누어진 체계로 본부 아래에 팀장이 각 팀을 이끄는 구조이다. 잘 살펴보면 각 팀 간의 연계성이나 교류는 없고 단지 윗선의 지시가 있을 때만 유기적으로 협조하는 정도가 될 것이다. 이런 구조에서는 본부장은 자신이 소속된 본부만 책임지고 운영하며 팀장들도 소속 본부장이나 CEO의 지시에만 충실하면 된다. 팀원들도 직속 상관의 지시에만 따르면 된다.

정보가 생명인 시대이지만 라인 구조로는 애초부터 원활한 의사소통을 기대하기 어렵다. 상의하달(上意下達), 상명하복(上命下服)의 의사소통은 상위 중심 인물이 정보를 종합하고 문제를 해결하므로 의사결정 속도는 빠르나 집단의 만족도는 낮다. 의사소통이 없다 보니 이해관계도 없다. 자연히 전체가 하나라는 생각을 하기 어렵고, 자신의 이익이나 안전을 위해 본부나 팀 중심으로 조직을 쉽게 이원화시키는 구조가 되어버린다. 조직에서 문제라도 발생하면 서로 책임을 회피하느라 목소리가 높아진다. 우왕좌왕하다 보면 시간과 에너지만 소비할 것이다. 그러다 보면 조직 사이의 관계 형성이나 동료애는 더욱 기대하기 어렵다. 구성원 간에 중심 인물이 있어 모든 정보가 그에게 집중되는 의사소통 방식인 수레바퀴형 조직은 중심 인물이 신속하게 정보를 획득하고 문제 해결을 위한 상황 판단도 정확히 할 수 있고 이에 대한 대응도 빠르므로 수직 조직이 가진 여러 문제점을 극복할 수 있다. 부서 간 의견 조율이 원활히 이루어지는 의사소통 구조로 개선하기를 권한다.

안일한 승진 제도에 변화를 주어라

라인 구조에서는 팀 중심으로 업무를 수행한다. 팀장의 직급을 부장으로 가정한다면 아래로는 차장, 과장, 대리, 사원의 순으로 직급이 정해진다. 일부 회사에서는 주임이나 계장의 직급을 두기도 한다. 회사의 인사 규정상 입사 4년차 정도면 자동으로 대리직으로 승진하고 그에 따라 급여도 올라간다. 업무 역량 평가나 특별한 자격 조건 없이 회사나 사회에 큰 문제를 일으키지 않으면 자동으로 승진이 된다. 때문에 직원들은 자기계발에 집중하지 않는다. 가만히 있어도 승진되고, 급여가 오르는데 누가 자기계발을 철저하게 하고, 능력 있는 상사가 되기 위해 노력하겠는가. 특별한 노력 없이 승진한 사람은 자신이 경험한 짧은 지식만으로 부하직원들을 이끌며 가장 낮은 리더십을 구사할 것이다. 이런 일이 반복되면 적당주의가 만연해진다. 이것이 조직 전체로 확산되면 일하는 분위기를 흩트리는 원인이 되어 기업의 경쟁력과 성과 향상에 걸림돌이 된다.

큰 기업에서는 이와 달리 직원들의 승진을 위해 시험을 보기도 한다. 흔히 영어 필기시험에서 일정한 점수를 얻으면 승진할 수 있다고 한다. 이렇다 보니 승진 시기가 되면 회사 근처 고시원을 잡아서 몇 달을 영어 공부에 집중하는 사람들도 있다는 이야기가 심심찮게 들린다. 시험을 봐야 하는 사람들에게는 부서에서 특혜를 주기도 한다. 준비 기간 동안 큰 업무나 복잡한 일은 다른 사람에게 위임해서 주변 사람들이 고통 분담을 해주는 것이다. 승진 심사를 하는데 영어 필기시험이 그렇게 중요한가? 그렇게 해서라도 직원들을 공부하게 만드는 것이 중요하다면 몰라도 좀 더 실질적 능력을 평가하는 승진 심사가 필요하다.

선진 기업들은 업적 평가에 많은 비중을 둔다. 그래서 직급에 따라 회사의 현안 문제를 제시하고 해결 방법을 연구해서 발표하거나, 프로젝트 사례를 제시해서 문제점을 발견하고 대안을 제시한 것을 승진 심사에 반영한다. 실제 있었거나 일어날 가능성이 있는 업무로 승진자의 역량을 판가름하는 것이다.

회사에 기여하지도 못하고, 팀원을 이끌지도 못하고, 부하 직원의 역량을 키우지도 못하면서 조직 안에서 절대로 손해볼 일을 하지 않은 사람이 영어 시험을 잘 봤다고 승진하는 것은 부당하다. 그런 회사에서는 일은 하지 않고 승진을 위해 매일 영어 시험만 준비하는 사람이 생길지도 모르겠다.

승진해야 할 사람을 평가하는 방법과 기준을 현실성 있게 새롭게 디자인하기를 권한다.

불명확한 업무 분장을 명확히 하라

한국 기업에서는 보통 입사 4년차면 대리로 승진한다. 그러나 일은 사원일 때 그대로 한다면 회사에서는 급여도 올려주고 직급도 올려줬지만 문제가 아닌가? 대리가 과장으로 승진할 때도 같은 일이 벌어진다. 회사에서는 과장으로 승진시키고 급여도 올려줬지만 하는 일은 대리였을 때보다 난이도와 중요성이 조금 더 높은 정도이거나 직원 관리 업무가 추가된 정도이다.

정해진 일이 없다는 것이 문제이다. 이런 불명확한 업무 분장은 회사의 경쟁력을 떨어뜨리고 조직을 병들게 만든다. 진작 바꿨어야 한다. 그러나 오래 전부터 이런 방식으로 일해 왔기 때문에 대부분 기업들은 상황의 심각성을 인식하지 못하고 있다.

회사는 그럭저럭 잘 운영되고 업무도 잘 이루어지는데 불명확한 업무가 왜 문제인가? 유능한 직원은 능력 때문에 더 많은 일에 시달리고, 나머지 대부분 직원은 눈치 보기, 적당주의를 좇는 무리로 변하기 때문이다. 그래도 모두 대우가 똑같기 때문에 유능한 직원이 박차고 나가면 회사는 점점 지탱할 힘을 잃게 될 것이다.

직원들의 직급에 따라서 명쾌하게 업무를 분장해야 한다. 업무가 제대로 나누어져 있다면 아마 지금 인력의 반만으로도 일할 수 있을 것이다. 하위직은 기본적인 업무와 의사결정을 뒷받침할 수 있는 자료를 구성하는 일을 맡을 수 있다. 또한 상위직으로 갈수록 업무 난이도와 의사 결정의 중요도가 높은 일을 맡아서 할 수 있을 것이다.

능력이 부족하다면 회사 차원에서 교육 지원도 마다하지 말아야 한다. 더구나 시장 환경은 제품 기술이 급속하게 바뀌고 있지 않은가? 회사의 교육 지원과 더불어 명확한 업무 분장 구조를 갖추면 직원들의 역량 개발과 업무 기술 향상을 기대할 수 있다. 맡은 일을 잘할 수 있는 능력이 높아짐에 따라 직원들의 자부심과 만족감은 더 커질 것이다. 또한 회사 입장에서는 전문성을 가진 직원을 확보할 수 있어 시장 경쟁에서 더 좋은 결과를 얻을 것이다.

역량이 검증되지 않은 리더를 선별하라

한국 축구의 역사를 새롭게 썼던 히딩크 감독을 기억할 것이다. 그는 2002년 한국을 세계에 알려 한국 축구의 위상을 높이고, 온 국민에게 4강 진출이라는 희망을 실현하여 큰 기쁨을 안겨줬던 축구 감독이다. 그가 떠난 자리에 새로운 감독이 영입되었지만, 오래지 않아 한국을 떠나야 했다. 히딩크 감독만큼 한국 축구에 비전과 희망을 주지 못했기 때문이다. 이제 히딩크 감독은 러시아 축구 대표 선수를 훈련시켜 '유로 2008' 에서 러시아 축구를 4강에 올려놓았으며, 한국에 있었을 때처럼 러시아에서도 영웅이 되었다.

히딩크 감독은 선진 축구의 나라 네덜란드 출신으로 현역 시절에는 명성을 날렸던 선수이다. 그러한 그의 경험이 오늘날 한국과 러시아에서 눈부신 업적으로 큰 빛을 발하게 된 셈이다.

히딩크 감독이 선진 축구 강호의 나라에서 훈련받아 그 분야에서 큰 성공을 거두고 명성을 얻은 것처럼 조직의 리더는 그런 명성과 전통을 가진 집단에서 훈련받았는가가 중요하다. 한국의 전통적인 비즈니스 조직 안에서 능동적이기보다는 수동적으로 훈련받았던 사람들이 지금 기업을 운영하는 최고 경영자 자리에서 회사를 움직이고 있다. 글로벌 환경에 대해 이해하고 대응할 수 있는 실력과 경험이 부족한 사람들이 리더의 자리에 앉아 한치 앞도 판단하지 못하기 때문에 더 많은 고통을 겪고 실수를 거듭하고 있다. 글로벌 경쟁에서 승리하기 위해서는 한국 사회의 전통적인 조직 구조 속에서 훈련된 사람보다는 외부 환경을 충분히 경험해본 사람이 선봉장 역할을 맡아 기업의 큰 그림을 그리면서 조직을 이끄는 것이 불확실성을 줄이는 방법이라 생각한다.

이상의 문제점을 해결하기 위한 결론을 내려본다.

입사 후 더 열심히 노력하는 조직으로 바꾸어라

입사하면 만사 오케이란 생각을 버리고 더 열심히 공부하고 노력할 수 있도록 인식을 바꾸어야 한다. 자동으로 승진되는 구조나, 일정 기간이 지나면 급여를 올려주는 것도 직원들의 역량을 개발하는 데는 걸림돌이다. 모두 버리고 새롭게 만들어야 한다.

일한 만큼 보수를 주도록 하라

정해진 급여만 받는 데 익숙하게 만들면 적당주의로 흘러가게 되어 회사는 위기에 처하게 될 것이다. 급여에도 탄력성을 갖도록 해야 한다. 기여도가 크면 더 많이 받을 수 있도록 급여 테이블을 다시 설계해야 한다. 직원들도 업무 성과에 따라서 급여가 달라질 수 있다고 생각하도록 바꾸어야 한다.

하나의 팀이란 인식을 가지도록 하라

부서 간의 장벽을 제거하고 전체가 하나가 될 수 있도록 조직을 설계해야 한다. 조직을 기존의 수직선형 구조에서 수레바퀴형 구조로 전환하기를 권한다.

각자 일하는 범위를 정해주어라

일의 범위(job size)를 정하고 자신의 일이 무엇인지를 명쾌하게 알게 하라. 각자 맡은 일은 책임지고 수행할 수 있도록 해야 하며, 부족한 부분은 상사의 지도로 업무 기술이 향상될 수 있도록 해야 한다. 불분명한 일의 범위는 직원들이 요령을 터득하고, 안전지대에 의존하며, 남에게 책임을 전가하고, 자기계발을 포기하는 원인이 된다.

승진 기준을 다시 정하라

역량이 되는 사람만 승진시켜야 한다. 회사에 무엇을 기여하고 어떤 성과를 내었는가를 가장 먼저 살펴보고 그가 끼친 영향을 검토하기 바란다. 영어 시험으로 판별하는 승진 제도는 성장의 걸림돌이다. 승진자로서 꼭 필요한 요소들을 가지고 있는지 정확히 판별할 수 있도록 더 많이 고민하기 바란다.

경험이 풍부한 글로벌 인재에 집중하라

넓고 큰 시장으로 진출해야 한다. 한국 시장은 좁고 성장 속도는 둔화되고 있다. 글로벌 환경에서 국내에만 머문다면 한국 기업의 경쟁력은 제로가 될 것이다. 한국에서 생긴 손실을 해외에서 메울 수 있는 방법을 찾아야 한다. 해외 시장을 잘 아는 전문가에게 길을 물어보는 것이 앞으로의 불확실성과 실수를 줄이는 지혜일 것이다.

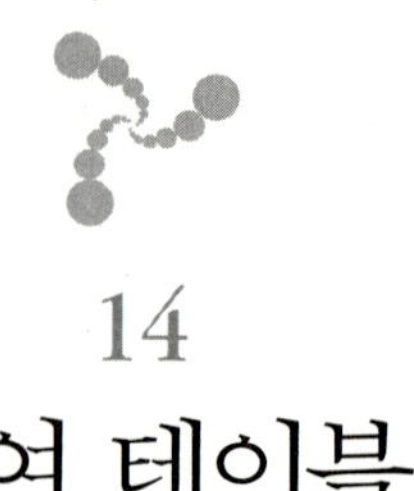

14

급여 테이블

한국 기업의 급여 테이블은 지급하는 사람에게 편리하게 작성되어 있다. 한 직급에 급수를 정해 놓고 그 안의 호봉에 따라 급여를 주는 체계이다. 직급이 대리라도 급여를 높이 줘야 하는 사람에게는 호봉수를 높여서 급여를 맞춰준다. 급여 테이블은 대부분 연봉으로 작성되어 있고, 이것을 12개월로 나누어 주는 것을 우리는 월급으로 알고 있다.

▶ 급여 테이블

대리	6급	1호봉	69,000,000
		2호봉	68,650,000
		⋮	⋮
		40호봉	43,150,000
		41호봉	42,750,000
사원	7급	1호봉	55,000,000
		2호봉	54,750,000
		⋮	⋮
		40호봉	35,250,000
		41호봉	35,000,000

이 회사의 신입 사원 연봉은 3,500만 원으로 12개월로 나누면 한 달에 280만 원 정도이다. 사원들은 입사와 동시에 모두 정해진 급여를 받는다. 일이 많거나 적거나 급여 금액에 영향을 받지 않는다. 그래서 일을 많이 하면서 월 280만 원을 받는 사람은 하는 일에 비해 급여가 적다고 불만을 가질 수 있다. 의욕이 떨어지는 것이 당연하다. 그렇다 보니 몸을 사리면서 적당히 위에서 하라는 일만 한다. 찾아서 일하거나, 아이디어를 내어서 창의적인 생각을 하고, 특별한 것을 만들어 회사에 기여하려는 사람은 점차 적어진다. 잭 웰치 전 GE 회장의 말처럼, 한국 기업이 독

창적인 제품을 만들어내지 못하는 이유는 인재가 없어서일까?
돌풍을 일으킬 만한 멋진 물건을 만들어낸들 특별히 달라지는
것이 없기 때문이다.

아래 표에 있는 팀 간 신입 사원의 기여도를 살펴보면서 재미
있는 사례를 이야기해본다.

▶ 일정하게 지급되는 급여 체계

● 인사팀에 입사한 '인사통' 씨는 회사 목표를 달성하기 위
해 직원들의 부족한 부분들을 찾아 교육 프로그램을 개발했다.
적합한 외부 전문가를 섭외해서 꾸준히 강의를 한 덕분에 직원
들의 실력이 향상되어 결국 목표 달성에 기여했다. 그는 3,500
만 원의 연봉을 받을 정도만큼 일한 사람으로 평가되었다.

● 비서실 여직원 '문서퀸' 양은 수행하는 상관의 업무 편의를 위해 많은 일을 했는데, 그중에서 특히 탁월하게 향상된 부분은 컴퓨터 업무 실력이다. 입사 초기에는 간단한 문서 작성도 서툴렀었다. 그러나 3년이 지나고 대리로 승진할 쯤에는 프레젠테이션에 사용할 파워포인트를 활용한 문서 작성도 가능하게 되었다. 3년 동안 집중적으로 하다 보니 기술이 향상되었기 때문이다. 상관의 원활한 업무를 위해 배워가며 익힌 문서 작성 실력이 쌓인 결과이다. 단순한 문서 이상의 비주얼적인 요소까지 갖춘 완벽한 프레젠테이션 자료를 만드는 기술이 생기자 대리로 승진했다.

● 영업부 신입 사원 '구두삼' 씨는 3개월에 한 번씩 구두 굽을 갈아가며 열심히 달렸다. 고객도 만나고 대리점도 방문해서 어떻게 하면 매출을 신장시킬지 고민한 끝에 결국 100억 원의 수익을 내어 회사에 기여했지만, 다른 동기들과 같은 3,500만원의 연봉을 받았다.

● 개발팀 신입 사원 '기발한' 씨도 3년 동안 야근을 불사하며 연구실에만 틀어박혀 기발한 상품을 개발했다. 그도 100억 원의 수익을 내어 회사에 기여했지만, 동일하게 연 3,500만 원씩 3년 동안 1억 5백만 원의 급여를 받았다.

　4년 차가 되자 신입 사원 모두 회사의 연공서열 제도에 따라 자동 승진되었다. 인사팀의 '인사통' 씨는 밥값 한 사람이라는 평을 받았고, 비서실의 '문서퀸' 양은 프레젠테이션 작성 실력이 향상될 즈음 승진했다. 영업팀과 개발팀에 입사한 신입 사원 '구두삼' 씨와 '기발한' 씨는 회사에 100억 원씩 기여했지만, 대리로 승진할 때는 회사 규정에 따라 대리 급여로 4,275만 원 그대로 받게 되었다.

열정과 에너지를 막는 주범을 없애라

　밥값 한 사람과 카푸치노를 만들 줄 아는 사람에게는 그 급여 액수가 문제되지 않겠지만, 100억 원을 기여한 사람에게는 문제가 될 수 있다. 성과를 낸 사람이나 내지 못한 사람을 똑같이 취급하기 때문에 불만이 생길 수 있다. 이런 인재들은 언제라도 더 좋은 조건을 제시하는 기업이 나타나면 미련 없이 떠나고 만다.

　돈은 어떻게 주느냐가 문제가 아니다. 누구에게 줄 것인가가 더 중요하다. 돈을 많이 벌어준 사람에게는 많은 돈을 주어야 한다. 정해 놓은 급여 체계가 가장 바람직한 원칙이라 믿고 성과를 낸 사람을 소홀히 다루었다가는 다른 회사로 우수한 인력을 빼앗길지도 모른다.

기업이 편리하고자 만든 급여 테이블은 직원들의 열정과 에너지를 막고 있는 주범이다. 정해진 급여 테이블을 과감하게 휴지통에 버리고 과학적으로 연구한 새롭고 탄력적인 급여 지불 방법을 도입해야 한다.

과학적인 급여 테이블을 적용하라

과학적이고 탄력적인 급여 테이블은 한 마디로 '회사의 성과에 기여한 만큼 급여를 준다.'는 원칙을 적용한 것이다. 과학적인 체계를 세우기 위해서는 수익 대비 인건비에 지출되는 비율을 찾아내야 하고, 주주 및 회사의 잉여금에 대해 일정 비율을 정해야 한다. 그런 다음 성과에 대한 보수를 탄력적으로 계산해서 직원들의 머릿속에 간단하면서도 명쾌하게 기억될 수 있도록 단순한 지불 원칙을 알려야 한다. 개인적으로 성과를 달성했거나 팀 전체가 목표를 달성했을 때 지불하는 규정과, 직급별로 받을 인센티브 규모에 대하여 쉽게 기억할 수 있도록 설계해야 한다.

과학적인 급여 테이블을 만들면 회사는 총수익과 개인의 기여도를 모두에게 밝히지 않으면 안 된다. 당연히 회사는 투명 경영을 할 수밖에 없다. 또한 지금까지 따로따로 움직이던 조직원들은 다른 팀과도 하나로 뭉쳐서 프로젝트 성공을 위해 노력할 것이다. 성과에 기여한 팀과 그를 보조한 다른 부서에도 성공 보수가 약속되어 있기 때문이다.

열심히 노력한 사람이 돈을 많이 벌 수 있는 구조를 갖추는 것이 기업이 위기를 탈출할 수 있는 유일한 방법이다. 지금까지 방법으로도 그럭저럭 회사를 유지해 왔다는 것은 이제 문제가 되지 않는다. 앞으로 몰아칠 광풍 속에서 현재 급여 테이블과 연공서열로 버텨 오던 인재 관리 체계로 얼마나 더 버텨낼 수 있을지 냉정하게 고민하기 바란다.

▶ 성과 기여 분포도

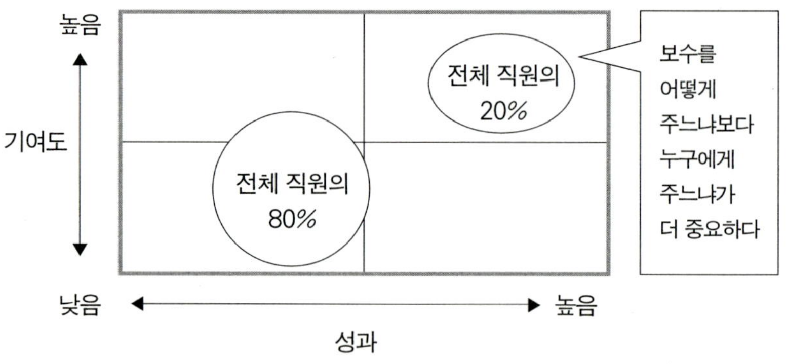

위 도표는 현재 우리 기업이 가진 급여 테이블로 알 수 있는 직원들의 성과 기여 분포도이다. 도표와 같이 일정한 규정으로

지급되는 봉급 체계는 80%의 직원들을 적당주의에 빠지게 하고 업무를 회피하는 안전지대로 가게 한다. 겨우 20%에 지나지 않는 사람만 그나마 기업에 성과를 내고 있음을 알 수 있다.

20%에 들어가는 인력을 특별하게 관리해야 한다. 이들이 회사의 희망이다. 회사는 이들 때문에 지탱되고 있다. 회사 성장에 기여한 만큼 보수를 넉넉하게 주어야 한다. 이런 사람들이 능력을 인정받는다면 회사를 위해서 더 많이 노력하고 아이디어를 집중할 것이며 회사 성공을 위하는 핵심 인재가 될 것이다.

우리 기업이 성공하기 원한다면 '미래 지향적 기여도'를 나타낸 다음 표와 같은 체제로 바꾸어야 한다. 전체 직원의 80%가 성과를 내는 데 집중하고, 나머지 20%가 지원하는 시스템으로 변해야 한다. 이런 조직으로 바뀌려면 과학적으로 연구한 탄력성 있는 급여 체계를 수립해야 한다.

▶ 미래 지향적 기여도

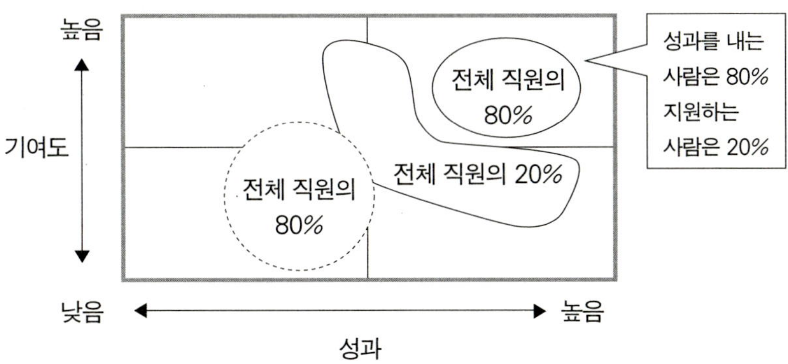

회사 업종이나 상품에 따라서 다르겠지만, 직원들에게 주는 지금의 급여가 적절한지 정확하게 분석해서 적용하는 회사는 거의 없을 것이다. 어쩌면 동종 업계의 수준을 비교해서 사업주가 지불할 수 있는 능력을 감안하여 적정선에서 책정한 결과인지도 모른다. 물론, 급여를 받는 사람들도 자신이 받는 급여가 적합한지 정확하게 모른다.

미래 지향적 기여도표에 제시한 체제는 시켜야만 일하는 조직에서는 결코 만들 수 없을 것이다. 성과를 내기 위해 열심히 뛰는 80% 사람들은 자신이 세운 목표를 향해서 자발적으로 나갈 수 있는 비전과 동기를 가지고 있지만, 시켜야만 일하는 조직은 '비전과 동기'가 되는 '성공 보수'에 대한 약속이 없기 때문이다. 또한 상하좌우가 서로를 믿고 지원하는 문화도 없기 때문이다. 직원들이 안전지대에만 머물면 회사가 불안전지대로 추락하는 것은 시간 문제이다.

80%의 직원들이 성과를 내는 데 집중할 수 있는 전략과 방법에 대해서는 5부 '재창조할 것들'에서 자세하게 다루고자 한다.

15
고정관념

못 먹고 못 살던 옛날에는 후덕한 몸집을 가진 사람을 모두가 부러워했다. 턱살이 두툼한 여성은 '맏며느리' 감이라며 어서 모셔가려고 했다. 근육만 남은 몸은 가난한 사람들이 못 먹고 노동밖에 하지 않아서 그렇다고 불쌍하게 생각했다. 그런데 그 육덕진 몸매를 자랑하던 사람들은 지금 대부분 병원을 제집처럼 드나들며 당뇨병, 심장병, 암, 뇌졸중 등 각종 성인병에 시달리고 있다.

예전에 기업의 몸체는 비만 상태였다. 덩치가 크면 일도 잘하고 싸움에도 유리할 것이라는 고정관념에 빠져 있었기 때문이다. 자기 몸에 무엇이 제일 좋은지도 몰랐다. 욕심이 많아서 몸은 생각지도 않고 손에 잡히는 대로 마구 폭식했다. UR이 선포된 후 1등만이 푸짐한 상을 받는 100미터 달리기가 시작되었지만, 우리 기업은 너무 비대한 나머지 트랙 위에서 엎어지고, 자빠지고, 땅에 코를 빠트렸다. 어떤 기업은 몇 걸음 제대로 달려보지도 못하고 심장마비를 일으켜 다시 회생하지 못하기도 했다. 그래도 여전히 1등을 향해 실낱 같은 희망을 품고 비지땀을 흘리며 결승점까지 가보려고 하지만, 근육 없는 지방 덩어리 살에 고지혈증으로 심장은 제 말을 듣지 않고, 과체중이라 다리는 관절통에 시달린다.

새로운 싸움을 하려면 큰 덩치에 대한 고정관념을 버려라. 파이터는 싸움에 필요한 조직을 만들어야 한다. 먼저 두툼한 지방 덩어리를 연소시키고 튼튼한 근육을 만들어야 한다. 운동과 다이어트로 안 되면 지방 흡입 수술을 해서라도 없애야 한다. 아무거나 먹던 습관도 버려야 한다. 고통이 따르겠지만 내가 먹어야 할 것이 아니라면 눈을 딱 감고 끊어버려야 한다. 어떻게 하면 빨리 달릴 수 있을지 머리로 열심히 연구해야 하고, 심장도 거뜬히 버텨낼 수 있도록 평소에 꾸준히 단련해야 한다.

기업도 경기에 필요한 핵심 근육을 키워야 한다. 버려야 할 고정관념은 한두 가지가 아니다. 제품이 하나 있으면 그것을 중심으로 관련된 팀을 모아 운영하던 경영 방식에서 지금은 기업 전체를 하나의 핵심 영향 결합체로 보고 자원을 배분하는 기업 역량 중심 경영 방식으로 바뀌고 있다. 우수 기업들이 갖춰야 할 필수적인 덕목도 인내에서 속도로 바뀌었다. 철인 3종 경기처럼 승리를 위해 인내력이 요구되던 경쟁에서 100미터를 순식간에 달려야 하는 스피드 경쟁으로 종목이 바뀌었기 때문이다. 조직도 일이 분명하지 않고 시켜야만 일을 하던 라인 구조(탑-다운)에서 수레바퀴형 구조로 바뀌었다. 각종 규제가 완화되면서 산업 간 경계가 소멸되어 직원 한 사람이 군대 역할을 해야 하는 책임 경영 구조로 전환되고 있는 것이다.

그러나 편안함만 생각하는 잘못된 습관을 버리지 못하고 전통적인 비즈니스 방식을 고수하는 우리 기업은 아직도 육덕진 몸매를 그대로 유지하고 있다. 그것이 잘못이라기보다는 더 이상 혈액 순환이 안 되어 감각이 둔하다는 것이 문제이다. 비대한 몸으로는 경영의 효율성이 떨어져 문제가 생기면 신속하게 대처하기 어렵다.

기업들은 고정비를 줄이려면 구조 조정이 최선이라는 고정관념을 가지고 있다. 그러나 과다하게 지출되는 비용의 원인을 추적해서 낭비를 막는 것이 더 우선일 것이다. 계속해서 직원을 감축하면 머지않아서 회사는 시장에서 사라지는 기업으로 전락할지도 모른다. 돈은 직원들이 벌어들이기 때문이다.

고정비 중에 큰 비중을 차지하는 것이 인건비와 사무실 유지비이다. 인건비를 합리적으로 지급하는 방법들에 대해서는 이 책의 181쪽에 나오는 '돈 벌 수 있는 구조 수립'에서 다루기로 하고 본 장에서는 사무실 유지비에 대해서 검토해보겠다.

효율 중심의 내실 경영을 꾀하라

우리나라 거의 모든 기업은 직원 한 사람이 책상 하나씩을 가지고 있다. 책상이 크든 작든 앉아 있으면 소속감도 생기고 일을 잘 할 것이라고 믿기 때문이다. 직원이 많은 기업은 책상 놓을 자리가 넉넉해야 하기 때문에 당연히 사무실 규모도 커야 한다. 사람 수에 맞춰 다른 사무용 가구와 집기류도 갖춰야 하므로 그것을 사들이는 비용도 많이 든다. 또 책상 위에 빠질 수 없는 사무기기가 바로 컴퓨터라서 모두 한 대씩 설치해줘야 한다. 이러한 모든 생각은 값비싼 고정관념이다. 그러나 지금까지 당연하게 여기면서 누구도 문제 삼지 않았다.

결론부터 말하자면 책상을 모두 빼고 회의용 테이블을 들여놓아라.

책상머리에 앉아서 연구한다고 성과를 높일 수 있는 해결책이 나오는 것은 아니다. 혹은 나온다고 해도 피상적인 것이 대부분이다. 영업하는 사람이나 기획하는 사람이 시장 판세를 읽어내려면 경쟁사의 전략이 있는 시장으로 달려나가야 한다. 해답은 물건을 구매하는 소비자의 마음속에, 우리 물건을 팔아주는 대리점 사장들의 불만과 요구 사항 속에 있다.

직위가 높은 임원이나 팀장들도 책상이 필요 없다. 회사에서 받은 직위를 가지고 리더라 착각하고 자리 보전만 한다면 실수하게 된다. 이런 상사는 대접받지 못한다.

리더의 종류는 여러 가지가 있다. 회사에서 부여한 직위만으로 리더라고 착각하고 사원들에게 존경받지 못하는 상사는 최하위 리더이다. 사원들은 회사에서 부여한 직위보다도 부하 직원들과 인간관계를 잘 형성하는 상사를 더 따른다. 이런 상사는 2단계 수준의 리더이다. 회사에서 직위도 부여하고 조직원들과 인간관계를 잘 형성하면서 먼저 달려나가 성과를 내는 상사를 3단계 수준의 리더라 한다. 4단계 수준의 리더는 3단계 수준의 리더십을 가지면서 자신이 아는 것, 경험한 것의 정보를 활용해 부하 직원을 육성하는 데 힘을 쏟는 상사로 많은 직원들에게 존경받는 사람이다. 5단계 수준의 리더는 4단계를 포함하면서 단아한 인품을 지닌 상사로 오랫동안 부하 직원들에게 존경을 많이 받는 사람이다. 5단계 수준의 리더가 많을수록 크고 위대한 회사로 성장할 수 있을 것이다.

상사가 먼저 나가서 성과를 내고 모범이 되어야 한다. 관련 분야의 전문가를 찾아다니고, 미래에 시장을 주도할 상품들에 대해서 귀동냥하고, 뛰어난 기술을 어떻게 개발할까에 집중해야 할 것이다.

심지어는 사장의 책상도 필요 없다. 최고 경영자라 하더라도 시장 바닥에서 성공할 수 있는 해답을 찾아내야 한다.

성과를 내기 위해서 대부분의 시간을 시장 바닥에서 보내야 한다면 책상이 왜 필요하겠는가? 고정관념에서 벗어나 상위 직급의 임원들 책상부터 먼저 빼서 분위기를 조성하는 것도 좋은

▶ 현재 일반적 기업 구조

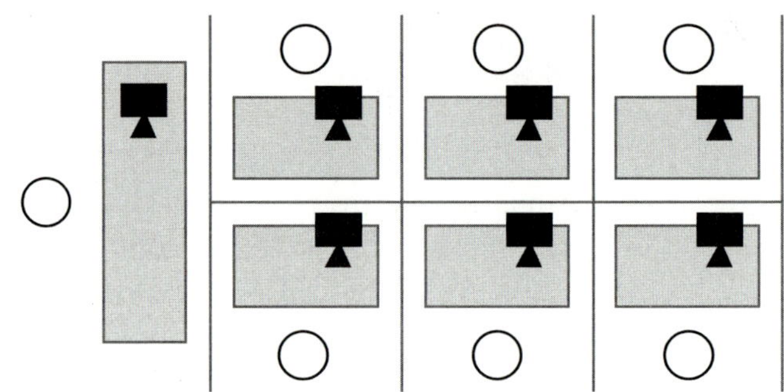

개인별 책상을 소유하고 있는 구조

▶ 개선 후 기업 구조

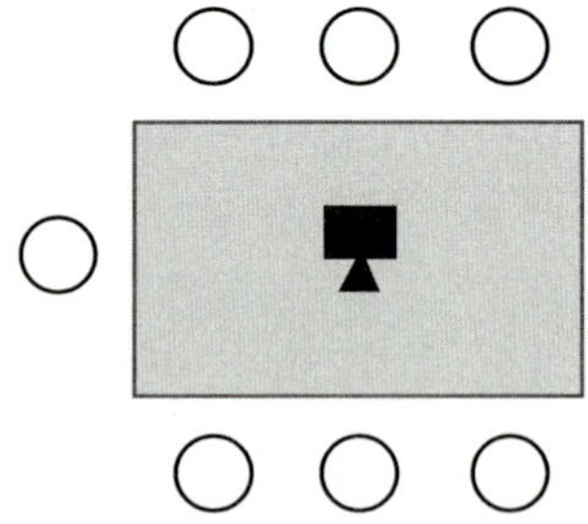

회의용 테이블과 공동 사용하는 컴퓨터

방법이다. 회의용 탁자에 모두 앉으면 업무에 관한 진척 사항을 더 잘 관찰하고 지도할 수 있다. 직원들 가까이에서 명확한 목표를 설정하도록 만들고, 목표를 향해서 스스로 일하게 할 수 있다. 회사는 다만 필요한 부분을 지원하면 된다. 업무를 보고하거나 현황을 정리해야 할 경우에는 회의용 테이블의 컴퓨터에서 자신의 폴더를 열어 작업한 후 서류 보관함에 보관하고 상사에게 메일로 보고하면 된다. 좀 더 냉정하게 판단하면 컴퓨터도 직원이 직접 구입하게 해야 한다. 엄밀히 말해 회사는 직원들에게 일할 수 있는 기회를 제공하는 일터이고, 직원은 자신의 성공과 높은 보수를 얻기 위해 일하기 때문이다. 본인의 성공을 위해서 일하는 데 회사가 컴퓨터를 제공해야 할 이유는 없다. 따라서 개인이 구입하고 관리하는 것이 옳다고 생각한다.

필자는 15년 전에 독일에서 근무한 적이 있다. 2,700명의 직원이 근무하는 회사인데도 책상은 120개뿐이었고, 50여 개의 비즈니스 룸이 있었다. 물론 컴퓨터는 본인이 직접 구입해서 사용했다. 지금 생각해봐도 멋진 시스템이다. 사람들은 현장으로 직접 투입되었고, 그곳에서 대부분 업무 시간을 보냈다. 특별히 보고할 내용은 웹으로 모두 처리했다.

책상을 빼고 회의용 테이블을 활용해도 불편함은 전혀 없다. 뿐만 아니라 업무의 효율과 성과는 놀랄 만큼 달라질 것이다. 어쩌면 달라진 시스템을 사람들이 즐길 수 있는 날이 올 것이라 믿는다.

아이디어 중심으로 전환하라

출근 시간에 대한 고정관념도 버려야 한다.

왜 오전 9시까지로 출근 시간을 고정시켰는지 설득력 있는 이유도 사실은 없다. 직원들은 매일 출근 교통 체증으로 시달리다가 회사에 오면 진이 다 빠져버릴 지경에 이른다. 해외 영업 직원이나 국내 영업 직원이나 고정된 출근 시간 때문에 업무 효율성이 떨어지는 것은 마찬가지다.

목표 관리를 하면서 스스로 하루 일과를 계획하고 움직일 수 있도록 해야 한다. 출근하는 데 2시간, 다시 현장으로 나가는 데 2시간, 퇴근할 때 상사에게 눈도장 찍으러 오후 5시에 다시 회사를 향해 오는 데 2시간, 퇴근한다고 2시간을 보낸다. 하루 동안 길 위에서 허비하는 시간만 8시간이다. 급여를 준다는 이유로 회사에 출퇴근해서 상사에게 눈도장을 찍어야 한다면 서로가 귀중한 시간 낭비를 하고 있는 것이다.

믿고 맡겨라.

최대한 직원을 믿고 업무를 맡겨야 한다. 제대로 일했는지는 결과를 보면 알 수 있다. 시간 체크만 하는 상사가 되지 마라. 상사는 다만 직원들의 성공을 위해서 자신의 역량을 나누어주고, 부족한 부분을 코치해주는 역할만 하면 된다. 형식적인 절차는 없애고 효율적인 절차와 방법을 연구하라. 업무 지시와 성과 보고는 대부분 웹으로 진행하라. 직원들이 현장에서 높은 성과를 내기 위한 지원을 아끼지 말아야 성공할 수 있다.

개인별 업무 범위를 명확히 하라.

위로 승진하면 그의 역량에 맞는 업무를 주고, 이전에 하던 보다 단순한 업무는 다른 하위직에 위임해야 한다.

▶ 개인별 업무 분장과 업무 지시

	관계자	관련 업무	수행 방식	산출물	수행 일자	지원 업무
업무 분장 (개인별)	G3					
	G2					
	G1					

* G : 그레이드(grade)

위의 표를 활용하면 도움이 될 것이다.

먼저 개인별로 업무를 명확하게 나누어야 한다. 관계자의 G1은 한국 기업의 직급으로 본다면 사원이나 대리로, 난이도와 중요성이 하위인 업무를 맡은 사람이다. 반면 G3은 차장급 정도이며, 난이도와 중요성에서 상위의 업무를 수행하는 사람이다.

- '관련 업무' 부분은 각자 직위에 맞게 업무를 분류하는 곳이다.
- '수행 방식' 부분은 벤치마킹을 하거나 직접 조사하는 방법, 이미 가진 1차 자료를 검토하거나 인터넷을 뒤져서 관련 정보를 수집하는 방식 등을 적는 곳을 말한다.
- '산출물' 부분은 업무 지시의 결과물을 적는 곳이다.
- '수행 일자' 부분은 각자 업무를 완료한다는 목표 시점을 제시하는 곳이다.
- '지원 업무' 부분은 업무를 지시하는 상사가 수행하는 직원들의 성공을 위해 부족하거나 필요한 정보가 있다면 도움을 주기 위해 마련한 코너이다.

아침저녁으로 탁자에서 얼굴을 맞대고 회의를 열어 직원들의 의견을 듣고 실행하는 것도 중요하지만 이런 시간은 업무 과정에서 한 번이면 족하다. 건설적인 충돌을 일으켜 결정한 내용이라면 명쾌하게 업무를 분장하고, 각자의 목표를 설정해주고, 직원들 스스로가 목표를 향해서 나갈 수 있도록 상사가 영향력을 행사하면서 부하 직원들의 성공을 위해서 적극적으로 지원하는 시스템으로 전환해야 한다. 직원들의 의견을 적극적으로 수렴했다면 아마도 그들은 프로젝트 성공을 위해 헌신적으로 일할 것이며, 결과에 대해서도 기꺼이 책임질 것이다.

회사의 경영 전략을 기획하는 사람들도 책에서 공부한 지식으로 회사를 이끌려 하지 말고 현장에서 자신이 직접 듣고 본 사항을 반영하여 전략을 세우는 것이 옳다. 책상 앞에서 일하던 방식에서 벗어나 현장 속으로 직접 달려나가기 바란다.

시장에서 답을 찾는 것은 동일하더라도 나누어진 업무에는 그것에 적합한 방식이 있다. 그 성격에 맞게 스스로 일할 수 있는 자율 경영 문화를 만들어야 한다.

시장 점유율 경쟁에서 1위하고 있다고 자만하면 큰일 난다.

대리점에 대한 고정관념을 두 회사의 사례로 살펴보기로 하자.

D사는 화학비료를 생산하는 회사이다. 전국적으로 1,200여 개의 대리점을 확보하고 있었지만, 매출 순위는 늘 2위에 머물렀다. 1위를 달리는 L사는 전국에 1,400여 개의 대리점을 확보하고 있었다. L사는 과거에도 1위였고 최근까지도 부동의 1위 자리를 고수하면서 특별한 전략을 계획하지도 않고, 시장 점유율을 지키는 데만 신경 썼다. D사는 기업 자체의 구조인 '하드웨어'를 바꾸기에는 어려움이 있다고 판단하여 대외 전략을 바꾸는 '소프트웨어'를 강화하기로 했다. 구체적으로는 다음과 같이 했다.

첫 번째로 직원들에게 대리점 사장을 믿고 다리 뻗고 자지 말라고 주문했다.

대리점 사장은 여러 회사의 물건을 매장 하나에 진열해 두고는 가장 수익이 높은 회사의 제품을 소비자에게 권하고 판매한다. 전국에 대리점 1,200개가 있으면 뭐하는가. 그들은 수익이 많이 생기는 상품을 팔 것이며, 고객이 찾는 물건을 내줄 것이다. 사람들은 이런 환경을 알면서도 1,200여 개라는 대리점 숫자를 믿고 지금까지 편하게 잠자리에 들었다. 그러나 더 이상 그들을 동지라 믿지 말아야 한다.

두 번째는 직원들에게 수요자를 찾아서 지원하라고 했다.

화학비료를 생산하는 기업은 많다. 그들 모두 대리점에 의존하는 판매 방식을 택하고 있다. 하지만 제품을 직접 사용하는 농민과 접촉하는 회사는 없었다. 농사짓는 사람들은 순박하다. D사는 농민들의 일손을 거드는 일은 중요한 의미가 있으며, 이를 통해 농민들과 긍정적인 관계를 형성할 수 있다고 판단했다.

제조 회사라고 대리점에 '물건만 배달해 두면 알아서 팔리겠지.'라고 생각하며 믿고 기다린다면 큰일 난다. 비료를 사용하는 사람들과 함께 호흡하고 그들의 고민을 함께 걱정하고 고민하는 파트너가 되는 것이 중요하다.

D사 직원들은 농사일이 시작되는 이른 봄부터 비가 많이 오는 장마철에도 비료를 사용하는 수요자들과 함께 시간을 보냈다. 농사일을 거들고, 장마철에 논둑의 물고를 터주는 작업도 거들었다. 농사일을 하는 사람들은 함께 땀 흘리며 일손을 거드는 사람들을 감사하게 생각했다.

이런 관계가 형성되자 비로소 D사의 비료가 조금 더 팔려나가기 시작했다. D사는 대리점에 물건을 맡겨 둔들 다 팔린다고 착각하지 않았다. 그리고 대리점 사장이나 농사를 짓는 사람들이 자기들의 물건을 팔아주고 찾아줄 수 있도록 직원들이 직접 움직였다.

세 번째로는 슬로건을 하나 만들었다.

왜 우리 상품을 구매해야 하는가? 구매하는 데는 이유가 있어야 한다. 가격이 저렴하든지, 제품 효과가 좋든지, 기업 인지도가 있든지 간에 남과 다른 나를 알려야 한다. D사는 '농심(農心)을 연구하는 기업'이란 슬로건을 만들어 대리점에 붙였다. 농사를 짓는 사람들은 자신들을 연구하는 기업이란 슬로건에 D사를 좋은 파트너라고 생각하게 되었다.

이러한 노력을 전사적으로 집중하였더니 D사는 비료 시장 1위 자리를 석권했다. D사는 대리점을 믿고는 다리 뻗고 잘 수 없었다. 직원들은 직접 생산과 판매를 자신들의 손으로 한다고 생각하며 판매에 대한 개념을 완전히 바꾸었다.

벽지를 생산하는 한 벤처 회사의 이야기이다.

B사는 6년 된 젊은 회사였다. 필자가 전국 대리점 사장과 제주도에서 워크숍을 진행할 때 만난 회사이다. 당시 벽지 시장에서 1위 자리를 고수하고 있던 회사는 L사로 대기업이자 업계에

서 가장 오래된 회사였다. B사는 벤처 회사답게 우수한 기술력을 바탕으로 불에 타지 않는 신상품을 개발한 상황이었다. 그들도 매출 신장을 위해 전국에 대리점을 두었으나 L사의 명성에 밀려 늘 2위에 머물러야 했다.

지금까지 판매 방식은 고객이 대리점을 찾아와서 벽지를 고를 때까지 매장만 지키고 있는 것이었다. 고객을 기다려서는 L사를 따라잡을 수 없었기에 D사는 고객을 발로 찾아나서는 공격 영업을 직원들에게 주문했다. 고객이 인지할 수 있도록 D사 제품에 대한 우수성과 필요성을 알려야만 했다. 고객이 알아야 우수한 기술력을 바탕으로 만든 벽지를 선택할 것 아닌가. 하지만 고객은 D사 제품의 우수성을 알 수 없을 뿐더러 벽지에 대해 특별한 가치를 느끼지 못하기 때문에 알려고도 하지 않았다.

D사는 주장했다.

"전국에 불을 질러라."

"전국에 불을 지르면서 공격 영업을 해야 한다."

행여 집에 불이 나더라도 불길에 죽기보다는 연기에 질식사하는 경우가 더 많다. 따라서 B사는 가족의 안전을 위해서라도 자기 회사의 벽지를 사용해야 한다는 것을 현장에서 보여주는 것이 효과적이라고 생각했다. L사 벽지는 검은 연기를 내면서 타오르지만, D사 벽지는 연기도 나지 않는다. D사 대리점 사장들은 전국에 불을 지르면서 공격 영업을 했고, 결국 대기업인 L사를 앞지르는 데 성공했다.

시장 경쟁에서는 영원한 1등도 영원한 꼴찌도 없다. D사는 대리점을 믿지 않고 발로 뛰는 영업을 실천하였기에 1위 자리에 오를 수 있었다. 책상 앞에 앉아서 답을 찾으려 했던 기존의 고정관념을 완전히 탈피한 결과이다.

지금까지 방식이 편하고 좋아서 기업들은 과거 모습에 집착한다. 그러나 1등 하고 있는 회사를 보며 성찰해야 한다. 두툼한 뱃살이 성공을 위해서는 결코 좋지 않다는 것을 인정하기 바란다.

우리 기업은 고정관념에서 벗어나야 성공할 수 있다. 현재 방식을 믿지 마라. 고정관념은 변화에 대한 두려움 때문에 진실을 외면하게 한다. 그러나 그 두려움은 잠깐이다. 고정관념을 모두 버리고 새로운 아이디어와 날렵한 몸체로 무장해야 한다. 보다 효율적이고 성과 중심적인 방법을 선택해야 한다. 세계 시장에서 경쟁력을 갖추기 위해서는 전통적인 구조와 시스템 모두를 바꿔야 한다. 새로운 것들을 만들 때 지금과 다른 미래를 보장받을 수 있다.

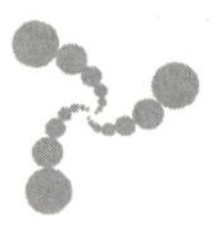

16
CEO의 안전지대

필자는 기업 임원 특강에 많은 출강을 했다. 강의 내용은 주로 '변화와 혁신'에 관한 것이다. 기업이 현재 모습을 버리고 모든 것을 새롭게 창조해서 성과 중심으로 전략을 이동시켜야만 경쟁력을 갖출 수 있다는 내용이다.

강의가 끝나면 임원들로부터 의례 이런 소리를 듣는다.

"이 강의는 우리 사장님이 들었으면 더 좋을 뻔했습니다."

왜 임원들은 이렇게 말할까? 직급은 임원이지만 혁신과 변화를 선도하거나 바꿀 수 있는 권한이 없다는 의미로 들렸다. 열심히 해보려 해도 눈앞에 있는 장애물 때문에 직원들의 열정과 도전하려는 에너지가 막힌다는 사실을 임원들은 잘 알고 있었다.

강의 내용처럼 바꾸면 더 많은 성과를 낼 수 있는데, 많은 사장들은 그것을 아직 인식하지 못하거나, 알려주려고 해도 대화가 통하지 않거나, 아니면 무조건 전통적인 방식을 고집하면서 절대로 변하려 하지 않는다. 때문에 맞는 말이고 좋은 강의 내용이지만, 우리 회사는 사장님 때문에 그것을 도입하기가 어렵다는 생각을 한다.

CEO들은 어떤 생각을 할까

지금까지 우리나라 CEO들은 대체로 다음과 같은 생각을 해 왔다.

- 지금까지 기업을 이끌면서 특별한 전략을 만들지 않았어도 돈을 벌었으니 별일이야 있겠는가.
- 대충 물건을 만들어도 사가는 사람들이 있었으니 앞으로도 그렇겠지.
- 유가 인상이 원가에 영향을 미치니 판매 가격을 슬쩍 올리면 되겠지.
- 요즘 회사가 어렵다는 것을 직원들이 알고 있으니 급여 인상은 문제 삼지 않겠지.
- 경기가 어렵다는데 좀 지나면 좋아지겠지.

최고 경영자의 이런 대책 없는 막연한 생각들은 조직을 느슨하게 만들고 아랫사람들을 위기의식에 둔감하게 한다. 결국은 기업의 위기를 자초하는 결과를 초래할 수 있다. 회사의 최고 경영자부터 생각을 바꿔야 한다.

회사에 100억 원을 벌어준 직원에게 왜 10억 원을 인센티브로 지급하지 못하나? 정해진 급여만 지급하면서 매출이 떨어지고 있다고 야단만 치고 있지는 않은가? 성과의 얼마만큼 인센티브를 지급하겠다고 명쾌하게 직원들의 머릿속에 기억될 수 있도록 이야기하면 아마도 책상 앞에 앉아 있는 직원을 찾아보기 힘들 것이다. 실적을 높여서 많은 인센티브를 받기 위해 현장으로 달려갔을 것이기 때문이다.

만약 회사가 위기에 처해 있다면 이 사실을 CEO 혼자 고민해서는 안 된다. 직원들도 CEO의 고민을 알아야 한다. CEO가 직원들을 믿고 좋은 파트너로 생각해야 그들도 회사가 잘되기를 바랄 것이다.

CEO들이 버리거나 바꿔야 할 것들에 대해서 몇 가지만 언급하고자 한다.

복잡한 시스템을 단순화하라

복잡하면 기억하지 못한다. 먼지만 쌓인 규정집은 오늘 당장 내다 버려라. 쓸데없는 것을 보관하느라 자리만 차지하고 비용만 축내기 때문이다. 지금까지 형식적이고 불투명한 경영을 했다면 그것부터 버리고 새롭게 바꿔야 한다. 과거의 틀을 버리지 못하는데 성과를 내고 좋아질 것을 기대한다면 욕심에 지나지 않는다. 한 권의 두꺼운 먼지 쌓인 규정집을 버리고 A4 용지 반장 정도 분량으로 간단하게 원칙과 규정을 정하라.

원칙과 규정

- 출근 시간은 자율에 맡기되 하루 8시간 근무한다.
- 주어진 업무는 각자 책임지고 수행한다.
- 팀별로 목표를 수립하고 결과를 보고한다.

목표는 엄격하게 관리해야 한다. 엄격하게 관리하는 것은 서로를 위해 득이 된다. 지금 엄격하게 실시한다고 해서 비장해질 필요는 없다. 회사의 성장과 유지가 더 시급하기 때문이다.

> - 영업 이익의 13%를 인센티브로 팀에 지급한다. 비율은 PM (프로젝트 총괄 매니저) 30%, G4 25%, G3 20%, G2 15%, G1 10%로 한다.
> - 영업 이익의 14%는 지원 부서에 지급한다.

얼마를 지급할지 분할률은 회사 특성을 따라 결정할 문제지만, 전 직원이 혜택을 받을 수 있도록 해야 한다. 또 성과 낸 부서를 열심히 지원한 부서에도 인센티브를 지급한다는 사실을 알게 해야 부서 간에 연계성이 생겨날 수 있다.

회사는 직원들의 열정과 땀으로 만들어지는 결과물이다

회사를 사장의 소유로 생각하고 자기 맘대로 운영하기 때문에 노조가 만들어지고, 급여를 올려달라고 아우성을 치고, 적당히 일하는 사람이 생기고, 주는 만큼만 일하겠다는 사람이 생겨난다.

비록 사업주가 자금을 들여서 회사를 설립했더라도, 회사는 직원들의 땀과 열정으로 만들어진 결과물이다. 자금을 들인 사람은 많은 돈을 벌기 위해 시작했지만, 엄밀하게 말한다면 직원들과 사회로부터 큰 도움을 받았기 때문에 성공한 것이다. 따라서 회사는 직원을 열심히 지원하고 회사 제품을 사준 사회에 봉사하고 기여해야 한다.

사업주와 직원은 사회에 대해 동일한 책임과 의무를 져야 한다. 사업주는 자신의 이익을 챙기기보다 노동의 대가를 고루 나누어 직원들의 가족을 부양하고 회사를 성장시켜 더 많은 사람들이 회사에 입사하여 일할 수 있는 기회를 제공할 사회적 책임이 있다. 회사에 종사하는 직원들은 혜택을 받은 만큼 열심히 일해서 회사를 지금보다 더 크고 위대하게 만들어 주변 친구나 후배들이 들어와 일할 수 있도록 도와야 한다.

회사가 나만의 소유가 아니라 모두의 소유라고 생각한다면 아래 두 가지 원칙을 반드시 실천해야 한다.

투명 경영

크고 위대한 기업의 조건은 투명 경영이 선행되는 것이다. 투명 경영은 서로를 이해하고 하나의 목표를 가지고 열심히 일하는 이유가 된다. 모든 사람이 성과라는 목표 아래 열심히 일했으므로 수익도 투명하게 밝혀야 한다. 파이가 커지면 커진 만큼, 파이가 작아지면 작아진 만큼 정당하게 고루 나눠야 한다는 것을 인정해야 한다.

회사는 공동의 결과물이다. 따라서 직원들의 참여가 있어야 한다. 변화와 혁신을 부르짖으며 아무리 좋은 전략을 내놓아도 직원이 참여하지 않는다면 소용이 없다. 참여를 시켰으면 직원들에게 적당한 권한과 책임, 의무를 맡겨야 한다. 어느 하나만 주어서는 부작용이 생긴다. 권한만 있다면 책임과 의무를 회피할 것이다. 권한은 없고 책임과 의무만 있으면 직원들은 지칠 것이다. 모두 동시에 주어야 회사가 발전할 수 있다. 직원들의 아이디어와 목소리가 프로젝트에 반영될 수 있도록 해야 한다.

1등 기업보다는 일류 기업 문화를 형성하라

CEO부터 현장에서 일하는 기업!

결코 망하지 않는다.

윗사람들이 먼저 성과를 내는 기업은 반드시 성공한다. 윗사람들이 관리와 지시만 하는 회사가 오래지 않아 퇴출된 예는 많다. 상사들이 먼저 성과를 내고 부하 직원을 가르치며, 서로 칭찬과 격려를 하는 따뜻한 문화를 가진 기업을 만들어야 장수하는 회사가 된다. 1등은 2등으로 밀릴 수 있다. 그러나 일류 문화를 가진 기업은 2등으로 밀려나지 않는다. 도요타 자동차의 6시그마는 모방할 수 있지만 도요타가 40년간 투자한 열정과 노력이 담긴 일류 문화는 모방하지 못한다. 그래서 도요타가 아직도 1등을 하고 있는 것이다.

5부에서는 한국 기업이 재창조할 8가지에 대하여 이야기할 것이다. 재창조하고 조직에 적용하기는 쉽지 않겠지만 특별한 것을 연구해서 조직에 적용한다면 그만한 가치가 있을 것으로 믿는다. 머뭇거릴 시간이 없다. 지금이라도 실행에 옮겨야 한다. 성공을 위한 마지막 기회임을 명심하기 바란다.

생각해보라. 우리는 하나도 제대로 못하면서 너무 많은 것을 동시에 하고 있지는 않은가?

세계 최고가 된다는 것은 오랜 경험과 관록으로 자연스럽게 만들어지는 것이 아니다. 최고가 되기 위해서는 잠을 잘 때까지도 연구해야 한다. 개인과 기업이 가장 우수한 능력 자산을 믿고 단 하루라도 잊어버리지 않는 열정을 가지고 있느냐에 모든 것이 달려 있다. 세계 최고가 될 수 있는 일을 찾고, 그것을 이루기 위해 모든 열정을 다 쏟아 부어야 한다.

5부

재창조할 것들

무엇을 버리고 무엇을 창조할 것인가? 버려야할 것은 조직을 병들게 만드는 것들이다. 시켜야만 일하는 구조를 버려야 한다. 일정한 기간이 지나면 정해진 금액만큼 지급되는 급여 테이블을 버려야 한다. 기여하지도 않았는데 자동으로 승진시키는 연공서열 제도도 버려야 한다. 아무 생각 없이 생활하는 습관을 버려야 한다. 힘들고 어려운 일은 피하거나 다른 사람에게 맡기는 기회주의를 버려야 한다.

창조할 것은 무엇인가?

목표를 가지고 스스로 일하게 만드는 방법을 창조해야 한다. 급여를 정해진 액수보다 더 많이 받을 수 있는, 돈 벌 수 있는 구조를 창조해야 한다. 나이를 떠나 능력 있는 사람이 프로젝트 책임자가 되는 시스템을 창조해야 한다. 창의적인 아이디어에 목말라 하고 찾아나서는 집중과 몰입의 습관을 갖도록 창조해야 한다. 남들이 힘들어 하고 피하는 일에 도전하는 사람들이 생겨나고, 그것이 조직 내에 확산되는 문화를 창조해야 한다.

앞에서 제시한 문제들을 5부에서는 더 심도 있게 살펴보도록 하자.

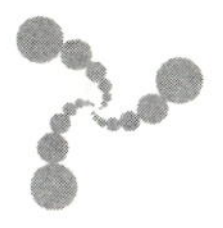

17
돈 벌 수 있는 구조 수립

돈을 벌 수 있는 구조를 만들지 않고서 '돈! 돈! 돈!' 하면 돈을 벌 수 없다. 돈을 벌려면 돈이 벌리는 구조를 먼저 만들어야 한다. 그런데 우리 기업이 만들어 놓은 것은 유감스럽게도 돈을 벌 수 없는 구조이다.

대부분 직원은 입사하면 정해진 급여를 받는다. 특별한 조건은 없다. 입사했기 때문에 받고, 시키는 일만 해도 받는다. 게다가 능력과는 상관없이 세월만 잘 보내면 급여도 올려주고 직급도 올려준다. 큰 기업에서는 영어 시험을 잘 봐야 진급되는 곳도 있다.

눈치를 보면서 시간을 보내면 되기 때문에 직원들은 필사적으로 일하려 하지 않는다. 이런 문제를 보완하려고 회사는 출근 시간을 정하고, 직급이 높은 사람들에게는 직원들을 관리하라는 가외의 업무를 추가해 놓기도 한다. 직원 개개인의 업무가 명쾌하게 정해지지 않은 관계로 일을 할 줄 아는 직원은 과다한 업무가 주어지고, 다른 사람들은 행여 모르는 일을 시킬까봐 눈치만 본다. 이런 구조로는 돈을 벌어들이기 어렵다.

돈을 벌 수 있는 구조를 만드는 원칙은 먼저 그 규정을 간단하게 기억할 수 있게 하는 것이다.

스스로 최선을 다하는 구조를 만들어라

필자가 일본에서 근무할 때이다. 전자수첩을 하나 사려고 지하철을 타고 아끼하바라 전자상가에 갔다. 길가 점포 앞 큰 부스 위에 전자수첩을 많이 진열해 놓고 여종업원이 판매를 하고 있었다. 전자수첩을 하나 들고 기능을 확인했더니 참 좋아보였다.

"이거 얼마입니까?"

"제품에 가격이 붙어 있습니다."

가격은 예상보다 좀 높았다.

"좀 깎아주세요."

여종업원은 큰 수첩을 들고 한참 뭔가를 계산하더니 숫자가 적힌 전자수첩을 내 눈앞에 내밀었다.

"0.826%"

순간 8%인지, 1%도 못 미치는 0.8% 정도를 깎아주려는 것인지 헷갈려 확인차 물어보았다.

"이게 8%를 깎아준다는 말인가요?"

여종업원은 빙그레 웃으면서 어느 나라에서 왔느냐고 물었다. 한국인이라고 말하려니 왠지 무시당할 것 같아서 중국에서 왔다고 말해버렸다.

그 여종업원은 0.826%지 8%는 아니라고 확인시켜줬다. 필자는 0.826%를 확인한 후 잘해야 5% 정도 깎을 수 있겠다고 생각했다.

"좀 더 깎아주세요."

여종업원은 계산기를 다시 두드리기 시작했다. 다시 내 눈앞에 내민 것은 1.21%였다. 더 깎아달라고 요구하자 이번에 제시한 것은 1.48%였고, 다음은 1.66%, 1.87%, 2.25%, 2.55% ……. 결국 3%를 깎아서 전자수첩을 구매했다.

연구소로 돌아와서 함께 방을 쓰고 있는 외국인 동료 폴에게 전자수첩을 보여주면서 3% 깎았다고 자랑했더니 폴은 책상 서랍을 열어 나와 똑같은 전자수첩을 보여주었다. 자기는 30%를 깎아서 샀다고 했다. 그날 밤 폴이 잠든 것을 확인한 후 나는 낮에 산 전자수첩을 서랍에서 꺼내 전철을 타고 오면서 저장한 내용을 모두 지웠다. 반품하기 위해서였다.

다음 주 토요일 오후 다시 전철을 타고 아끼하바라 전자상가에 갔더니 그 여종업원이 있었다.

"미안하지만 지난주에 이것을 구입했는데 사정이 생겼으니 반품해주세요."

그녀는 반품은 불가능하고, 우리 매장에서 구입한 것인지도 모르겠다고 말했다. 나는 그녀의 기억이 살아나게 하려고 말했다.

"지난주에 당신이 0.826%, 1.21%…… 깎아준다고 하다가 3% 깎아줘서 내가 여기서 구입했어요."

그녀는 다른 매장에도 같은 제품은 많이 있고, 당신도 잘 모르겠다고 하면서 덧붙였다.

"여기 서서 30분만 있어보세요. 누가 누군지 알 수 있겠는지."

상품이 진열된 부스 옆에서 초라한 모습으로 30분을 서 있었다. 불쌍하게 보이면 혹시나 반품해주지 않을까 하는 기대도 했지만, 그 종업원은 내가 옆에 서 있는 것조차 아랑곳하지 않고, 눈길 한 번 주지 않았다.

사장이 여종업원 뒤에서 지켜보고 있는 것도 아니었다. 그런데도 그 여종업원이 왜 열정적으로 판매 기술과 협상력을 동원해 0.826%와 1.21%란 숫자를 제시하면서 세일을 했는지 시간이 한참 지나 일본에 대해 조금 알고 난 후에야 깨달을 수 있었다.

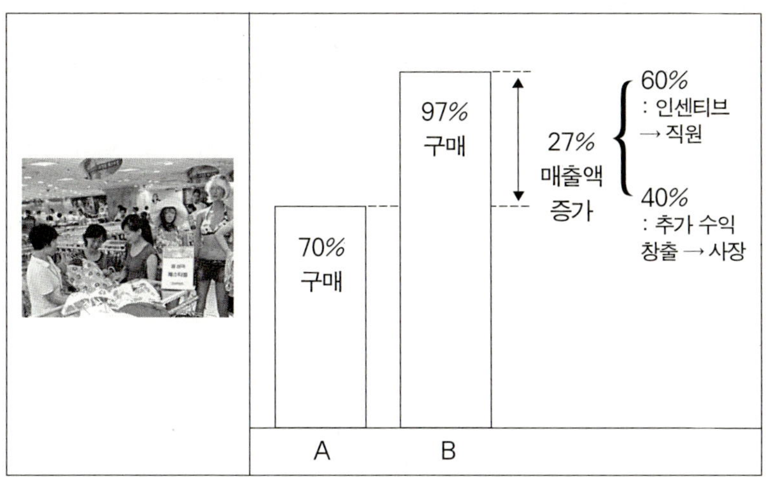

　일본인들은 이미 돈을 벌 수 있는 구조를 갖추고 있었다. 그들은 물건을 쌓아두는 곳을 '부스'라고 하는데, 부스 위의 물건을 정가의 70%에 팔기만 하면 종업원에게 약속한 급여의 100%를 지급한다. 만약 종업원이 판매력과 협상력을 동원해 나에게 했던 경우와 같이 정가의 97%에 물건을 판다면 70%를 기준으로 했을 때 27%의 매출액이 늘어난다. 이 27%의 일정 부분은 판매자에게 인센티브로 지급된다.

　지급 기준이 간단하고 명쾌했다. 늘어난 매출 27%에서 60%는 판매자에게 인센티브로 지급하고, 사장은 40%를 갖는다는 약속을 그들은 사전에 정해 두었다. 급여 이 외에 올린 실적에 대해서 인센티브를 지불하겠다는 약속은 판매자가 더욱 열정적으로 일할 수 있는 동기를 부여한다. 열심히 하면 더 많은 보수를 받을 수 있다는 희망을 주고 사장도 덤으로 수익을 창출하게 한다. 그만큼 대가가 주어지므로 사장이 있거나 없거나 상관하지 않고 판매하는 사람은 최선을 다해 노력할 것이다. 우리 기업들도 사업주와 직원이 다 함께 많은 수익을 얻을 수 있는 이런 간단한 법칙을 벤치마킹하면 좋겠다.

돈을 벌려면 돈을 벌 수 있는 구조를 갖춰야 한다.

다른 사례를 하나 더 들어보겠다. 우리 집의 돈 버는 구조이다.

집안에 돈 버는 구조

필자의 직업은 기업체 직원들을 대상으로 강의하고, 대학교에서 학생들을 가르치는 것이다. 얼마 전까지는 기업이나 학교에 하루 한 번 정도 출강했었다.

어느 날 동문 회비를 납부해달라고 대학 동문회에서 보낸 지로용지를 받았다. 용지에 금액이 적혀 있지 않아서 동문회에 전화를 걸어 물어보았다. 동문회장께서 돈을 많이 버는 사람은 많이 내야 한다며 4~5백만 원 정도를 이야기하셨다. 너무 큰 금액이라 그대로 이야기했다가는 주지 않을 것 같아서 고민 끝에 집사람에게 1백만 원만 보내주라고 했는데도 된통 혼만 났다.

평소에 딱히 비자금이란 게 필요 없어서 따로 모아둔 돈도 없었다. 이런 일이 생기니까 아내에게 돈을 달라고 말하는 것이 자존심도 상하고, 동문회비도 제대로 낼 수 없는 처지를 보이려니 아는 사람들에게 체면도 구겨진 기분이었다. 그래서 정당하게 비자금을 만들 수 있는 묘안을 생각했다. 상황이 닥쳐야만 급한 마음에 이런 생각을 짜낸다는 것도 아쉬움으로 남았다. 진작 좀 만들어 놨으면 이런 일이 생길 때 다른 사람들에게 체면도 세우고, 동문회 발전에도 기여하고, 집사람과 냉전도 피할 수 있었을 텐데 말이다.

필자의 평소 수익은 한 달에 5백만 원 정도였다. 그 중에서 1~2백만 원은 활동 경비로 집사람에게 받아썼다. 하루는 집사람에게 다음과 같은 제안을 했다.

"한 달 수익이 평균 5백만 원 정도 되는 것 같은데, 앞으로는 한 달에 무조건 5백만 원을 집에 벌어주기로 보장하고, 1~2백만 원 받아가던 경비도 받지 않겠소. 그 대신 5백만 원을 제외한 나머지 돈은 내 통장으로 넣어주시오."

무슨 생각으로 이런 말을 했는지 집사람도 알았을 것이다. 그러나 집사람 입장에서는 손해볼 일이 없는지라 흔쾌히 제안을 수락했고, 우리는 협약서에 도장을 찍었다. 집사람과 같이 도장을 찍은 서류는 많았지만, 이번 협약서처럼 흡족하게 찍었던 적은 없었다. 지금까지는 불리한 것들이 많았다. 일찍 들어오기,

술 먹지 않기, 담배 끊기, 아이 공부 가르치기, 주말에 밥하고 청소하기, 마당에 풀 뽑고 농약 주기……. 나의 건강을 배려하여 만든 서류도 있었지만, 서로 같이 잘 살기 위해서 불가피하게 만든 서류들도 있었다. 그러나 이번 협약서는 상호 윈-윈 할 수 있는 멋진 내용을 담은 서류였다. 보관할 가치가 있어 집사람이 협약 사항을 어길 시에 즉시 반박할 수 있도록 찾기 편하고 다른 사람의 손이 타지 않는 특별한 곳에다 간직했다.

▶ 집안에 돈 버는 구조

	500만 원 평균 수입	내 통장
	100~200만 원 경비로 사용	500만 원 추가 수입
	1,000만 원의 수익 발생	

수익 증대 전략을 도출하라

5백만 원 이상을 벌려면 어떻게 해야 할까? 지금까지 방법을 고수한다면 내 주머니 사정은 더 초라해질 것이 뻔했다. 5백만 원 이상을 벌어들이기 위한 전략 개발에 돌입해서 5가지 요인을 결정하고 즉시 실행에 착수했다.

▶ 수익 증대를 위한 전략 도출

- 강사료를 높게 받는 방법 개발
- 공격적인 영업
- 출강 횟수 증대
- 네트워크 활용
- 기업 출강 비수기 극복 방안 연구

강사료를 높게 받는 방법 개발

강사료를 높게 받기 위해서는 전문성과 인지도를 높여야 한다. 전문성과 인지도를 높이기 위한 첫 번째 방법은 강의하는 분야에 관한 전문 서적을 출판하는 일이라고 판단했다. 그래서 『삼성 기회선점 경영』이라는 책을 비롯해 여러 권의 저서를 출간했으며, 또 본서를 쓰고 있다.

『삼성 기회선점 경영』의 내용을 짧게 요약하면 다음과 같다.

디지털 시대의 글로벌 환경으로 전환되면서 새로운 산업에서 강력한 경쟁자가 출현하여 자신도 모르는 사이에 매출이 감소되고 시장에서 퇴출되는 사례가 생겨나고 있다. 나이키의 적은 스포츠 용품사인 아디다스가 아니라 게임 산업에 나타난 닌텐도이다. 그래서 나이키는 스티브 잡스의 조언을 듣고 나이키 신발에 애플사의 아이팟을 내장해서 싸움 방식을 전환했다. 문제를 해결하기 위해서는 새로운 산업에서 나타나는 적을 예상하고, 새로운 싸움 방식을 창출해야 한다. 매출 감소를 극복하기 위해서는 신제품을 만들어 새로운 시장으로 들어가는 다각화 전략을 써야 한다. 새로운 산업의 적을 찾아서 새로운 싸움 방식을 연구해야 한다는 주장은 많은 기업으로부터 큰 호응을 얻고 있다.

두 번째 방법으로 선택한 것은 컨설팅 강의였다. 필자는 1992년부터 컨설팅 회사를 만들어 어려움을 겪는 기업이 살 수 있는 전략과 지식을 전파했다. 필자의 강의는 그것을 접목한 것이다. 남이 쓴 책 내용을 요약해서 강의하는 것은 아무나 할 수 있다. 그러나 컨설팅 강의는 아무나 할 수 없다. 자사가 안고 있는 문제를 인식해서 컨설팅을 받아야 한다고 생각하는 기업에서는 많은 비용과 시간이 소요되는 컨설팅을 의뢰하기보다 필자에게 컨설팅 강의를 요청했다. 문제의 핵심만을 도출하여 해결 방안을 제시하다 보니 비용도 저렴하고, 시간도 절약하는 필자의 강의를 선호하였다. 의뢰하는 내용의 난이도와 중요성에 따라서 또는 업무 범위에 따라서 시간당 3~5백만 원 받는 강의를 할 수 있었다. 컨설팅 강의를 받은 후 기업은 필자에게 '기업의 길을 여는 강사'라고 불렀다. 그것은 이제 필자의 브랜드가 되었고 강사로서 인지도를 높이는 데 결정적인 역할을 하고 있다.

공격적인 영업

집사람과 협약서를 쓰기 전까지는 영업을 해본 적이 없었는데, 5백만 원 이상을 벌려면 찾아오는 강의만 해서는 부족하다고 생각했다. 모두 집사람 통장에 들어가기 바쁠 것이기 때문이다. 그래서 강의 과목을 정리해서 강의 내용을 소개하는 브러셔를 파워포인트로 만들어 기업 교육 담당자에게 보내는 작업을 했다. 비용은 전혀 들지 않았다. 그러나 필자가 문을 두드렸을 때 그들은 필자의 노력을 외면하지 않았다. 이런 활동은 웹(web) 세상을 즐기는 맛을 알게 해줬다.

출강 횟수 증대

앞에서 말한 활동으로 월 평균 15~20회 출강 횟수가 40회 이상으로 증가했고 오전, 오후로 강의를 편성하거나 어떤 날은 하루 3회 강의를 하기도 했다.

네트워크 활용

지금은 저녁으로 강사를 육성하는 아르바이트도 한다. 필자의 강의를 들었거나 주변 소개로 강사가 되고자 하는 사람들이 찾아오기 때문이다. 필자의 강의는 대부분 혼자 연구해서 만든 내용들이기 때문에 어쩌면 이 분야에서는 필자 혼자만 강의하는지도 모른다. 많은 기업이 새로운 적을 발견하고, 새로운 싸움 방식으로 무장해서 더 견고해지고, 더 많은 성과를 낼 수 있도록 제자를 육성하여 전파하는 일도 보람 있다 생각하여 열심히 지도하고 있다.

기업 출강 비수기 극복 방안 연구

여름과 겨울에는 기업 교육도 비수기로 접어든다. 기업은 비수기지만 대학교는 방학을 이용해서 취업 특강을 많이 개설하기 때문에 이런 특강을 나가면 비수기도 극복할 수 있다.

필자는 『차등화 취업전략』이라는 책을 출간했다. 그 내용을 간단히 소개하면 다음과 같다. 자신을 차별화해야 채용되는 시대는 지났다. 졸업생을 포함한 취업 인구는 매년 증가하고 있다. 취업 문도 좁아 55만 명이 그 좁은 문을 열기에는 차별화만으로는 힘들다. 그래서 자신을 차등화해야 한다. 차별화가 남과 다른 나를 만들어내는 것이라면, 차등화는 자신의 등급을 높이는 전략이다. 등급을 높이기 위해서는 지원하는 회사의 갈증 요인을 찾아서 문제 해결 전략을 제안하면 된다.

필자에게 수업을 듣는 대학의 학생들을 100% 취업시켰더니 전국에서 필자를 불러주고 있다. 오히려 방학 때 더 바쁜 일정을 보내게 되어 비수기를 극복하게 되었다.

오늘도 협약서는 성실하게 이행되고 있다. 집사람 통장에도 5백만 원이 들어가고, 내 통장에도 5백만 원이 들어온다. 이 협약서는 나의 열정을 불러일으켰다. 작년 1월에는 강의를 하러 가다가 교통사고가 났다. 결빙된 도로에서 차가 미끄러졌는데 차를 폐차시킬 정도의 큰 사고였다. 왼쪽 무릎 아래에서 발까지 뼈가 완전히 부러졌다. 8시간 대수술로 다리에 철판을 대고 핀도 37개나 박았다. 깁스를 하고 목발을 짚고 5개월 정도 생활했다. 그때도 강의를 다녔다. 깁스한 상태를 교육 담당자에게 말했지만 강의에 지장이 없다면 출강해 달라고 했다. 그들은 강의장도 1층으로 옮겨주는 수고를 아끼지 않았다.

완치되지도 않았는데 몸을 움직이다가 뼈가 바로 붙지 않는다면 두고두고 고생할 것이다. 깁스한 상태에서 누가 돈 벌러 다니겠는가? 무엇인가 생기는 것이 없었다면 필자도 아마 집에 편하게 누워 있었을 것이다. 아프다고 깁스한 핑계를 대면서 말이다.

돈을 벌 수 있는 구조를 만들면 아픈 사람도 일하러 나간다. 핑곗거리를 연구하거나 시간을 낭비하지도 않는다. 기업이나 집안 구조를 살펴보기 바란다. 깁스하고도 일을 하러 나갈 수 있는 동기를 제공하고 있는가? 아니라면 자발적으로 일할 수 있고, 연구하면서 일할 수 있고, 그래서 최고의 효율을 낼 수 있도록 먼저 구조를 설계해야 한다.

돈을 잘 벌 수 있는 구조의 최종 결론은 '1인 경영자 시스템'
이다.

1인 경영자는 자신의 수익을 극대화하기 위해 자율적으로 움
직인다. 스스로 목표를 세우고 전략을 만들어서 공격 방법도 연
구한다. 결과가 성공적이면 나누어 가지면 되고, 저조하면 무엇
이 잘못이었는지 서로 반성하고 더 좋은 전략을 연구해서 실행
해야 한다. 직원들이 일의 성과를 통해 회사와 나누어 가질 수
있는 돈이 몇 퍼센트가 될지 간단하고 명쾌하게 알게 하라. 그리
고 자신의 일에 대해 1인 경영자가 되도록 자율과 권한을 듬뿍
주어야 한다. 자신을 경영하는 이들은 한계선을 넘는 수익을 위
해 최선을 다해 뛸 것이다.

회전문의 법칙(이 책의 212쪽 참고)에서 더 많은 아이디어를 이
야기해보자.

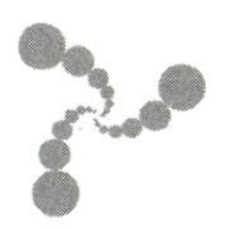

18
업무 범위와 급여 체계

대부분 한국 기업에서는 직원 개인별로 업무를 정해서 수행하지 않는다. 부서들은 지시받은 일을 그때그때 해결한다. 같은 한 덩어리의 일 더미 속에서 상위자 한 사람은 지시하고 하위자 다수는 일한다. 그렇다 보니 상황에 따라 같은 일을 여러 사람이 하거나, 팀 내에 일을 할 줄 아는 사람에게 일이 집중되기도 한다.

그럼 직급을 두는 이유가 뭘까? 나이가 들었거나 입사한 지 오래되었다고 직급이 높은 것인가? 오래 근무했다고 직급이 높아져야 하는가? 그래서 봉급을 많이 줘야 하는가? 한국 기업들의 이런 체계는 정말 이해하지 못하겠다.

예전부터 사용해 왔던 방식을 그대로 따라가는 것은 아닌가? 그 방식이 옳은지 그른지도 모르면서 그래도 돈을 벌고 회사가 유지되고 있으니 덩달아 따라 하고 있지는 않은가?

급여를 주는 것은 사업주가 지불 능력이 있어서다. 같은 업계에서도 돈벌이가 되는 기업은 급여를 많이 주고, 그렇지 못한 기업은 금액을 적게 준다. 회사의 사회적 위치에 따라서 주는 급여 수준이 다를 뿐, 일하는 방식에는 큰 차이가 없는 것 같다. 그래서 사람들은 급여를 더 많이 주는 기업에 들어가기 위해 치열한 경쟁을 벌인다. 막상 회사에 입사하고 나면 급여를 많이 받는 회사에 들어간 사람이나 적게 받는 회사에 들어간 사람이나 다 같은 생각을 한다. 받는 만큼만 일하겠다고 말이다.

받는 만큼 일하라

사실은 받는 만큼 일하는 사람은 드물다. 받는 만큼 일하려면 최소한 자신이 받는 급여의 3배는 회사에 벌어줘야 한다. 그래야 회사가 유지되고 운영된다. 하지만 급여의 3배를 벌어들이는 사람이 과연 몇이나 될까? 그리 많지는 않을 것이다. 또 받는 만큼 일한다는 기준과 양이 얼마인지도 모른다. 그런 말을 하는 것은 그냥 적당히 하고 말겠다는 심사이다. 그런 생각을 하는 사람들이 많은 기업일수록 시장에서 빨리 사라진다.

지금부터라도 직원들이 무슨 일을 해야 할지 능력별로 분명히 정하고, 그에 따라서 급여를 나누자.

먼저 팀이나 부서별로 수행하는 일에 대해 모두 적어보라. 한 사람이 팀 전체 업무를 적는 것은 불가능할지도 모르겠지만, 모두 모여 적으면 부서의 업무 범위가 명확해질 것이다. 각자가 현재 맡은 일을 가능한 한 자세하게 적어서 제출해보자.

제출한 내용을 들여다 보면 업무의 50~80% 정도는 서로 겹쳐 있다는 사실을 발견할 수 있을 것이다. 어떤 면에서는 하나의 일을 여러 사람이 수행할 수 있어서 필요하면 아무나 불러 일을 시킬 수 있다고 생각할지도 모른다. 그러나 이 점을 장점으로 보고 있다면 실수하는 것이다. 사실은 개인별로 업무가 정해져 있지 않아서 생기는 손실 부분이기 때문이다. 직원들은 이런 점을 이용해서 업무를 회피하고, 서로의 일이 겹쳐진 안전지대로 숨어버리기도 한다.

명확한 업무 분장을 하라

제출된 모든 업무를 늘어놓고 보면, 중요한 업무와 그렇지 않은 업무가 있다. 덜 중요한 것에서 중요한 일을 순서대로

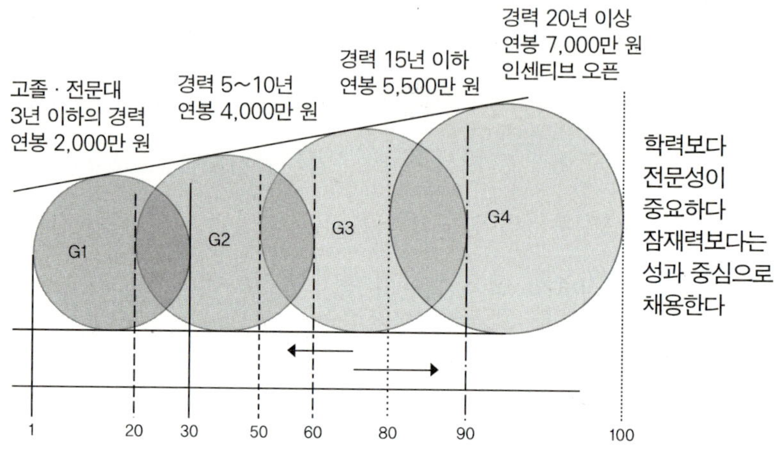

나열해보라. 수행하는 데 난이도가 높은 업무와 낮은 업무도 있을 것이다. 낮은 난이도에서 높은 난이도로 업무를 분류해보자. 위 표에서 보듯이 중요성과 난이도가 낮은 업무는 1번이 되고, 중요성과 난이도가 높은 일은 100번이 된다.

G1 구역에는 중요성과 난이도가 낮은 1~30번까지 업무를 부여한다. 그런 다음 그 업무를 수행하기에 적합한 사람의 자격을 결정한다. 단순한 업무를 책임지는 자는 특별히 높은 학력과 경력이 필요하지 않을 것이다. 고졸이나 전문대졸 사람으로 3년 이하 경력의 자격을 정하고, 연봉은 2,000만 원으로 결정할 수 있다. G1 자리에는 그런 자격을 갖춘 사람을 채용해서 배치하면

된다. 만약 한 사람이 G1의 업무를 20년 동안 수행했다면 2,000만 원 연봉에 성과에 따른 인센티브를 지급하면 된다. 중요성과 난이도가 낮은 업무를 계속 수행하기 때문에 연봉을 올려줄 이유는 없다. 그러나 우리 기업 시스템으로 본다면 20년 근무하면 부장 정도의 직급을 가지고 연봉이 7,000만 원 이상 될지도 모른다.

G4 구역은 중요성과 난이도가 높은 업무 분야이다. 이 경우에는 기업에서 연봉을 맞추기 어려울 수 있다. 기본 연봉 7,000만 원에 나머지는 성과에 따른 인센티브로 조절할 수 있는데, 컨설팅에서는 '인센티브의 뚜껑을 열어 둔다.' 라는 표현으로 연봉을 조절하기도 한다.

그런데 G3의 업무를 G2 또는 G4가 덤으로 맡아서 수행할 수도 있다. 정해진 업무 외의 일을 맡으면 즉시 연봉 협상을 다시 하는 것을 원칙으로 한다. 어쩌면 회사 측에서는 불편하고 사원들이 인정머리 없어 보이지만, 돈 문제는 깔끔한 것이 서로에게 좋다.

업무 중에 20~30번 구간은 서로 중복되어 있다. 이 부분은 상부와 하부의 상호 보완적인 업무 구역이다. 이 부분이 있어서 상위 업무를 익히는 데 도움을 주기 때문에 상사가 출장이나 외근을 갈 때 그에 따른 업무 손실을 부하 직원이 막을 수 있다. 본연의 업무 즉 핵심 업무는 G1은 1~20번까지이고, G2는 30~50번까지이다.

수행하는 업무가 분명해야 한다. 그리고 그 난이도와 중요성에 따라 급여가 정해져야 한다. 시간이 지났다고 해서 승진되고 직급이 높아졌다고 해서 급여가 인상되어서는 안 된다. 업무 수행 능력이 향상되고, 중요성과 난이도가 높은 업무를 맡게 될 때 직급과 급여가 올라갈 수 있도록 설계하기 바란다.

19
간단한 경영

간단한 경영(simple management)은 불필요하고 복잡한 모든 것을 단순화하는 경영 방식이다. 거기에는 기업의 목표, 고객에 대한 가치 전달과 서비스, 조직원의 업무와 일하는 방식, 보수, 프로젝트 수행, 작업의 원칙 등이 범위에 들어간다. 이를 위해 필요한 것은 명료한 '원칙과 규정'을 정하는 것이다.

간단한 경영의 범위를 정하라

간단한 경영의 범위는 아래와 같다.

▶ 간단한 경영의 범위

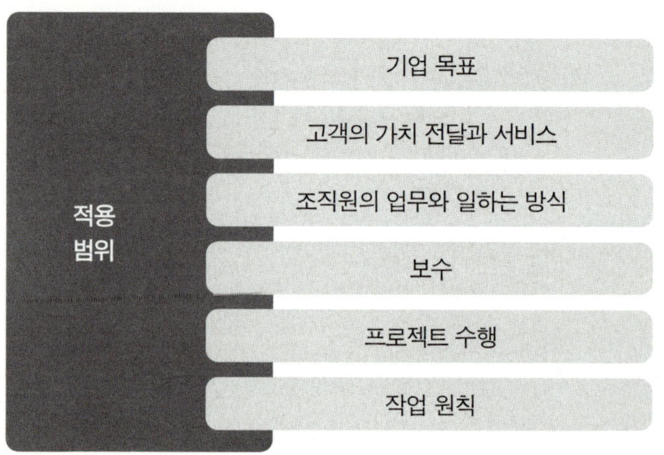

간단한 경영은 왜 필요할까?

예를 들어 설명하면 다음과 같다.

출퇴근은 자율적으로 하되 하루 8시간 근무한다

이것은 기업에 돌아오는 이익이 더 많은 전략이다. 출근 시간을 자율적으로 정할 수 있도록 배려하라. 그러면 출근 시간 교통 체증에 시달리지 않아도 되니 사무실 직원들은 맑은 정신으로 자신의 업무 능력이 가장 최고인 시간을 택해서 일할 수 있다.

영업부 직원들도 바로 시장으로 향할 수 있고, 해외 사업부에서도 시간에 맞춰 비즈니스를 지원할 수 있다. 육아로 고민하는 직원들에게 좋은 부모 역할을 할 수 있는 자투리 시간이 생겨 그들의 가족이 행복해질 수 있다. 직원들이 건강하고 행복하면 일의 능률도 오른다. 출근 시간이 자유롭거니와 직원을 믿어주는 회사에 대해 직원들이 고마움을 갖고 업무에 최선을 다할 것이다.

퇴근도 마찬가지이다. 직원들은 회사에서 야근도 많이 한다. 정말 일이 많아서 하는 야근이면 좋겠지만 꼭 그렇지도 않다. 먼저 퇴근하려니 윗사람의 눈치가 보여서 남아 있는 경우도 많다. 요즘은 야근 수당을 지급하는 회사도 줄었다. 그래도 여전히 야근은 계속된다. 퇴근도 못하고 회사에 발목 잡혀 사장이나 상사의 눈치를 보다가 집에 늦게 들어가면 결국 평생 집사람의 눈치를 보면서 살지도 모를 일이다.

파김치가 된 사원들에게 야근 수당도 주지 않으면서 출근 시간에 지각한다고 벌금 3만 원씩 내게 하는 원칙은 빨리 버려야 한다. 구태의연한 형식보다는 성과에 도움이 될 수 있는 방법들을 선택하는 것이 좋다. 조아스 전자의 사례를 통해 확신을 갖길 바란다.

조아스 전자는 면도기를 비롯하여 드라이기 등과 같은 미용 전자제품을 만드는 회사로, 이미 21년 전부터 주 5일제 근무를 실시해 왔다. 처음 주 5일제 근무를 시작할 때는 임원이나 팀장들이 반대했지만, 오태준 사장은 일일이 통제하기보다는 자율을 중요하게 생각하는 신념을 꿋꿋이 실천하며 주 5일제를 아무 탈 없이 실시했다.

"평일 업무 시간에 집중하면 토요일 오전 근무 시간은 충분히 보충할 수 있다."

이러한 오태준 사장의 말은 조직원들의 열정을 불러일으키는 기회가 되었다. 실제 근무 시간은 줄었지만, 주 5일제를 시행한 후로 생산성이나 효율성이 전보다 훨씬 높아졌다고 회사 측은 자랑한다.

조아스 전자는 직원을 채용할 때도 파격적이다. 학력을 보지 않으며 보증인 역시 구하지 않는다. 그만큼 사람을 믿기 때문이다. 이러한 경영진의 신뢰는 회사의 성과를 높이고 있다.

조아스 전자는 출퇴근 카드도 없으며, 통제하는 사람도 없다. 오전에 출근을 안 해도 아무도 나무라지 않는다. 조직이 뒤죽박죽 되고 질서도 없을 것 같지만, 그것은 쓸데없는 걱정이다. 직원들은 자율 가운데 암묵적으로 질서를 잘 유지하고 있다. 이것은 더 효과적으로 작용해서 보이지 않게 회사 문화를 더 긍정적으로 만들어내기도 했다.

13년 전부터는 사내 '소사장 제도'를 만들어서 경력 10년이 넘은 직원은 사장으로 임명하고 숙련공들과 함께 분사시키고 있다. 무상으로 장비를 지원하여 조아스 전자에 면도기를 납품하는 협력업체로 키워가고, 상호 상생의 길을 여는 비전을 제시하며 실행하고 있다. 이 제도로 회사의 경쟁력을 강화하였을 뿐 아니라 회사에 헌신적으로 일하고자 하는 마음을 직원들에게 심어주었다.

간단한 경영의 원칙을 세우라

간단한 경영을 위해 현실에 꼭 필요한 원칙을 필자는 다음과 같이 제안한다.

각자에게 맡겨진 업무는 본인이 책임지고 수행한다

업무 분장(job size)을 통해 각자에게 맡겨진 업무는 스스로 해결해야 한다. 그것이 연봉을 받는 이유이다. 주변 동료에게 미루려고 하지 마라. 그 사람도 자기 일이 있다. 능력이 되지 않으면 차라리 중요성과 난이도가 낮은 업무를 선택하는 것이 낫다. 단지 연봉이 적을 뿐이다. 주변 사람에게 의존하거나, 일을 미루면 어정쩡한 결과를 당신이 책임져야 할 때가 올 것이다.

웹으로 말하되 컴퓨터를 비롯한 소모품은 본인이 구입한다

보고할 것, 전달할 것, 의견을 나눌 것 등 모든 일을 웹으로 처리하라. 회의를 하려고 2시간씩 기름 값 들여가면서 회사로 몰려오지 마라. 기름 값보다 더 소중한 것이 시간이기 때문이다. 스스로 효율성을 높이기 위해서 활동 계획을 짜야 한다. 낭비 요소를 줄이고 성과를 내는 데 집중해야 한다. 그것만이 회사도 직원도 경쟁에서 살아남는 유일한 방법이다.

엄밀히 말하자면 직원들은 회사라는 텃밭을 통해 돈을 번다. 텃밭을 부지런히 가꾸어 알곡을 생산하면 자신에게도 많은 이익이 돌아온다.

도구는 일하는 사람이 준비해야 한다. 회사가 컴퓨터를 사주고 소모품을 사줄 이유는 없다. 업무를 수행하는 데 컴퓨터가 필요한 사람은 스스로 구입하라. 만약 당신이 아직 컴퓨터를 제공하는 회사로 직장을 옮긴다면 그 컴퓨터를 중고시장에 팔 수 있을 것이다.

완전한 프로 의식을 가지라. 직원들이 프로이면 회사도 프로 정신으로 무장해야 한다. 낭비 요소는 무조건 제거하고, 회사 소유는 없어도 된다. 다만, 회사 이름만 사업주의 것으로 하면 된다.

급여는 기존 금액의 70%만 지급하고 성공 보수는 개방한다

지금은 맞벌이 부부가 많지만, 그래도 우리나라에서 아직까지는 남편이 혼자 벌어서 아이들 교육시키고, 집 사고, 자식들 결혼시키고, 노후 준비도 한다. 필자는 일본과 독일에서 근무했었는데, 그곳에서는 일찍부터 남편 혼자 벌어서는 생활이 힘들다.

그래서 남편들이 2~3가지 일을 하지만, 그것도 부족해서 부인
들이 일을 거들어야 한다.

급료의 70%만 지급하고 성과에 따라 인센티브를 조정해야 한
다. 기업이 돈을 많이 벌었으면 직원들에게도 많이 줘야 한다.
기업이 돈을 많이 벌지 못했다면 직원들도 실적이 저조한 책임
을 분담해야 한다. 회사가 먼저 존재하는 것이 우리 모두의 희망
이기 때문이다.

필자는 제자들에게 당부하는 말이 있다.

"3년 정도는 회사 생활을 하면서 일을 배워라. 그런 다음에는
구멍가게라도 직접 경영하는 사장이 되라."

작은 회사라도 직접 경영해야 최선을 다하고 자신의 능력을
백분 발휘할 기회를 갖는다. 남 밑에서 늘 받는 급여에 목숨 걸
고 평생을 산다는 것은 어쩌면 가장 불쌍한 일인지도 모른다.

성과에 따라 인센티브라도 받는 구조 속에서 생활한다면 감나
무에서 감이 떨어지기만을 기다리지는 않을 것이다. 당신의 성
공과 회사의 발전을 위해 안전지대를 벗어나서 좀 더 적극적이
고 열정적으로 일해야 한다.

원자재는 생산자와 직거래하라

유통 경로에 따라 원자재 가격은 천차만별로 달라질 수 있다.
쉽고 편하게 가져다주는 물건을 받아서 제품을 생산했다면 생산
자와 직접 거래하는 방식으로 전환해야 한다. 유가 상승으로 원

자재 가격 인상은 전체 산업에 영향을 미칠 것이다. 유통 과정에서 발생하는 30~40%의 가격 상승을 잡아야 한다. 구매 업무를 책임지는 사람은 직접 발로 뛰거나, 주변 지인을 통해서라도 생산자에게서 직접 구매를 실행할 수 있도록 해야 한다.

고객 불만족 사항은 접수한 당사자가 책임지고 마무리한다

큰 기업에는 고객 불만 사항을 처리하는 서비스 센터가 따로 있다. 불만 사항은 어떤 상황에서도 발생할 수 있다. 그러나 어떻게 처리 하는가에 따라서 고객의 인식이 달라진다. 불만 사항은 그것을 듣거나 접수받은 사람이 즉시 해결할 수 있어야 한다. 아니면 해결 단계를 단순화해서 최대한 시간을 절약할 수 있는 체계를 고안하라. 고객은 기다리기 싫어한다. 회사 구조를 알 수 없기 때문에 처리 과정이 길어지면 불친절하다고 느끼고 불쾌감을 갖게 된다. 불쾌감을 갖는 순간 작은 문제는 크게 확산된다. 다음부터 고객들은 그 회사 물건을 거들떠보지도 않을 것이다. AS나 고객 불만 사항이 제대로 처리되지도 않고 항상 고객을 기다리게만 하는 기업이라는 생각을 품기 때문이다. 이런 사례는 많아서 따로 설명하지 않아도 충분히 이해하리라 본다.

**아이디어를 낸 사람이 프로젝트에 총괄 매니저가 되며,
성과급의 30%를 지급받는다**

신규 사업 아이템이 고갈됐다는 말을 자주 듣는다. 가치 있는

아이디어를 만들기 위해서는 열린 기업 문화가 필요하고, 창의적인 아이디어를 연구한 것에 대한 대가를 주어야 한다.

아이디어를 내는 사람은 프로젝트의 처음과 끝을 읽고 있다. 그런 사람이 프로젝트 총괄 매니저가 되어야 한다. 나이가 적고 직급이 낮다고 못할 이유는 없다. 믿고 맡겨라. 이런 환경이 되면 애플사의 아이팟보다 더 뛰어난 창의적인 제품이 나올 것이다. 손목에 착용하는 휴대폰도, 컴퓨터가 내장되어 집안 모든 전자제품을 제어하는 최첨단 대형 TV도 만들어질 것이다.

시급한 사항은 선조치, 후보고하라

중요하고 급한 사안은 문제를 접한 당사자가 즉시 조치할 수 있도록 책임과 권한을 동시에 부여해야 한다. 그러기 위해서는 먼저 전체 직원이 사장처럼 생각하고, 사장처럼 행동할 수 있도록 조직 문화를 만들어야 한다. 또 능력 있는 부하 직원에게는 많은 것을 믿고 맡기는 것도 중요하다. 속도 경영이 필요한 시기이다. 구급 처방은 당사자가 하고 상급자는 상처가 아물도록 단단히 후속 조치하는 체계라면 한결 가볍고 간단한 경영으로 험난한 시장 경쟁을 이겨나갈 수 있을 것이다.

세계적인 갑부 워런 버핏은 '투자의 귀재'란 칭호가 붙어 다니지만, 76개 계열사에 23만 명이 넘는 직원을 거느린 그룹 총수이다. 그룹 '버크셔 해서웨이'가 보유한 기업군에는 주로 보험 관련 회사가 많지만, 과자, 가구, 페인트, 아이스크림 등 일상

생활에 필수불가결한 제품과 서비스를 생산하고 제공하는 회사들이 대거 포진해 있다. 버핏이 이처럼 거대 기업 집단을 관리하면서도 그룹 총수보다는 투자의 귀재로만 인식되고 있는 것은 그의 독특한 계열사 운영 스타일 때문이다.

그가 밝힌 계열사 관리의 으뜸 원칙은 특별한 가이드 라인을 많이 정하지 않는다는 것이다. 그는 모든 사업을 각 계열 경영진에 위임하고 있다. 구체적인 가이드 라인은 물론 구체적인 경영 수치도 본부에 보고하라고 압력을 넣지 않는다.

그는 한 마디로 단순한 자율 경영 스타일을 고수한다. 그것은 76개 계열사를 관리하는 버크셔 해서웨이 본부 조직에서도 확인할 수 있다. 본부는 오마하 시내의 한 사무용 빌딩에 있는데, 그들은 버크셔 해서웨이라는 이름도 붙어 있지 않은 건물 한 층만을 사용한다. 본부의 전체 직원 수는 버핏 회장을 포함해 모두 19명에 지나지 않는다. 계열사 경영자들에게 자율적인 경영을 하도록 하기 때문에 지주 회사에 굳이 많은 인원이 필요하지 않다.

국내 대기업은 그동안 그룹비서실, 구조조정본부, 전략기획실 등으로 이름을 바꿔 수백여 명의 직원이 근무하면서 계열사를 관리해 왔다. 그리고 계열사들은 구체적인 사업 계획과 성과 목표 등을 만들어 그룹의 허락을 받아야 했다. 최근 들어 이러한 국내 계열사 경영 방식에도 큰 변화가 일고 있다. 많은 그룹에서 전략기획실을 축소하거나 없애고 지주 회사 체제로 전환하고 있다. 하지만 이 과정에서 지주 회사와 계열사 간 갈등이 생기고 크고 작은 잡음도 나오고 있다. 시장에서 자유롭게 움직일 수 있을 만한 충분한 경영 자율권을 계열사에 넘겨주고 있지 않기 때문이다.

분명한 것은 어떤 이유로든 간단한 경영을 실행해야 한다는 것이다. 단순하게 만들면 기억하기도 좋고 지키기도 좋고 부가 비용도 들지 않아서 좋다. 또 서로가 노력하니 큰 성과도 낼 수 있다.

단순하게 만들려면 지금 가진 것을 미련 없이 포기해야 한다. 어떻게 하면 더 간단하고 더 효율적으로 만들까도 고민해야 한다. 중요한 우선순위를 먼저 정하고 상부부터 신속하게 바꾸라는 조언을 하고 싶다. 변화에 대한 조직 내 위기의식에 대한 분위기가 확산되어 혁신의 필요성을 알게 해야 한다. 간단한 경영 방식은 조직을 더 강하게 하고, 더 많은 성과를 내게 할 것이다. 더 나아가 열정을 불러일으켜 모든 기능이 더 빨라지도록 하는 에너지원으로 작용하리라 확신한다.

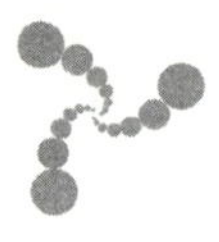

20

회전문의 법칙

앞에서 이미 '회전문의 법칙' 이란 단어를 언급한 적이 있다. 필자가 만든 법칙이라 생소할지 모르겠지만 내용은 간단하다. 기업에 근무하는 사람 중에 성과가 저조한 사람은 자기 발로 회사를 나가게 하고, 회사의 명성과 시스템을 따라 능력 있는 새로운 사람들은 기업으로 몰려오게 하는 법칙이다.

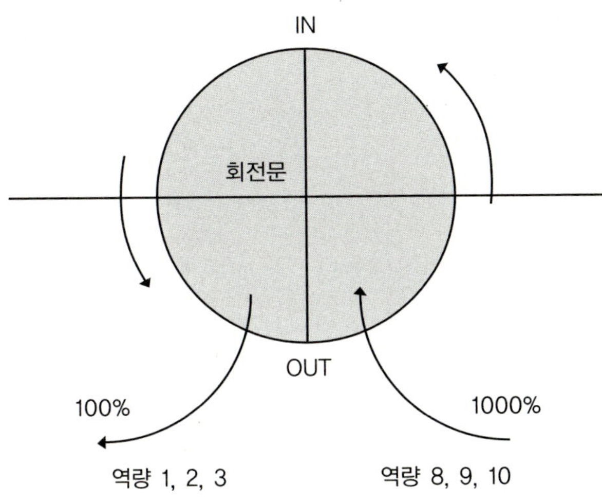

자기 발로 걸어 나가게 하라

회전문은 이용하는 사람들이 미는 힘으로 항상 회전한다. 문 중간에 서너 개의 칸막이가 있어 한 번 회전할 때마다 동시에 사람들이 들어가기도 하고 나가기도 한다. 이것을 보면서 직원 간의 경쟁을 통해서 능력이 부족한 직원들은 자기 발로 회사를 나가고, 능력 있는 사람들은 외부에서 몰려올 수 있도록 회사를 만들면 좋겠다는 생각을 했다. 한 번 채용하면 스스로 그만둘 때까지는 내보내지 못하는 현실이 기업의 경쟁력을 떨어뜨리고 있기 때문이다. 기업 스스로 회전문이 돌아가지 못하도록 용접해서 붙여놓으면 드나드는 사람이 없어 고인물이 썩듯 내부에 신선한 기운이 사라질 것이다.

먼저 회전문 안을 실력 있는 전문가들이 모인 일터로 만들어야 한다. 잠재력을 가진 사람도 정해진 급여만 받는 조직에 들어오면 안전지대로 들어가버린다. 일정하게 지급되는 급여 이 외에 성과를 낸 직원 모두가 인센티브를 받을 수 있도록 연구해서 제도를 만들고 직원들에게 목표를 부여해보라. 분명히 그들은 예전과 다른 모습을 보일 것이다.

타당성 있는 인사와 급여 문제를 지금까지 기업들은 얼마나 연구했는가? 모두 한국 기업의 제도적인 문제가 원인이다.

전문가들이 몰려 오게 하라

지금 급여의 70%만 지급하고, 인센티브의 뚜껑을 열어두라. 100억 원의 영업 이익을 낸 팀이 있다면 13억 원을 지급해서 기여도만큼 나눠서 가질 수 있도록 하라. 주변에서 도움을 준 관리 직원들에게도 14억 원을 가지고 나눠주어야 한다. 이런 분위기 속에서 계속 70%의 급여만 받는 사람이 있다면 자기 발로 회사를 떠날 것이다. 그 회사 밖에는 100%의 급여를 주는 곳이 아직은 있기 때문이다. 업무 역량이 최하에서 1, 2, 3위인 사람은 회사를 떠나고, 외부에서 8, 9, 10의 역량을 가진 사람들이 회사를 들어오고 싶도록 만들어야 한다. 그들은 열려 있는 인센티브의 한계에 도전하기 위해서 입사를 희망할 것이다.

필자는 회전문의 법칙을 이미 기업에 적용시키는 작업을 했고, 그들은 지금 한국에서 최고의 급여를 받는 회사 중 하나로 성장했다. 물론 이직율도 제로이다. 한 회사는 여의도에 가장 비싸다는 건물을 두 군데나 현금으로 구입해서 회사 이름으로 건물 이름을 붙였다. 그곳 직원들은 자기 자신을 위해 노력한다. 누가 시켜서 일하는 사람은 보이지 않고, 스스로 계획을 세우고 목표를 세워서 일한다. 옛날과는 달리 그들은 일을 즐기게 되었고, 남들과 다른 비전으로 미래를 설계하고 있으며, 돈을 벌지 않는 일요일을 싫어하고, 돈을 벌기 시작하는 월요일을 가장 좋아한다.

기업 환경을 어떻게 만드느냐에 따라서 직원들의 일하는 습관이 만들어지고, 습관은 문화를 만들고, 문화는 기업의 운명을 결정짓는다. 그러나 많은 기업들이 처음부터 어떻게 할 것인지 연구하지 않고 전통 방식을 따라갔기 때문에 기업 스스로가 회전문을 용접을 해버린 격이 되고 말았다. 지금이라도 직원들이 회전문을 통하여 자연스럽게 드나들 수 있도록 용접을 풀어야 한다. 회사의 회전문으로 외부에서 역량 있는 전문가들이 들어올 수 있도록 해야 한다. 실력 있는 사람으로 대우하면서 마음껏 일할 수 있는 환경을 만들어주고, 열정을 다해서 성과가 나면 경제적으로도 풍요해질 수 있도록 보장해준다면 전문가들이 모여들 것이다. 정해진 급여만 받는 사람은 전문가들에 비해서 열정적이지도 못하고, 지갑도 두둑하지 못하니 자연히 회전문을 통해서 다른 곳으로 이동하게 될 것이다.

직원들의 지갑에 돈을 많이 채워줄 수 있는 방법을 연구하는 경영자가 현명한 경영자이다. 직원들의 지갑이 두둑해지면 자연히 회사 잔고는 더 많이 늘어날 것이다.

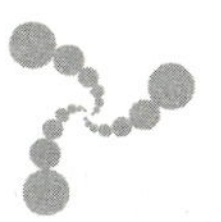

21
탁월한 경영의 파괴

탁월한 경영을 바른 생활 경영이라 하자. 이는 전통적인 방식을 포함한 경영을 이르는 말이기도 하다. 바른 생활 경영을 하는 경영자와 직원들은 자신의 생각에 따라 옳은 것만 하고 틀린 것은 하지 않고, 남들이 하는 것을 보고 성공하면 따라가고 실패하면 하지 않는다. 그래서 제품도 남들이 하고 있는 것들을 벤치마킹하여 유사하게 만들어 시장에 내놓는다.

남다른 특별함이나 차별화가 없는 경영 방식을 지금도 선호하고 있다면 미래의 성공을 보장할 수 없다. 지금까지 해 오던 바른 생활 경영을 파괴하고 새로운 방법들을 재창조해야 한다.

바른 생활 경영을 파괴해야 하는 이유

바른 생활 경영을 파괴해야 하는 까닭은 여러 가지가 있지만, 여기에서는 대략 다섯 가지만 꼽아본다.

직원들의 열정을 끌어내지 못하고 있다

바른 생활 경영을 하면 남이 잘되는 것만 모방하다 보니 그 뒤만 따라가면 된다. 생각할 필요 없이 윗사람을 비롯하여 아랫사람까지 누가 무엇을 히트 치는지만 관망하게 된다. 그런데 어느 시점에서부터인가 비슷비슷한 물건이 엄청나게 쏟아져 나오고 있다. 옥수수차를 개발하니 옥수수 보리차도 나오고 옥수수 수염차도 나왔다. 그보다 살이 더 잘 빠진다는 콩차도 나오고 호박물도 나오고 이것저것 비슷한 것이 쏟아졌다. 특별한 가치를 담지 않고 차별화한 마케팅이 없는 회사 제품은 다른 회사 제품을 위한 들러리가 된다. 소비자들은 진열대에 가득 찬 제품을 한 쪽으로 밀어 젖히고 특별한 가치를 담은 새로운 기능의 제품을 얼른 골라 가버린다.

바른 생활 경영을 하다 보니 살아남겠다는 열정이 없다. 직원들도 안주하는 데 길들여져서 뭔가 재창조해 보려 해도 머리는 굳은 지 오래고 가슴은 싸늘하게 식어 있다. 예전의 운영 방식으로 가치를 담지 못한 물건을 만드는 직원들의 안일한 정신 상태로는 치열한 시장 경쟁에서 생존하기 어렵다. 성장보다도 생존과 유지가 더 급한 상황이다. 직원들에게 열정을 불러일으키려면 바른 생활 경영을 파괴하고 직원들을 주인의 자세로 일할 수 있도록 마음속에 에너지를 재창조하라.

성과를 많이 내는 우수한 인재는 다른 직장으로 이동한다

인센티브를 화끈하게 주는 기업은 별로 못 봤다. 사실 사업주들은 '월급을 미루지 않고 제때 주는 것도 어디인가?' 라고 생각하기도 한다. 성과를 많이 낸 직원이 있지만 돈을 주려니 아깝기도 하다. 그래서 남과 같이 기존 방식대로 직원 모두를 동등하게 대우한다. 바른 생활 경영을 하다 보니 기업에서 인재는 중요한 자산이라는 것을 간과한다. 우수한 인재는 차별해서 대접해야 하고 별도로 관리해야 한다. 특별한 가치관과 인재를 대우하는 문화가 없는 기업이라면 능력 있는 사람들은 언제든 떠날 것이다.

약속한 날짜에 지불하는 급여는 직원을 무능하게 만든다

바른 생활 경영을 하면 일을 잘한 직원이나 못한 직원이나 같은 호봉에 모두 같은 금액을 받는다. 그들 중에 회사를 위해 진정 걱정하고 안타까워하는 직원이 얼마나 될까? 그 수가 적다 해도 그들만의 탓이라고는 할 수는 없다. 회사가 직원들의 열정을 끌어낼 수 있는 구조를 갖추지 못하고 있기 때문이다.

많은 직원들은 지금보다 더 많은 급여를 받고 인센티브를 받기 원하지만, 옆 사람이 성과를 내서 덤으로 얻기를 바랄 뿐 본인이 앞에 나서서 성과를 먼저 내려 하지는 않는다. 그러다가 책임질 일이 생기면 위험하기 때문이다. 그저 중간 정도에서 튀지도 않으면서 처지지도 않는 위치에서 묻어가는 것이 가장 안전한 선택이라 여기기 때문이다.

환경이 더 심각하게 변하고 있다

글로벌 경쟁은 갈수록 심화될 것이다. 하지만 한국 기업의 경쟁력은 불안하기만 하다. 불안정한 노사관계며 대부분의 원자재를 수입에 의존하는 문제 외에도 FTA를 체결하면 선진국에 시장을 완전 개방해야 한다. 외국에서 안정성이 철저히 검증된 듣도 보도 못한 제품들이 쏟아져 나와 조만간 우리 시장을 장악할 판이다. 바른 생활 경영을 하면서 안일하게 대처해서는 이런 난세를 극복하지 못하고 분명 한계에 다다르고 만다. 시장에서 퇴출될 때 울고불고 후회하면서 척박한 우리나라 여건만 탓하고, 정치하는 사람들이 만들어 놓은 개방 정책들이 기업을 망하게 하는 주범이라고 아우성칠 수만은 없다. 기업 스스로 자발적으로 시스템을 변화시켜서 경쟁력을 갖추어야 한다.

기업 경쟁력이 제로이다

바른 생활 경영을 하다 보니 한 번도 앞서 나간 적이 없다. 항상 남의 것을 베끼고 뒤꽁무니를 따라다니기 바쁘다. 그래서인지 핵심 기술은 외부 의존도가 높고, 굳건한 라인 구조와 탄탄한 연공서열로 빚어진 높은 임금 체계는 요지부동이다. 세계는 저렴한 중국제품 시장으로 변해버렸고, 이제는 서비스 산업도 중국으로 이동하고 있다. 그런데 앞서 달린다는 그 '남들'도 한계에 부딪힌다는 소문이 들린다. 국내 유일의 토종 자동차 회사는 일본 도요타와 생사를 건 씨름 한 판에서 점점 밀리고 있는데, 그 회사 직원들은 연일 파업에만 열중하고 있다 한다. 옆에서 지켜보는 바른 생활 경영자는 등에서 식은땀이 줄줄 흐른다.

바른 생활 경영으로는 기업 경쟁력을 가질 수 없다. 먼저 바른 생활 경영을 파기하라. 기업은 핵심 가치에 집중해서 강점을 더 강화하는 전략으로 이동해야 한다. 약점을 보완하기에는 지금은 시간이 부족하다. 강점을 더 강화해서 기업 경쟁력을 갖춰야 하고, 직원들의 위기의식을 도전 정신과 창조 정신으로 전환해야 기업이 경쟁력을 갖출 수 있다.

파괴하고 재창조해야 할 것은 무엇인가

고객 중심으로 맞춘 경영전략에서 고객을 리드하는 전략으로 바꿔야 한다. 고객은 느리다. 고객에게 답을 얻기에는 경쟁이 너무 치열하고, 시간도 많이 걸린다.

겉모습과 형태만 바꾸려면 그냥 지금 상태로 가라. 혁신은 그냥 만들어지지 않는다. 완전히 새로운 모습으로 전환해야 한다. 뼈대를 바꾸고 장기를 새 것으로 교체해야 하는 데는 엄청난 통증과 살을 깎는 노력이 필요하다.

라인 조직을 수평 자율 경영 조직으로 바꿔라

아무리 강조해도 지나치지 않다. 원활한 의사소통은 매우 중요하다. 몸에 기가 통하고 조직에 혈액이 돌아야 산다. 고이면 썩는다는 사실을 명심하라. 의사소통이 꽉 막혀버린 라인 구조를 수평 자율 경영 구조로 움직일 수 있도록 변화시켜야 한다. 빌게이츠가 회장으로 있는 미국의 마이크로 소프트사는 건물 자체가 오각형이다. 중간은 고즈넉한 숲으로 꾸며져 있어 직원들이 일하다가도 언제라도 거기에서 쉴 수 있다. 모든 부서가 연결되어 있는 건물 내부는 언제 어디서든 업무를 위해 타부서를 방문하여 서로 협력할 수 있는 구조를 갖추고 있다. 조직의 의사소통 관계의 중요성을 건물 구조가 말해주고 있는 것이다. 지금처럼 일렬로 나열된 사무실 건물 구조는 바꿀 수 없더라도 상위 직급에서 지시해야만 움직이는 수동적인 구조는 바꿀 수 있다. 타부서와 협력을 통해 자신의 목표를 향해 자발적으로 일할 수 있는 수평 조직을 만들어 1인 경영자로 움직일 수 있는 시스템을 갖춰야 한다.

연공서열을 파괴하고 전문성에 집중하라

연공서열은 나태한 생각과 안전지대를 만드는 주범이다. 이 체제에서는 시간만 잘 보내면 업무 수행 능력이 부족한 사람도 상위 직급으로 올라간다. 하지만 그 밑에 있는 우수한 부하 직원들은 좌절할 것이다. 윗사람이 일을 제대로 못하니 조직 내에 좋지 않은 생각과 말들이 팽배해지고, 아랫사람들은 나태한 습관에 젖는다. 열정보다 의욕 상실이라는 역효과가 생겨 결과적으로는 성과를 막는 원인이 된다. 업무 수행 능력이나 직무에 대한 전문성을 평가해서 승진 여부를 적용해야 한다.

사람을 채용할 때도 업무에 종사했던 기간과 직급 같은 것은 중요하지 않다. 그가 무엇을 얼마만큼 수행할 수 있느냐가 더 중요하다. 전문성을 파악하고 역량을 평가해서 적합한 업무를 분장하는 것이 최적의 방법이다.

급여 테이블을 파괴하고, 70% 연봉과 성과급으로 전환하라

사람은 1차적으로 생존 욕구를 가지고 있다. 우선 먹고 사는 생존이 중요하기 때문이다. 그것이 충족되면 2차적으로 소속감과 애정의 욕구를 가진다. 먹고 살 정도가 되면 어느 집단에 소속되어 안정감을 느끼며 애정을 받고 싶어 한다. 그리고 모든 것이 채워질 때 마지막으로 자아실현의 욕구를 발산한다.

회사에 취직하면 생존과 소속의 욕구는 채워질 수 있지만, 바른 생활 경영을 하는 조직 속에 있으면 자아실현의 욕구는 채워지지 않는다. 능력 있는 사람에게 돈을 많이 받는 것도 중요하지만, 자신의 능력을 인정받는 것도 중요하기 때문이다. 급여만 주는 것은 직원들의 능력과 성과를 폄하하는 것이다.

결과에 합당한 인센티브를 직원들에게 주라. 또한 돈 이상의 그 무엇으로 그들에게 보상하라. 직원들의 가치를 인정하고 회사가 그들을 소중히 여긴다는 사실을 늘 보여주라. 다양한 이벤트를 준비하는 것도 좋은 방법이다. 여행을 보내주거나 뮤지컬 티켓을 선물하는 것도 좋다. 직원을 곁에서 내조하는 가족들에게도 감사의 표시를 잊지 마라. 그들의 자녀와 부인, 부모님을 기쁘게 하는 선물을 보내라. 회사가 직원을 소중히 여긴다면 그들은 지치지 않고 회사를 발전시키기 위해 몰두할 것이다. 회사가 어떤 위기에 처하더라도 회사를 지켜내는 저력을 보일 것이다.

공동 수행 업무 처리 방식을 파기하고, 개인별로 분장한 업무를 처리하도록 하라

직원들로 하여금 교향악단이 되어 일하게 하라. 단원들은 각자 악기를 들고 지휘에 따라 주어진 악보를 충실히 연주하지만, 청중을 감동시키는 웅장한 선율을 만들어낸다. 지휘자만 세련되고 우아한 몸짓으로 헛되이 팔을 내젓는 공허한 무대가 되어서는 안 된다.

직원에게는 업무 분장에 따라 나눠진 분명히 구별된 업무가 있어야 한다. 그 업무 하나하나가 모두 중요하므로, 최선을 다해 일할 수 있도록 해야 하며, 누구도 방해해서는 안 된다. 사소한 것이라도 자신이 맡은 일은 남에게 떠맡기지 말게 하라는 뜻이다. 지휘에 따라 현악기와 관악기와 타악기가 조화를 이루듯 자신과 동료와 타부서는 상부의 지시에 협력하여 최고의 결과를 만들어내는 데만 힘써야 한다. 물론 지휘자는 제때 필요한 소리가 날 수 있도록 지휘해야 함을 잊지 말아야 한다.

자발적으로 일하게 하라

우리 전통 문화는 남의 잘못을 지적하는 데는 익숙해져 있다. 친구들 사이에 건네는 우스갯소리조차 남을 낮추면서 웃기는 말들이 많다. '좋은 약은 입에 쓰다.' 는 속담이 있기는 하지만, 계속 그런 말을 들으면 누구라도 마음에 주눅이 들 수밖에 없을 것이다.

시켜서 일하면 성과를 기대하기 어렵다. 일을 잘하는지 못하는지 윗사람은 감시도 해야 하고, 잘못하면 못했다고 타박도 해야 한다. 그렇다 보니 아랫사람은 주눅이 들어서 곧잘 하던 것도 실수하게 될 판이다.

자발적으로 일하게 하는 특효약은 무엇일까? 칭찬이다. 그럼 회사에서는 칭찬을 어떻게 해야 하나?

직원들이 맘 놓고 일할 수 있도록 규제부터 없애라. 그리고 직원들의 말에 귀 기울이라. 그들의 불편함을 해소하고 배려하

라. 조그만 성과에도 물질적으로든 정신적으로든 격려하라. 어려움에 부딪힌 직원은 문제를 해결할 수 있도록 독려하고, 빠르게 바뀌는 환경이니만큼 늘 회사가 앞장서서 배움의 기회를 제공하라.

시켜서 일하면 서로의 관계도 소원하게 된다. 분위기가 삭막해지면 일할 맛도 나지 않을 것이다. 실제로 직원들이 퇴사하는 중요한 이유 중 하나는 인간관계의 어려움 때문이다. 자발적으로 일할 수 있는 분위기를 만들고, 작은 성과에도 격려와 칭찬을 아끼지 말아야 한다.

고정된 출근 시간을 파기하고 탄력적인 출근을 유도하라

직원들이 출근하는 이유는 무엇인가? 회사를 굴러가게 하기 위해서다. 책상 앞에 직원들이 앉아 있으면 회사가 굴러가는가? 아니다. 돈을 벌어야 회사가 굴러 간다. 돈은 어디에 있는가? 회사 밖에서 굴러다닌다. 그렇다면 직원들을 회사 밖에서 일하게 하는 것이 옳은 판단이다.

출퇴근 시간도 부서의 특성에 따라 탄력적으로 운영하기 바란다. 제품을 판매하는 영업팀(전략실행팀), 해외 지사를 지원하는 해외 사업팀, 제품을 디자인 하는 디자인팀, 경영 전략을 연구하는 기획실, 제품을 생산하는 생산직 직원들이 모두 오전 9시까지 꼭 출근해야 할 이유가 있는가? 냉정히 검토해보라.

현장으로 바로 달려가기 위해서는 서로가 신뢰하는 문화를 만들어야 한다. 많은 기업들이 직원들을 신뢰하지 못하기 때문에 그런 원칙과 규정을 못 만드는지도 모른다. 책상머리에서 이론으로 접근하기보다는 현장에서 상품 사용 전, 사용 중, 사용 후를 관찰해야 한다. 그래야 소비자의 원츠(wants)를 발견하고, 기업의 가치까지 담아내는 상품이 만들어진다.

목표만 제대로 관리하면 충분히 가능하다. 그렇다고 목표를 정해서 직원들에게 던져주기만 하면 끝난다는 말은 아니다. 목표를 향해 스스로 나아갈 수 있도록 지도하는 것을 잊지 마라. 지금의 출퇴근 규정은 기업이 앞으로 나아가는 것을 방해하는 장애물이다. 장애라 생각되면 오늘 즉시 철거하고 업무 특성에 따라 탄력적으로 운영해야 한다.

여성 채용을 고려하라

아파트를 만드는 사람들은 남성이다. 설계도 남자가 하고 건축도 남자가 한다. 그런데 구매는 여성이 한다. 남자들보다 상대적으로 집에 오래 있는 여성들은 아파트 구조 때문에 생활에 불편을 호소한다. 여성이 여자의 마음을 잘 알고 있다. 집은 여성들이 설계해야 한다.

가구도 마찬가지다. 남성들이 집안의 가구를 선택하는 경우는 드물다. 가구는 여성이 자신의 느낌으로 대부분 구매한다. 그러나 만드는 사람은 남성이다. 여성이 설계하고 만들어야 여자가 좋아하는 가구를 만들 수 있다. 이탈리아 가구가 유명한 것도 여성이 설계하고 여성이 만들기 때문이다.

생활 모든 분야에서 여성은 강력한 소비자층이다. 은행 업무도 여성이 하고, 아이들 교육 문제도 여성이 해결한다. 가전제품도 여성이 구입하고, 여행지나 숙박시설도 여성이 결정한다. 남성들이 줄기차게 1등으로 소비하는 분야가 한 군데 정도 남아 있기는 하다. 친구들끼리 술을 마실 때 소주로 할지 맥주로 할지 결정하는 것말이다.

여성 직원에 대한 편견을 버려라. 여성의 사회 진출이 확대되는 시점에서 기존에 남성에게 맡겼던 일을 엄격하게 점검할 필요가 있다. 남성은 여성이 원하는 것을 잘 모른다.

여성이 고객인 자리에는 여자 직원을 채용하길 바란다. 그래야 여성들이 원하는 것을 만들 수 있다. 남성이 더 일을 잘한다는 바른 생활 경영의 고정관념에서 과감하게 벗어나야 한다.

변화와 혁신은 경영자와 직원들 모두가 합심해서 만들어낼 과제다. 늦추지 말고 지금 혁신의 닻을 올려야 한다.

선두를 따라가지 말고 차별화하라

많은 기업이 1등을 따라 하려고 벤치마킹을 한다. 사실 벤치마킹은 2등을 하기 위한 전략이다. 벤치마킹을 하더라도 완전하게 차별화시키지 못하면 2등밖에 못 한다.

예를 들어보자. 식음료 산업의 불문율은 먹는 음식은 먹는 것으로 승부해야 한다는 것이다. 그래서 대부분 음식 광고들은 유명 연예인들이 나와 맛나게 먹는 장면들로 이루어진다. 그러나 이런 불문율을 깬 차별화로 기업에 많은 이익을 남긴 광고들이 있다.

얼마 전에 식음료 산업을 통틀어서 1등하는 광고는 한국 야쿠르트의 '왕뚜껑'이었다. 왕뚜껑은 즉석라면이다. 일반적으로 라면 광고는 땀을 뻘뻘 흘리면서 맛있게 먹거나, 가스레인지 위에서 야채와 계란이 어우러져서 빠글빠글 끓는 장면으로 이루어진다.

그러나 왕뚜껑의 광고는 달랐다. 그 스토리는 다음과 같다.

길바닥에 떨어져 있는 왕뚜껑을 여자가 발견한다. 전방에서 밑 빠진 봉지를 만지면서 남자가 다가온다. 여자는 왕뚜껑을 갖고 싶은 급한 마음에 왕뚜껑 위에 앉으면서 치마로 가린다. 남자는 이상하다는 표정을 지으면서 여자의 옆모습을 힐끗 본다. 그러나 여자는 외면한다. 여자 뒤에서 하얀 자동차가 서서히 모습을 드러낸다. 차를 피해야 하는 당황스러운 상황이 되자 여자가 일어나려는 엉거주춤한 자세로 광고가 끝이 난다. 그 광고를 보는 사람들은 '그 뒤에 어떻게 되었을까?' 하는 의문을 가질 것이다. 이 광고는 결말을 알지 못하는 아쉬움을 남길 뿐 아니라, 먹을거리 광고는 먹는 장면이 나와야 한다는 불문율을 어겼다. 또 하나는 먹는 것을 가지고 장난치면 안 된다는 관습을 어겼다. 먹는 음식을 엉덩이로 깔고 앉았기 때문이다.

이 광고가 먹는 장면만 있었다면 아마도 식음료 광고 부문에서 1위를 할 정도로 소비자에게 강한 인상을 남기는 성과를 기대할 수 없었을 것이다. 소비자들은 브랜드 인지도를 이미 가지고 있기 때문에 후발 주자인 왕뚜껑에 대해 별로 관심이 없기 때문이다. 하지만 차별화된 광고를 개발함으로써 단일 품목에서 500억 원이라는 매출과 식음료 부문 광고 1위라는 큰 성과를 얻었다.

필자는 식음료 기업에서 강의 의뢰를 받고 대형 할인점에서 주부 380명에게 설문조사를 한 적이 있다. 그 결과 소비자가 가장 믿는 브랜드는 풀무원이었다. 풀무원은 '바른 먹거리'라는 슬로건으로 유기농 우리 농산물로 만든 제품임을 강조했다. 소비자들은 우리 농산물을 사용하는 풀무원 브랜드를 신뢰하고 있었다. 두 번째로 주부들이 좋아하는 브랜드는 CJ '생활 문화 기업'이었다. 주부들에게 인기를 얻은 이유는 깔끔한 광고 이미지 때문이었다. 필자에게 강의를 의뢰한 기업은 소비자 신뢰도 3위인 청정원으로 순창 고추장을 만드는 기업인데, 당시 15초 광고에 두 가지 주제를 고객에게 전달하려고 하다가 역효과가 났다. 광고의 절반은 국수를 고추장에 비벼서 먹는 장면이고, 나머지 절반은 물의 도시 베네치아에서 스파게티를 먹는 유럽 사람들을 보고 느끼하다는 표현을 전달하면서 고추장을 연상시키는 것이었다. 이런 주제를 가지고는 앞선 기업들을 따라잡을 수 없다.

이제 청정원은 '먹는 것'을 '먹는 것'으로 광고하지 않는다. 대신 우리나라 최고 미남 배우인 '장동건' 씨를 등장시켜 요리하는 주부들의 마음을 완전히 사로잡았다. 사랑하는 사람이 자신이 해준 요리를 맛있게 먹는 모습을 보면 매우 기쁠 것이다. 광고에서 장동건 씨는 먹지 않는다. 단지 TV를 보는 모든 주부를 향해 '정원아, 사랑해. 정원아, 우리 결혼하자.' 라고 프러포즈할 뿐이다. 그리고 음식이 빨리 되기만을 서성거리며 기다린다. 여성이 쓰는 조미료 광고를 여성의 마음을 꿰뚫고, 모든 나이의 여성들이 가장 좋아하는 배우가 나와서 사랑한다고 그윽한 눈빛을 반짝이며 속삭이는데, 어떻게 주부들이 청정원 제품을 사지 않을 수 있겠는가?

슬로건을 개발하는 것도 좋은 차별화 전략이다. 차별화하려면 기술을 집중시켜서 제품 품질을 향상시키는 방법도 있지만, '슬로건' 이라는 무형의 자산으로도 가능하기 때문이다. 모두가 아는 에이스 가구의 "침대는 가구가 아니라 과학입니다." 란 슬로건은 그들을 가구 산업의 대표 브랜드로 만들어주었다.

필자는 2006년 서울시 교육청에서 중·고등학교를 대상으로 '좋은 학교 만들기' 프로젝트를 진행했던 적이 있다. 알고 지내던 모 고등학교 교장 선생님께서 교육청에 제출할 제안서를 검토해달라고 필자에게 부탁하셨기에 그 학교에서 사용할 슬로건을 하나 만들어보았다. '꿈을 스케치 하는 학교.' 그리고 학교 이름 위에 슬로건을 적은 플랜카드를 걸었다. 슬로건 때문이었는지 그 학교는 좋은 성적으로 수상했으며, 상금도 받아서 학생들을 지원하는 기회를 얻었다. 아마 고등학교에서 슬로건을 가지는 일은 드물 것이다. 그러나 어느 분야든 자신을 대표해서 표현할 수 있는 슬로건을 만드는 것이 좋다. 이런 슬로건은 조직의 정체성을 명확하게 나타낸다. 그래서 슬로건이 있으면 소비자들에게 브랜드가 명확히 인식되고, 믿음이라는 신뢰를 얻는다. 슬로건은 기업을 고객에게 인식시키는 좋은 차별화 전략의 하나이다.

인재를 만드는 것도 차별화 전략이 될 수 있다. 삼성 그룹 이건희 전 회장은 '핵심 인재가 경영의 키워드'라 했다. 그러자 모든 기업들이 핵심 인재를 찾는 데 혈안이 되었다. 그러나 모두가 핵심 인재만 찾아다니면 일은 누가 하는가? 삼성을 따라서 핵심 인재를 찾지 말고 지금 있는 직원들을 자사의 문화에 적합한 인재로 키우는 것이 더 빠를 수 있다. 자신의 직원들을 믿으면 탄탄한 기업 문화를 만들어낼 것이며, 더 좋은 성과를 얻을 것이다. 일을 만들어서 사람을 찾지 말고, 적합한 사람으로 길러서 일을 맡기면 차별화는 틀림없이 이루어질 것이다.

옛날 사람들은 마차나 말을 타고 이동했다. 그러나 짐을 싣거나 이동하는 데 많은 불편이 있었다. 이때부터 인간은 자동 수레에 대한 꿈을 키웠다. 오랫동안 무수한 연구와 노력 끝에 제임스 와트가 1765년 증기 엔진을 발명해서 자동 수레의 탄생을 가능하게 하자, 뒤이어 1769년 인류 역사상 최초로 오스트리아 공병 장교 니콜라 조제프 퀴노가 증기 엔진 자동차를 발명했다. 이때부터 발명가에 의해 자동차들이 하나씩 만들어졌지만 너무 비싸고 희귀했기 때문에 일반인들에게는 보급되지 못했다.

그런데 미국에서 에디슨의 제자인 헨리 포드가 교환 가능한 부품을 사용해서 최초로 일괄 작업 공정의 자동차 공장을 만들었다. 이때부터 비로소 자동차가 대량 생산되어 일반인에게 보급되었다. 그러자 사람들은 타고 다니던 말과 마차를 버리고 자동차를 구매하기 시작했다.

16년 후 GM이란 회사에서 새로운 자동차를 만들어 출시했다. 그러자 포드 자동차를 가지고 있던 80% 고객이 GM 자동차를 구매했다. 이유는 포드 차에 없는 소프트웨어를 보강했기 때문이다. 차에 쿠션도 넣고, 귀부인들이 화장을 편하게 할 수 있도록 거울도 달고, 소지품을 두고 다닐 수 있는 수납함도 만들고, 마시던 음료수를 놓을 곳도 만들어서 편의를 제공하는 차별화를 했더니 고객은 포드에서 GM으로 이동했다.

2008년은 자동차 탄생 100주년이 되는 해이다. 100년 동안 자동차는 계속해서 발전해 왔다. 현재 한국 소비자라면 어떤 자동차를 선택할까? 아마도 기름 값이 크게 오르다 보니, 디자인이나 속도보다 연비 성능이 좋은 차를 선택할 것이다. 현재는 소비자들이 연비에 민감하지만 미래는 어떤 기능의 자동차를 선택할지 알 수 없다. 앞으로는 점차 석유 연료를 사용하는 자동차는 줄어들 것이기 때문이다. 그럼 미래는 어떤 자동차가 만들어질까?

자동차를 만드는 회사들도 많아지고 차종도 다양화되었지만, 기본적인 기능은 사람을 태워 이동시키는 것과, 짐을 실어 나르는 것으로 압축할 수 있다. 미래의 자동차도 여전히 그런 기능을 하겠지만 보다 지능적으로 변할 것이다. 영화 속에 나왔던 '키트' 처럼 텔레메트릭스(telemetrics ← telemetry + electronics) 지능형 자동차가 인기 있지 않을까. 텔레메트릭스 자동차는 먼 곳에서 기계 장치를 조작하거나 관리하는 기능이 포함된 자동차이다. 자동차는 운전하는 동안 방어 운전 기능을 통해 운전자를 보호하여 사망 사고를 줄일 수 있도록 설계될 것이며, 지금 따로 판매되는 내비게이션 기능들도 추가되어 운전자에게 편의를 제공할 것이다. 차를 운전하면서 다이얼을 돌리지 않고 음성으로 전화를 걸고 연구실이나 사무실을 음성으로 연결해서 팩스나 메일을 상대에게 보낼 수도 있을 것이다. 또 운전을 하면서도 정보 검색이나 금융거래와 전자상거래가 가능할 것이다. 현재의 자동차가 소프트웨어 기능을 강화했다면 미래의 자동차는 확실히 지능형으로 발전할 것이며, 이러한 기술로 차별화시켜야만 자동차 시장에서 성공할 수 있을 것이다.

오직 하나에 목숨을 걸어라

농구 황제 마이클 조던에 대한 TV 프로그램을 본 적이 있다. 마이클 조던이 농구 코트에서는 세계 최고의 선수임은 자타가 인정하고 있다. 그러나 그런 마이클 조던이라도 골프나 배구에서, 또는 야구에서는 농구만큼 실력을 과시하지는 못했다. 만약 마이클 조던이 지금이라도 골프에만 열정을 쏟는다면 골프 황제 타이거 우즈와 정상에서 격돌할 수 있을까? 그렇지 못할 것이다. 왜냐하면 타이거 우즈는 자신의 능력 자산 중에 가장 우수한 자산인 골프를 선택했기 때문이다.

마이클 조던이 운동에 대한 탁월한 능력 자산을 과신해서 농구, 배구, 골프, 테니스를 모두 세계 정상의 목표로 도전하고 있다고 가정해보자. 테니스는 대한민국 이형택 선수에게 늘 발목이 잡혔을 것이며, 골프는 최경주 선수에게 늘 5타나 뒤지고, 배구는 삼성의 신진식 선수에게 밀리고, 자신이 가장 잘하는 농구조차도 다른 곳에 힘을 분산한 나머지 농구 대통령 허재 감독에게 혼이 날 것이다.

이승엽 선수가 56호 홈런을 기록했을 때 인터뷰 장면에서 들었던 이야기이다. 야구 선수가 홈런을 하나 날리기 위해서는 1만 번의 스윙을 연습한다고 했다. 그렇다면 이승엽 선수는 56만 번의 스윙 연습을 했다는 결론이 나온다. 최고가 되는 사람은 오직 한 명이기 때문에 최고가 되는 것은 쉽지 않다. 그를 보면 하나에 집중하더라도 최고가 되는 길은 힘들다는 것을 알 수 있다.

생각해보라. 우리는 하나도 제대로 못하면서 너무도 많은 것을 동시에 처리하고 있지는 않은가? 그러면서도 좋은 성과를 얻을 것이라고 기대하고 있지는 않은가? 오직 하나를 위해 앞만 보고 달려도 부족한 시간에 과거사를 운운하고 남만 탓하고 있지는 않은가? 성공할 수 있는 가능성이 높은 것 하나만을 남기고 모두 포기해야 한다. 지금까지 그 일에 종사한 기간을 따지며 전문가라 착각하면서 성공할 수 있다고 믿지는 않았는지 생각해 보아야 한다.

최고가 되기 위해서는 잠을 잘 때까지 연구해야 한다. 바른 생활 경영을 하는 사람들도 문어발식 욕심을 버리고 능력 자산 중에 최고인 것을 선택해서 일을 시작하라. 처음에는 힘들겠지만 시간이 지나면 느낄 수 있을 것이다. 모든 생각과 에너지를 집중하면 머리는 컴퓨터가 되어서 최고의 상품 만들기를 계속하고 있을 것이다.

세계 최고는 오랜 경험과 관록이 있다고 자연스럽게 만들어지는 것은 아니다. 개인과 기업이 최고로 우수한 능력 자산을 믿고 단 하루라도 식지 않는 열정을 갖고 있느냐에 달려 있다. 세계 최고가 될 수 있는 일을 찾고, 그것을 이루기 위해 모든 열정을 올인 하기 바란다.

1등 하면 확장하라

소비자가 1등을 한 브랜드라고 인정하면 그때 비로소 연관성과 적합도를 고려해서 유사 산업으로 확장해야 한다. 고객이 인정해줘야 기업 브랜드와 이미지가 좋아져서 신뢰를 덤으로 얻고 확장한 분야에서도 성공할 확률이 높다.

기업 브랜드와 기업 이미지는 다른 의미를 가진다. 브랜드가 제품에 실린 정신적 물질적 가치를 나타낸다면, 이미지는 사람들에게 기억되는 전반적인 모습을 말한다. 브랜드는 오직 소비자가 공유하고 싶어 하는 '가치' 하나에만 집중하지만, 좋은 기업 이미지를 만들기 위해서는 기업 안팎으로 좋은 역량을 나눠야 한다. 좋은 이미지를 만드는 것은 노력이 분산되기 때문에 브랜드 개념에 집중하는 것보다는 훨씬 어려움이 따른다.

보는 사람에 따라 다르겠지만 브랜드가 명쾌하고 정확하면 기업 이미지는 대부분 좋게 형성된다. 그러므로 당연히 하나의 가치 있는 브랜드 콘셉트를 개발해서 노력을 집중하는 것이 효과적이다. 그래야 사람이나 기업에 대한 소비자의 해석과 이해가 더 명쾌해질 수 있다. 이것이 오직 하나만을 기억시키는 브랜드의 힘이기도 하다.

실패한 기업의 사례를 통해서 좀 더 구체적으로 알아보도록 하자.

K 그룹은 한 때 여성 의류 브랜드로 많은 돈을 벌었다. 당시는 유통 시장이 급속도로 확장되고 있던 시점이라 K 그룹도 자금력과 기업 브랜드 이미지를 바탕으로 뛰어들기로 결정했다. 전국에 15개 정도의 대형 할인점 부지를 매입하고, 광주에는 동양에서 가장 큰 할인점을 열기도 했다. 또 돈 있는 기업은 하나씩 가지고 있어야 한다는 건설과 금융 회사도 만들었다. 그런데 IMF가 왔을 때 급기야 회사는 몰락하고 말았다. 우리도 할 수 있을 것이란 믿음을 가졌지만, 연관성과 적합도가 없는 산업에 뛰어들었기 때문에 기대와는 다른 결과를 낳았다. 핵심 가치 산업과 연관성이 전혀 없는 산업으로 확장한 대가로 너무 큰 것을 잃었다.

의류 브랜드로 시작했으면 세계 최고의 대표 의류 브랜드를 만들어야 한다. 의류 산업과 관련된 산업으로 확장해야 고객의 신뢰를 덤으로 얻을 수 있다. 유통 산업, 건설 산업, 금융 산업으로 문어발식 사업 확장을 하는 한국 기업의 행태로는 경쟁력을 잃을 수밖에 없다.

많은 사람들이 모든 것을 잃어버리고 나서야 후회한다. 기업이나 개인도 마찬가지이다. 지금 자신의 핵심 산업에 집중해야 한다. 그 분야에서 1등 한 다음에 유사 산업으로 확장해야 또 다시 성공할 가능성이 높다. 왜냐하면 1등을 하는 방법을 알고 있기 때문이다. 만약 그 업계에서 2등 하면서 다른 분야로 확장을 계획했다면 확장하는 산업에서도 1등 할 수 없다. 그 이유는 1등 하는 방법을 모르기 때문이다.

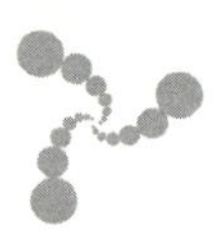

22

슬로건&브랜드 콘셉트 개발

브랜드 콘셉트와 슬로건, 이 둘은 모두 소비자들에게 자사 제품을 쉽게 인식시키는 데 목적이 있다. 슬로건이란 본래 스코틀랜드에서 위급할 때 집합 신호로 외치던 소리(sluagh - ghairm)에서 나온 말이다. 그것이 현재는 기업 활동에서 소비자들을 불러 모은다는 의미로 사용되고 있다.

슬로건에 기업의 혼을 실어라

슬로건은 특정 상품을 나타내는 말이 아니다. 오히려 기업의 역량을 대변하고 정체성을 나타내는 것이다. 기업의 정서나 기업의 혼(魂)이 실려 있어 고객의 마음을 움직이고, 고객의 가슴에 새겨지는 것이다. 어떤 슬로건으로 기업 가치를 표현하느냐에 따라 기업은 소비자들에게 믿음과 신뢰를 얻기도 한다. 슬로건은 소비자가 망설이지 않고 제품을 구매하게 만드는 마술과 같은 힘을 가지고 있다.

고객을 움직이는 브랜드 콘셉트를 개발하라

브랜드(brand : 상표)는 자사가 제조, 판매하는 제품을 경쟁 제품이나 유사 제품과 명확히 구분하는 것을 목적으로 명칭, 문자, 상징, 기호, 색채, 디자인 등을 결합한 것이다. 브랜드 콘셉트는 특정 브랜드에 대한 정의를 말한다.

제품에 상표를 부착하는 것은 소비자와 기업 모두에게 이익을 준다. 상표란 일차적으로 생산자가 소비자에게 판매를 활성화할 목적으로 사용하지만, 제품이 좋은 특정 기업 상표를 보고 소비자는 다시 그 제품을 쉽게 구매할 수 있으므로 소비자에게도 이익이 된다. 그래서 브랜드에는 그 가치를 따질 수 없는 무형의 자산인 로열티가 붙는다. 어느 특정한 브랜드에 대해 신뢰가 생기면 소비자들은 그 제품과 생산 기업에도 호의적인 태도를 보이고, 그에 따라 같은 브랜드 제품 구매 빈도를 높인다. 말하자면 소비자가 한 브랜드에 대해 가지는 신뢰가 바로 로열티인 셈이다. 요즘은 농산물에도 원산지 표시와 생산지, 생산자의 이름과 사진을 부착해서 제품 인지도를 높이는 데 주력하고 있다.

본 장에서는 성공한 기업의 슬로건이나 좋은 브랜드 콘셉트로 시장을 선점하고 있는 사례를 들면서 그 중요성을 쉽게 설명하고자 한다.

미국에 있는 사우스웨스트 항공사의 슬로건은 다음과 같다.

"언제라도 당신이 원할 때 자동차 여행 비용으로 비행기 속도의 여행을 즐겨라."

사우스웨스트 항공사의 항공료는 일반 항공사의 1/4 수준이다. 예를 들자면, 업계 1위 항공사인 A 항공사의 항공료가 서울에서 부산까지 10만 원이라면 고속버스는 서울에서 부산까지 2만 원에 갈 수 있고, 사우스웨스트 항공사는 2만 5천 원이면 부산까지 갈 수 있다는 것이다. 그러나 A 항공사의 비행기는 시속 900km로, 사우스웨스트 항공사는 시속 1,100km로 운항한다. 버스는 시속 800km를 달리지 못해서가 아니라 고속도로에서 과속하다가 단속에 걸리면 범칙금을 내야하기 때문에 시속 100

km로 달린다. A 항공사는 큰 도시를 중심으로 운항하지만, 사우스웨스트 항공사는 중소도시를 연결하며 빈번하게 움직인다.

가장 저렴한 항공료를 받으면서 고객에게 최선의 서비스를 다하려는 사우스웨스트 항공사의 슬로건을 A 항공사가 사용할 수 있겠는가? "언제라도 당신이 원할 때 자동차 여행 비용으로 비행기 속도의 여행을 즐겨라."라는 슬로건은 오직 사우스웨스트 항공사만이 소유할 수 있다. A 항공사는 그 슬로건을 쓰라고 준들 사용하지 못할 것이다. 그들의 항공료는 여러 부가 비용이 포함되어 있어 버스비보다도, 기차 요금보다도 더 비싸기 때문이다. 고객들은 단거리를 가기 위해 높은 비용을 지불할 특별한 가치가 없는 항공사를 선택하기보다는 항공료가 저렴하면서도 늘 재미와 이벤트가 있는 사우스웨스트 항공사를 주저하지 않고 선택하게 되어 있었다.

"침대는 가구가 아니라 과학입니다."

누구나 다 아는 에이스 침대의 슬로건은 이 회사를 가구 산업에서 한국을 대표하는 브랜드로서 인지도를 높였다. 너무나 유명한 슬로건인지라 이와 관련한 우스갯소리도 나왔다. 초등학교 2학년 문제집에 '다음 중 가구가 아닌 것은?' 이란 문항이 나왔는데, 많은 아이들이 '침대' 에 정답을 표시했다. TV 광고에 익숙해진 아이들은 광고 내용 그대로 침대를 '과학' 인줄 알고 있었기 때문이다. 이는 에이스 침대의 슬로건이 어린 아이들 머릿

속에도 자리 잡은 것을 말해준다.

'과학'이란 단어는 인체에 좋은 침대를 만들기 위해 사람과 제품을 항상 연구하는 기업이란 이미지도 함께 심어주었다. 더불어 과학적으로 만든 침대에서 자면 편안한 잠자리를 보장받을 수 있다는 긍정적인 생각을 소비자들에게 심어주어 에이스 침대가 침대 시장을 선도하게 하였다.

이동통신사들은 타사 사이에 번호 이동 제도를 실시하고 있다. 이때 한 이동통신 회사에서 사용했던 슬로건이 "끌리면 오라."였다. 그들은 이에 더해 다양한 옵션들을 제공하며 소비자들을 현혹했다. "끌리면 오라."는 말은 TV 개그 프로그램에서도 개그맨들이 유행어처럼 사용했다. 간단하면서도 기업의 파워를 알리기에 충분했던 슬로건이었다.

삼성 제품을 왜 사야할까?

삼성은 "삼성이 만들면 다릅니다."라는 슬로건을 내걸었다. 소비자들이 그 말대로 구매를 하는 것은 경쟁사의 제품과 뭔가 다르기 때문이다. "다릅니다."가 풍기는 어감은 왠지 특별한 이익이 있을 것 같은 느낌을 준다. 하지만 거기에는 그들의 실력으로 이룩해낸 눈부신 성과도 뒷받침되었다.

● 삼성은 반도체 분야에서 세계 1위 업체이다.

● 삼성은 LCD, PDP 초박형 TV 시장 세계 1위 업체이다.
● 휴대폰 전화기 시장에서 모토로라를 제친 세계 2위 업체다.

삼성 그룹이 이룩한 세계 1위라는 명성은 "다릅니다."라는 말에 더해져서 더욱 큰 신뢰를 만들어주었다. 말이 아닌 실력으로 보여주는 기업은 소비자들에게 '다르다'는 것에 대한 약속을 지켜줄 것 같은 느낌이 들게 한다. 이렇게 소비자가 삼성을 찾는 이유는 어쩌면 삼성이 만든 제품을 소유하는 것만으로도 그들의 명성을 공유하는 가치를 누리기 때문인지도 모른다.

"기술을 인류에게"
HP사의 슬로건이다. 첨단 기술을 바탕으로 사람들에게 편리함을 줄 수 있는 제품을 개발하여 공급한다는 기업의 정신을 담은 슬로건이다. 소비자들은 좋은 제품들을 개발하여 생활에 편의를 제공하는 HP사 제품을 좋아한다. 또한 사람들에게 편의를 제공할 수 있는 기술을 보유한 사람과 엔지니어들은 이 회사로 몰려든다. 그래서 HP사의 제품 계발 인력풀은 최강이다.

슬로건으로 낭패를 본 기업도 있다.
많은 소비자들이 한 때 삼보컴퓨터를 왜 구입했을까?
"바꿔드립니다."
삼보컴퓨터는 2년이 지나면 새로운 컴퓨터로 교체해주겠다는 슬로건을 내걸었다. 바꿔준다니까 젊은 고객들은 '삼보 체인지 업'을 많이들 구입했다. 구입한 지 2년이 지나면 신상품으로 바 꿔주다 보니 삼보컴퓨터는 어려운 회사로 전락하고 말았다. 회 사를 알리는 슬로건이 잘못된 탓이다.

브랜드 콘셉트는 회사의 가치를 담은 상표를 말한다. 회사의 상표를 통해서 소비자는 다음과 같은 이점을 얻게 된다.

- 회사 이미지, 제품력, 품질에 대한 판단 기준을 갖는다.
- 신속한 구매 결정에 도움을 받는다.
- 기업과 제품의 가치를 공유한다.

좋은 브랜드를 개발하고 활용하면 기업은 다음과 같은 이득이 생긴다.

- 기업 인지도가 높아지고 좋은 이미지를 얻는다.
- 안정적인 매출을 얻고, 좋은 거래처가 생겨난다.
- 프리미엄 제품 출시가 가능하며, 혁신 고객층을 확보할 수 있 다.
- 광고, 홍보 의존도를 줄일 수 있다.
- 법적 보호를 받을 수 있으며, 경쟁사와 차별화가 가능하다.

따라서 기업은 제품을 시장에 출시하기 전에 반드시 브랜드 콘셉트를 어떻게 개발해서 적용할 것인가를 고려해야 한다.

▶ 브랜드 콘셉트 개발 절차

개발 단계	신제품 개발
1단계	아이디어 발굴
2단계	아이디어 심사 및 결정
3단계	브랜드 콘셉트 개발과 적용
4단계	사업성 분석 및 타당성 검토
5단계	마케팅 전략 수립 및 제품 개발
6단계	시험 마케팅 및 시장 론칭(launching)
7단계	상품화 및 피드백

위 표는 신제품을 개발하여 시장에 제품을 출시하기 위한 과정을 나타낸 것이다. 신제품을 개발하기 위해서 전사적으로 아이디어를 모으면 그중에서 심사를 거쳐 3~5개 정도가 선정된다. 그러면 그 아이디어에 옷을 입히는 세부적인 작업을 통해서 가장 적합하고 가능성이 높은 아이디어를 다시 선택하는 과정이 이어진다. 그 뒤에 비로소 개발되는 것이 브랜드이다.

브랜드 콘셉트는 제품 개발 초기에 만들어야만 모든 과정에 반영할 수 있다. 그 타당성을 살펴볼 때는 반드시 고객의 반응을 확인해야 한다. 소비자의 반응이 좋지 않으면 미리 다른 것으로 바꿔야 하기 때문이다. 확정된 브랜드 콘셉트는 제품을 개발할 때도 그 가치가 반영되고 마케팅 전략에도 영향을 미친다. 그야말로 제품 탄생에서 판매 수명이 다하는 순간까지 브랜드는 영향을 준다.

성공한 브랜드 콘셉트를 예로 들어 그 중요성을 알아보자.

● 많은 주부들은 조미료 중에서 '다시다'를 구매하다.

대형 할인점에는 조미료 코너가 있다. 수많은 조미료가 빼곡히 진열되어 있지만, 대부분 주부들이 다시다를 구매한다.

왜 다시다를 구매할까? 다시다 광고에 내건 브랜드 콘셉트 '고향의 맛'이 강하게 인식되어 있기 때문이다. 물론 맛을 내기에 적합해서이기도 하겠지만, 오랫동안 들어왔던 '고향의 맛'이란 브랜드 콘셉트에 익숙해서이다.

● 사람들은 스포츠 음료 중에서는 '게토레이'를 많이 구매한다.

스포츠 음료 시장에도 다양한 종류가 있다. 그러나 많은 사람들은 게토레이를 구매한다.

왜 사람들은 게토레이를 구매할까? '갈증 해소 음료'라는 브랜드 콘셉트 때문이다. 사람들은 게토레이가 물보다 흡수가 빨라서 갈증을 해소해준다는 슬로건을 자주 접했다.

● 세제 중에서는 '비트'가 많이 판매된다.

주부들은 많은 세제 중에서 유독 비트를 선호한다.

왜 비트를 선택할까? '때가 쏘옥 빠진다.'라는 브랜드 콘셉트 덕분이다.

비트는 세제 시장에서 5년 연속 1위를 차지했다.

● 이동통신사 중에서는 SK 텔레콤을 선호한다.

다른 이동통신사보다 요금도 더 비싼 SK 텔레콤을 소비자들은 왜 선택할까? '생각대로 T'라는 브랜드 콘셉트 때문이다. 생각대로 T란, 어려움이 있으면 긍정적으로 생각하면 되고, 힘든 일이 있으면 T 서비스를 통해서 해결하면 된다는 긍정의 생활 가치를 전달하고자 만들어진 캠페인이라고 한다. SK 텔레콤을 이용하면 휴대폰이 가진 다양한 기능에 더해서 가입자를 위한 영화, 쇼핑, 식사 등 모든 분야에 멤버십 할인 서비스가 이루어진다. SK 텔레콤은 이동통신 3사 중 부동의 시장 점유율 1위이다.

● 아파트는 '삼성 래미안'이 인기 있다.

사람들은 왜 래미안을 선택할까? 건설 회사들도 시장 점유율을 높이고, 동시에 브랜드 인지도를 높이기 위해서 엄청난 비용을 지출하면서 경쟁한다.

브랜드 인지도와 관련된 얘기를 하나 해보겠다. 지금은 퇴출당한 기업이 되었지만, 예전에는 상당한 명성을 얻었던 C 건설회사가 있었다. 그리고 업계 상위 5위 안에 속한 L 아파트와 아파트 산업의 대표 브랜드사인 S사가 있다. C, L, S 아파트에 사는 여자들이 만났다.

L 아파트에 사는 여자가 C 아파트에 사는 여자에게 물었다.

"애, 너 아직도 C 아파트에 사니?"

C 아파트에 사는 여자는 아무 생각 없이 대답했다.

"응."

L 아파트 여자가 말했다.

"애, 그 회사 망했잖니."

C 아파트에 살고 있는 여자는 거기 사는 사람들도 망한 것 같은 느낌을 받아 화가 나서 물었다.

"넌 어디 사는데?"

L 아파트에 사는 여자가 대답했다.

"나? L 아파트."

C 아파트 여자가 다시 물었다.

"그럼, 너 리모컨 있어?"

L 아파트에 사는 여자가 리모컨을 보여 준다. L 아파트는 내부 시설이 원격 조정되는 곳이다. 그러자 여태까지 조용히 있던 S 아파트에 사는 여자가 한 마디 한다.

“난 S 아파트에 살아.”

최고 브랜드 아파트에 산다는 소리에 C와 L 아파트에 사는 여자 모두 조용해진다. 이 이야기에서 알 수 있듯이 소비자들은 삼성 래미안이라는 아파트 브랜드 가치까지도 비싼 로열티를 지불하고 소유한다.

S사의 여성 속옷을 왜 사야 할까

필자는 여성 속옷 브랜드인 S사에 출강을 의뢰받은 적이 있다. 평소 잘 몰랐던 여성 속옷 시장을 조사해보고, 의뢰한 회사에 도움이 될 아이디어를 찾기로 했다. 마침 S사는 브랜드 콘셉트가 없었다.

왜 S사 제품을 구매해야 하는가 하는 이유가 브랜드 콘셉트가 될 것이다. 집사람에게 속옷을 하나 사주면서 란제리 시장을 알아보려고 S사의 속옷을 파는 백화점에 직접 가보기로 했다. 그런데 란제리 코너가 너무 넓고 제품이 많아서 어디에 S사 제품이 있는지조차도 알기 힘들었다. 란제리 코너 초입에서부터 시선을 끄는 제품들이 잔뜩 진열되어 있었다. 사고 싶은 유혹을 뿌리치고 S사 코너를 찾아가서 종류별로 여러 개의 속옷을 구입했다. 집사람이 입어보고 제품에 대한 평가를 하면 그것을 교육에 반영하기 위해서였다. 그날 집사람이 한 평가는 이러했다.

“가격 대비 만족해. 편하고 디자인이 세련된 것 같아. 원단도 부드러워.”

이런 표현은 누구나 할 수 있을 것이다. S사를 대표할 브랜드 콘셉트로는 부적합하다고 생각했다. 그런데 집사람이 새로 구입한 속옷을 입으니 뭔가 달라진 것 같아 좋아보였고 내가 기분이 좋아졌다. 전에는 사실 길거리 상표만 입었던 탓인지도 모르겠다. 아무튼 그날은 기분이 좋았다. 그래서 나는 새로운 슬로건을 찾아냈다.

"내 남자가 더 행복해지는 속옷"

내가 입어서 내 남자가 더 행복해진다면 대부분 여성들은 S사 제품을 구매할 것이다. 내 남자가 더 행복해 하기 때문에 구입하는 이유가 된다.

백화점 속옷 매장을 갔을 때 특이하다고 생각한 점은 속옷 종류마다 제품의 특성을 알리는 광고 문구가 붙어 있는 것이다. 그러나 그 사실을 기억하는 판매원들은 없었다. 직원들조차 기억하지 못하는 광고 문구를 소비자가 기억할 것이라 생각한다면 착각이다. 브랜드 콘셉트가 복잡하면 소비자들은 다른 상품에 눈을 돌리고 눈에 띄는 제품이면 브랜드에 상관없이 구입할 것이다.

슬로건과 브랜드 콘셉트는 기업과 제품을 명료하게 만들어준다. 제품을 소개하는 구구절절한 소개말이 없어도 소비자로 하여금 이해하게 한다.

가방을 소비자들에게 알리기 위해 장황한 이야기를 위 문구와 같이 적어서 제품 아래에 걸어 두었다고 하자. 뭔가 해서 읽어보기는 하겠지만 선뜻 구입하지는 않을 것이다. 왜냐하면 직접 자신의 눈으로 아마존에 사는 100년 된 악어를 잡아서 그 가죽으로 가방을 만드는 것을 보지 못했기 때문이다.

그러나 그 가방에 '루이비통'이란 조그만 라벨을 붙여 둔다고 가정하자. 그러면 사람들은 너도 나도 구입할 것이다. 제품을 알리는 장황한 이야기가 없어도 루이비통이란 브랜드를 이미 신뢰하고 있기 때문이다.

우리 기업 제품을 왜 고객이 구매해야 하는가? 구매해야 하는 이유를 고객에게 명쾌하게 전달해야 한다. 그것이 슬로건과 브랜드 콘셉트가 하는 역할이다. 없다면 반드시 만들고, 있다면 다시 점검해보기 바란다.

슬로건과 브랜드는 소비자가 공감할 수 있고 한 번 들으면 기억할 수 있어야 한다. 오래도록 기억하게 하려면 단순해야 한다. 소비자는 기억하면 행동으로 옮긴다. 소비자로 하여금 행동하게 하는 단순하고 명쾌한 슬로건과 브랜드 콘셉트를 개발하기 바란다.

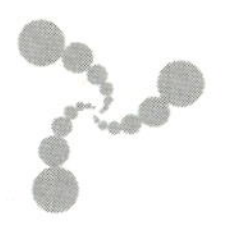

23
핵심 가치에 집중하는 전략

잭 웰치, 엘빈 토플러, 톰 피터스와 같은 위대한 경영인이나 세계적인 석학이 CEO들을 대상으로 강연할 때 끝마무리로 하는 이야기는 대부분 "여러분 회사의 핵심 가치에 집중하십시오."라는 말이다.

이들이 말하는 핵심 가치란 과연 뭘까?

여러 가지 요인 중에서 핵심 가치를 찾아내는 것은 사실 쉽지 않다. 그것은 기술력일 수 있고, 우수한 인재일 수 있고, 또는 팀워크일 수도 있다. 그 핵심 가치가 무엇이든 성공한 기업이나 성공한 사람들의 대부분은 자신의 핵심 가치를 찾아서 집중하는 전략으로 그 자리에 이르렀다.

필자도 한 때 여러 가지 일을 했다. 기업의 경영 고문으로도 있었고, 경쟁력을 잃어버린 대형 백화점을 할인점으로 재개발도 하고, 프랜차이즈를 만들어 시장에 개업하면서 체인점을 늘려가는 사업도 하고, 소자본 창업 강사로 강의도 하고 다녔다. 하루 24시간이 짧다고 생각될 정도로 부지런히 움직였지만 소득은 변변치 않았다.

어느 날은 문제가 무엇인지 알아보려고 하얀 백지 위에 현재 하는 일을 빠트리지 않고 모두 기록했다. 놀랍게도 관여하는 일이 9개나 되었다. 늘 몸과 마음이 피곤하고 힘겨웠던 이유는 9개 일이 모두 업종도 다르고, 만들어내야 하는 산출물도 다르고, 팀원들도 모두 달랐기 때문이었다. 일은 단기간에 끝낼 수 있는 프로젝트가 거의 없었고, 대부분 1~2년 정도 시간이 필요한 장기 프로젝트들이었다. 장기적인 일일수록 진행 과정에 위험한 변수가 나타나면 중도에 포기하는 경우가 많이 생기는데, 그 손실은 대부분 대가를 제대로 받지 못하는 컨설팅 쪽 사람들의 몫이 되곤 했다.

하나만 남기고 나머지는 포기하라

핵심 가치에 집중하기 위해 필요한 조건은 '가치 있는 일을 제외한 나머지를 포기하는 것'이다. 나는 가장 잘 할 수 있고, 그 분야에서 최고가 될 수 있는 것 하나를 결정했다. 그것이 바로 지금도 하고 있는 강의하는 일이다. 최고가 되기 위해서는 전략을 세워야 했다. 그래서 선택한 것이 강의 분야에 대한 책을 쓰는 것이었다. 그 후 내가 쓴 책으로 강의하니 늘 자신감이 생겼고 더 신명나게 할 수 있었다. 나는 앞으로도 강의하는 일에 집중할 것이며, 나의 아이디어로 계속해서 책을 쓸 것이다.

핵심 가치에 집중하지 못해 실패한 사례도 많다.

D 그룹은 식음료 산업을 통해 많은 돈을 벌었다. 그들은 그룹 확대 전략을 기획하면서 당시 남들이 하고 있는 건설 회사를 세우겠다고 생각했다. 건설업에 대해서는 경험도 없거니와 기존 식음료 산업과도 전혀 다른 분야였지만, 몇몇 강경파 임원들의 주장으로 일은 일사천리로 진행되었다. D 그룹 임원들은 식음료 산업으로 소비자들에게 얻은 신용이 건설 회사에까지 영향을 미칠 것이라는 막연한 기대를 하고 있었지만, 경험이 전혀 없는 D 그룹 건설 분야의 기술력을 소비자들은 인정해주지 않았다. 결국 D 그룹은 3년 만에 건설 회사 간판을 내렸으며, 천문학적인 거금을 날렸다.

이와는 반대로 이스라엘 텔레폰사와 휴대폰 공급 계약을 성

사시킨 삼성 애니콜의 역발상적인 핵심 가치 전달 사례를 살펴
보자.

　세계 굴지의 통신기기 회사들이 경쟁을 벌이는 휴대폰 시장,
그중에서도 선두에서 치열한 다툼은 모토로라와 노키아, 삼성의
3강 체제로 굳어져 있다. 1998년 11월 삼성 휴대폰 직원들이 김
포 공항 출국장으로 들어섰다. 목적지는 중동의 기술 강국 이스
라엘이었다. 이스라엘은 첨단 기술에 대한 선호도가 가장 높은
나라로 전자통신업계에서는 신제품의 시험장으로 통한다. 그러
나 한국 휴대폰은 아직 이 신천지의 문을 열지 못하고 있었다.
이스라엘 시장을 개척하기 위해 삼성 휴대폰은 4개월 전부터 이
스라엘 제일의 통신업체인 텔레폰사와 접촉해 왔다. 공교롭게도
이 회사의 대주주는 모토로라. 텔레폰사에 접촉을 시도한 것은
세계 2위의 휴대폰 생산업체인 모토로라의 한복판에 들어가서
삼성 휴대폰을 팔겠다는 것이었다.

　텔레폰사는 이런저런 이유를 대며 삼성 휴대폰에 냉담했다.
당연히 대주주인 모토로라를 의식했기 때문이었다. 그러나 삼성
휴대폰은 순순히 물러서지 않았다. 그들이 요구하는 대로 몇 번
이고 디자인과 기능을 바꾸어 다시 내밀었다. 그렇게 해서 다가
온 마지막 선택의 순간, 이 프로젝트의 총책임을 맡았던 삼성전
자 해외 마케팅 담당 상무는 직감적으로 이렇게 느꼈다고 한다.

　'이 사람들을 첫 단계에서 충분히 이해시키지 못하면 결국 인
정받지 못하겠구나.'

절박한 심정에 이어진 그의 괴이한 행동. 텔레폰사가 다시 거절의 표시로 내민 휴대폰을 그는 사정없이 때리고, 밟고, 내동댕이쳤다. 휴대폰에서 배터리가 분리되었으며, 외부는 심하게 부서졌다. 해외 마케팅 담당 상무는 휴대폰을 집어 들고 다시 배터리를 넣은 다음 통화를 시도했다. 형편없이 망가진 휴대폰이 멀쩡하게 통화가 됐다. 텔레폰사 임직원들의 입이 딱 벌어졌다. 텔레폰사 부사장은 당시 상황을 이렇게 설명했다.

"처음에는 대주주사인 모토로라가 달갑지 않게 여긴 것이 사실입니다. 하지만 결국 텔레폰의 이익을 위해 삼성 휴대폰을 받아들여야 한다는 사실을 이해했습니다."

얼마 후 텔레폰사와 삼성은 휴대폰 공급 계약서를 체결하였다. 그 뒤로 현재까지 이스라엘 휴대폰 시장에서 삼성 휴대폰은 최고 65%의 시장 점유율을 차지하면서 부동의 1위 자리를 지키고 있다.

"견고함"

삼성 휴대폰의 핵심 가치는 견고함이다. 까다로운 이스라엘 사람들에게 삼성이 1위의 자리를 지키며 휴대폰을 팔 수 있었던 것은 삼성이 가진 핵심 가치에 집중한 해외 마케팅팀의 도전 정신과 열정이 만들어낸 성과이다.

약점 보완을 위해 에너지를 낭비하지 마라

맨체스터 유나이티드에서 뛰고 있는 박지성 선수는 과연 세계적인 스타가 될 만한 조건을 갖추고 있을까?

박지성은 강점보다 약점을 많이 가진 평범한 선수이다. 그러나 그는 축구의 명가 맨체스터 유나이티드에서 실력을 인정받았다. 박지성 선수가 약점을 딛고 세계적인 스타로 성장할 수 있었던 것은 본인이 지닌 핵심 가치에 집중했기 때문이다.

박지성 선수는 '종횡무진 뛰어다니면서 팀에 에너지를 불어넣는 역할'을 한다. 그가 부상을 당해서 출전하지 못하자, 퍼거슨 감독은 "박지성 선수의 에너지가 그립다."라고 말할 정도였다(스포츠신문 2007. 4. 28 참고).

박지성 선수의 강점은 '90분 동안 축구장 곳곳을 달리는 지구력'이다. 그러나 그는 약점도 많다. 그가 지난 약점을 열거해보겠다.

단거리가 느리다

맨체스터 유나이티드에서 함께 뛰는 크리스티아누 호날두와 웨인 루니에 비해 박지성은 느리다. 3명의 선수가 100미터를 달린다고 가정해보자. 크리스티아누 호날두가 1등, 뒤는 웨인 루니, 마지막으로 박지성 선수가 들어올 것이다. 두 선수에 비해 단거리가 느린 박지성 선수가 기량을 늘리기 위해 매일 아침 3

시간 동안 달리기 연습을 하고, 낮에 경기를 뛰면서도 저녁에 다시 3시간씩 달리기 연습을 한다고 하자. 하루 6시간씩 365일 동안 단거리 연습을 한 다음 크리스티아누 호날두와 웨인 루니를 불러서 다시 100미터 달리기를 한다고 해도 결과는 여전히 크리스티아누 호날두가 1위, 웨인 루니가 2위, 박지성이 3위일 것이다. 아무리 연습해도 그것이 그 나이에 달릴 수 있는 한계이기 때문에 효과도 없고 기록을 단축하기는 어렵다. 따라서 박지성 선수가 본인의 약점인 단거리에 시간과 에너지를 들일 필요는 없다.

왜소한 체격

때로 박지성 선수는 자신의 왜소한 체격을 이용하여 상대편의 파울을 유도하면서 크리스트티누 호날두로 하여금 골로 연결시키게도 했다. 왜소한 체격이 경우에 따라서는 득이 되기도 하지만, 유럽의 장신 선수들에 비해 축구 경기 중에 계속되는 몸싸움에는 불리한 것이 사실이다.

열악한 개인기와 드리블

박지성 선수가 크리스티아누 호날두와 웨인 루니처럼 현란하게 드리블 하는 것을 본 적은 별로 없다. 상대 선수들이 앞을 지키고 있으면 대개 그는 볼을 재빨리 패스하고 빈 공간으로 달려 나간다.

잘 생기지 않은 얼굴과 서툰 외국어 구사력

박지성 선수가 성형 수술을 한다고 해서 '데이비드 베컴'처럼 되기는 어려울 것이다. 서툰 외국어 구사력도 아직은 문제이다. 박지성 선수는 두 골을 넣고 MVP로 선정되어 인터뷰를 하던 날, 기자의 질문에 간단하게 답했다.

"내가 잘해서가 아니라 팀 동료들이 많이 도와줘서 잘한 것 같습니다. 팀 동료들에게 감사합니다."

서툰 외국어 실력이지만 짧은 인터뷰 결과는 긍정적으로 나타났다.

"역시 스타는 겸손하다."

데이비드 베컴처럼 잘 생기지도 않고, 유창하게 영어를 구사하지도 못하지만, 겸손한 선수로 평가받은 것은 약점이 모두 묻혀버린 경우라 하겠다.

소문난 짠돌이

박지성이 해외파 선수가 되어 처음 출국할 때 가지고 나간 가방을 아직도 사용한다는 뉴스를 들은 적이 있다. 돈도 많이 벌었는데 오래된 가방을 아직도 가지고 다니면 짠돌이란 소리를 듣기에 충분하다. 그런 모습은 사람들이 오히려 매력으로 생각하여 그를 더 좋아하는 계기가 되었다.

이렇게 약점이 많은 선수가 유럽에서 스타가 된 비결은 과연 무엇일까? 자신의 강점에 확실한 전략 하나를 더해서 집중했기 때문이다. 그 전략은 다음과 같다.

▶ 핵심 가치에 집중한 박지성 선수

박지성 선수의 가치는 종횡무진 뛰어다니며 팀에 에너지를 불어넣는 것에 있다. 박지성 선수가 한 발 앞서 달려가서 장악하는 공간적 가치는 누구도 대신하지 못할 만큼 크다.

 **강점** 종횡무진 90분을 달리는 지구력

 **전략** 스스로 예측해서 한 발 먼저 달려 나가라

약점 느린 단거리 달리기 속도, 왜소한 체격, 열악한 개인기, 약한 드리블, 잘 생기지 않은 얼굴, 서툰 스피킹, 소문난 짠돌이

박지성 선수의 핵심 전략은 '빈 공간을 찾아서 상대 선수보다 한 발 먼저 달려 나가는 것'이다. 그는 단거리가 느리다는 약점을 한 발 먼저 달려 나가는 전략으로 보완했다. 짧은 거리라면 한 발 먼저 달리기 시작한 박지성 선수를 상대가 따라잡기는 불가능하다. 때문에 시청자나 관중들은 경기장에서 항상 뛰어다니는 그를 무척 빠른 선수라고 인식한다. 시종일관 빈 공간을 찾아서 달리다 보니 늘 부지런한 선수라는 칭찬도 듣는다.

박지성 선수의 핵심 가치는 '90분을 소화할 수 있는 지구력'이다. 그는 약점을 보강하는 데 시간과 에너지를 들이지 않는다. 한 발 먼저 달려 나가는 전략을 경기 내내 보여주었던 것이 결국

관중과 시청자들로부터 인정받았다. 자신의 핵심 가치에만 집중
한 그는 이제 세계적인 선수가 되었다.

기업도 마찬가지이다. 약점을 보완하기 위해서 에너지를 낭비
하지 마라. 시장 경쟁에서 우위를 점하면 지난날의 약점은 모두
묻히고 회사의 강점만 보이게 된다. 회사의 핵심 가치인 강점을
찾아서 더 강화하는 전략으로 이동해야 한다. 낭비 요소라 생각
되면 즉시 바로 잡아야 한다. 자꾸만 미루면 아예 고칠 기회마저
오지 않을 수도 있다. 변화는 쓰나미처럼 밀려온다. 기반을 탄탄
하게 다진 회사들도 힘들다.

기존의 것을 믿고 다리 뻗고 잠들지 마라. 그렇게 하지 않으면
모래 위에 뿌리를 내리고 있는 것일 뿐이다. 오늘 핵심 가치인
강점을 찾아내고, 강점을 더 강화할 수 있는 전략을 개발하기 바
란다.

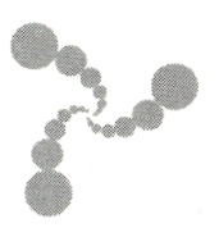

24
기회선점 경영 전략

유럽 경영 대학원 INSEAD의 김위찬 교수와 르네 마보안 교수가 쓴 『블루오션 전략』을 모르는 사람은 드물 것이다. 캔버스를 이용하여 산업 간의 경쟁 요소를 찾고, 제거(Eliminate), 증가(Raise), 감소(Reduce), 창조(Create)라는 ERRC를 작성해서 새로운 시장을 개척하는 전략을 연구한 책으로, 같은 산업의 경쟁자와 자사를 비교 분석한 다음 새로운 시장을 개척해나가는 전략을 다루고 있다.

그런데 만약 적이 완전히 다른 산업에서 나타나는 세상이라면? 필자가 앞에서도 언급했듯이 현대는 새로운 산업에서 기존의 적이 아닌 다른 적이 나타난다. 그에 맞서 새로운 싸움 방식을 연구하고, 시장을 먼저 차지할 수 있는 기회선점 경쟁 요인을 찾아야만 비로소 생존할 수 있는 시대가 되었다.

기회선점 경쟁이란 무엇인가?

현재는 기회를 먼저 잡는 자만이 경쟁에서 생존할 수 있다. 그것을 위한 방법이 기업으로 하여금 기존의 상품이나 콘셉트에서 완전히 벗어나 고객에게 혁신적인 가치를 제공하여 시장을 선점할 수 있는 요인을 만든다.

기회선점 경쟁 요인은 다양한 곳에서 찾을 수 있다. 제품에도 있을 수 있고, 기업의 구조나 정체성, 브랜드 콘셉트 등에서도 찾을 수 있다. 고객의 이익에서도 찾을 수 있으며, 조직원들에게 동기를 부여하는 데서도 찾을 수 있다.

기회선점 경쟁 요인을 찾으려면 유사 업종에서 경쟁사들의 선점 요인을 우선 검토하고, 그들이 집중하고 있는 핵심 가치가 무엇인가도 밝혀야 한다. 자사가 진입해 있는 산업 전체와 상품 전체를 비교 분석해서 남들이 미처 생각하지 못하고, 만들어내지 못했던 특별한 가치를 만들어내는 데 집중해야 한다. 융복합화 사회로 전환되기 때문에 다양한 곳에서 에너지를 막는 요인을 없애고, 성과로 이어지는 길을 만들어내야 한다.

본 장에서는 필자가 연구한 몇 가지 사례를 중심으로 기회선점 경쟁 요인을 찾아 상품화하는 내용을 설명하고자 한다.

건설 산업의 기회선점 경쟁 요인

건설 산업에서 기회선점 경쟁 요인을 찾아보자.

90 : 110 : 107 법칙

얼핏 보기에는 무엇을 나타내는 숫자인지 이해하기 어려울 것이다. 이것은 아파트 산업의 기회선점 경쟁 요인에서 산출한 법칙이다.

근래 주택 건설 산업은 회사끼리 경쟁이 심화되고 정부의 부동산 거품 해소 정책이 시행되면서 경기가 바닥을 치고 있다. 또 상상을 초월하는 아파트 분양가에 대해 건설사에서 원가를 공개하라는 시민들의 요구가 사회적인 이슈로 떠오르고 있다.

필자는 소비자도 저렴한 분양가에 만족할 수 있고 기업도 낮은 분양율을 높여서 수익을 얻음으로써 주택 시장이 안정될 수 있도록 하는 데 목적을 두고 아파트 건설 산업의 기회선점 요인을 찾아보았다. 이를 위해 소비자들이 주택을 구매할 때 어떤 점들을 우선 고려하는지 알아보고, 건설 회사들의 경쟁 요인도 파악해보았다.

지금까지 건설 회사는 풀 옵션(full option) 방식으로 아파트를 분양하고 있다. 풀 옵션 방식이란 시공사가 바닥재, 세면대, 붙박이장, 싱크대, 실내등, 벽지, 출입문 등을 선정해서 일괄적으로 설치, 분양하는 것을 말한다. 이렇게 하면 소비자는 아파트 분양 후 이부자리와 그릇 정도만 가지고 가면 생활이 가능하다. 그러나 이러한 내부 시설물과 마감재를 시공사에서 선택하기 때문에 입주해서 살아야 하는 소비자 입장에서는 기능의 타당도와 가격 대비 신뢰도가 떨어지는 면이 있다. 그리고 이 부분이 아파트 분양가에 비교적 높은 비율을 차지하기 때문에 실제 원자재 가격에 비해 분양가가 과대 포장될 위험이 있다. 또한 입주자들 중에는 돈을 들여서라도 자신의 취향에 맞춰 재공사를 하는 가구가 늘고 있어 이런 여러 가지 요인들에 착안해서 기회선점 요소를 찾아보기로 했다.

● 주택 선택 요인　● 건설 산업 경쟁 요인　● 분양 방법　　● 분양 성과

| 소비자 주택 구입의 선택 요인 분석 | 건설 산업의 경쟁 요인 분석 | 기존 분양 방법 (풀 옵션 분양 방식 – 100% 분양) | 성과도 100% |
| | | 분양 방법 변화 옵션 분양 방식 (기회선점 경쟁) | 성과도 107% |

필자가 연구한 모델이다. 우선 소비자들이 주택을 구입하면서 고려하는 요인과 건설 회사들이 경쟁을 벌이는 요인들을 분석해보고, 지금까지 분양 방식과 분양 성과에 대해 비교했다.

본 연구에 이용한 설문 조사지에 응답한 사람들의 직업과 인원은 공무원 300명, 광주시 소재 H 아파트 분양사무소 방문 고

객 380명, 서울·경기 지역 거주 직장인 440명으로, 총 1,120명이다. 편의 표본 추출법을 이용하여 기업 강의에 참석한 사람들을 대상으로 직접 설문 조사지를 작성하는 방식으로 자료를 수집했다.

소비자가 주택을 구입할 때 중요하게 생각하는 것

소비자가 주택을 선택하는 요인은 그동안 학술계나 건설사, 부동산 관련 업체나 기관에서 많은 연구를 해 왔다. 그 결과 소비자가 주택을 구매할 때 가장 중요하게 생각하는 것은 주거 환경과 교통의 편리성이었다. 아파트 가격과 아이들 교육과 관련하여 학군이 좋은 곳에 높은 선호도가 나타났으며, 직장까지 거리도 고려 사항으로 분석되었다.

현대인들은 집이란 가족이 모여 생활하는 곳이라는 일반적인 개념에 더해서 건강을 위해 친환경적인 성향도 중요하게 여긴다. 그래서 아파트를 선택할 때 대부분 비슷한 내부 주거 공간보다는 외부 공간을 어떻게 만들었는지를 더 중요하게 고려한다. 산, 강, 공원, 호수 등의 자연 조망이 좋고, 녹지 공간이 충분한 장소일수록 더 많이 선호했는데, 이는 생활의 풍요로움과 건강을 증진할 수 있는 환경이기 때문이다. 또한 아파트 단지 규모가 크면 각종 편의시설이 모여 있어 생활이 편리하기 때문에 선호도가 높았다. 이용이 편하고 넓은 주차 공간이 있고 역세권인 아파트 역시 선호하였다.

친환경적인 성향이 강조되면서 아파트 선택 시 주거 내부보다 외부 공간을 더 중요시하는 경향이 있음

1. 녹지 공간이 충분할수록 주거 가치가 높다.
2. 산, 강, 공원, 호수 등의 자연 조망권이 좋을수록 좋다.
3. 아파트 단지는 규모가 클수록 좋다.
4. 역세권 아파트가 투자 전망이 밝다.
5. 주차장 면적이 넓고 이용하기 편리해야 한다.

아파트 구매자의 주거지 선택 고려 사항	S 건설 회사	부동산 뱅크	주택 금융 수요 실태 조사
	● 아파트 환경 (교육, 교통, 주거 환경 등) ● 아파트 가격 ● 아파트 규모 ● 아파트 구조, 부대시설 ● 주차 공간	● 주변 환경 ● 교통의 편리성 ● 아파트 가격 ● 직장까지 거리 ● 자녀 교육	● 교통 문제 ● 아파트 환경 ● 자녀 교육 ● 아파트 규모, 구조 ● 편의시설

건설 회사의 경쟁 요인 분석

앞장에서도 말했듯 건설 회사들은 비싼 비용을 들여가며 시장 점유율 경쟁을 벌이고 있다. 그것의 한 예로 지금은 건설사마다 고객이 자신의 아파트 내부를 설계하는 방법을 도입하고 있다. 예를 들어, 안방을 줄이고 거실을 키우거나, 아이들 방을 키우고

안방을 줄이기도 하고, 거실과 안방 중간에 생기는 공간을 발코니로 하는 포켓발코니를 만들고 있다. 또 고객의 요구에 맞추어 아파트 전면 채광창도 3베이(bay)에서 4~5베이로 확장하는 추세이며, 가변형 벽체를 도입해 자신이 원하는 대로 공간을 꾸밀 수 있게 하거나, 듀얼 뷰(duel view) 평면 개념을 도입해서 거실에서 전·후면 양쪽 방향으로 경치를 볼 수 있게 하는 것 등은 이제 대부분 건설 회사가 사용하는 공통적인 전략이 되었다. 이렇게 다양한 평면 설계를 제공하거나, 주방 설계 같은 것을 고객이 직접 하는 정도는 누구나 하는 방법이어서 특별함으로 구분될 수 없다. 이 외에는 내부 시설 마감재 품질로 승부하는 정도가 되겠다.

건설 회사 모두가 비슷한 방식으로 건물을 짓다 보니 시장 점유율을 높이기 위해서 명성 있는 유명 연예인을 모델로 활용해 기업 이미지를 부각하는 전략을 강화하고 있으며, 선두로 달리는 기업조차도 TV 광고에 집중하는 형편이다.

하지만 광고홍보비용은 고스란히 아파트를 분양받는 소비자들에게 전가되기 때문에 소비자들은 불필요한 비용까지 포함된 비싼 가격으로 아파트를 구매하고 있다. 즉 아파트 브랜드 가치까지 돈을 지불하면서 주택을 마련하고 있는 것이다. 주거 산업 환경에서 특별한 기회선점 경쟁 요인을 찾아내지 못하면 기업은 TV 광고를 계속할 것이며, 소비자도 계속 비싼 비용으로 아파트를 구매할 수밖에 없다.

풀 옵션 방식에서 ⇒ 옵션 방식으로 전환하라

지금까지 건설 회사들은 풀 옵션 분양 방식을 택했다. 말하자면 풀 옵션 방식은 건축 내부 시설물을 건설 회사가 결정한 대로 시공하여 판매하는 것이다. 소비자 입장을 배려하기보다는 건설 회사의 경영 방식에 소비자가 아무 생각 없이 따라가야 하는 형태다. 풀 옵션 방식을 선택하다 보니 아파트 분양가도 높을 수밖에 없다.

필자가 제안하는 것은 옵션(option) 방식이다. 옵션 방식이란 풀 옵션 방식에서 '풀(full)'에 해당하는 조건들, 다시 말해 바닥재, 세면대, 실내등, 싱크대, 벽지, 출입문 등 내부 설비를 소비자가 자신의 자금 규모에 맞춰 직접 선택하는 것이다. 물론 집집마다 요구 조건이 모두 다르다 보니 시공이 불편하고, 공사 기간이 길어질 수 있다는 단점도 있다. 그러나 소비자의 만족도가 높아지고, 건설 회사도 분양율 증가로 수익이 오른다면 풀 옵션 방식만을 고집할 필요는 없다고 생각한다.

필자는 분양 방식과 분양 성과에 관해 풀 옵션 방식과 옵션 방식을 비교해보았다. 이를 위해 우선 소비자들이 풀 옵션 방식과 옵션 방식에 대해서 이해할 수 있도록 설명했다. 참고로 옵션 방식은 풀 옵션 분양금의 대략 70% 정도를 분양가로 책정할 수 있다고 건설 회사로부터 들을 수 있었다. 그러나 회사별로 어느 정도 품질의 마감재를 사용하느냐에 따라 분양가가 다소 차이는 있을 것이다.

먼저 기존의 풀 옵션 방식에 대해서 만족도를 조사했다.

설문 내용

도움말

- 풀 옵션 방식이란? 기존 분양 방식으로 건축물 내부 모든 시설(바닥재, 벽지, 싱크대, 실내등, 변기, 세면대, 출입문)을 건설 회사 임의로 설치해서 분양하는 방식을 말함
- 옵션 방식이란? 건축물 내부 모든 시설을 아파트를 구매하는 소비자가 자신의 자금 사정에 맞춰서 직접 선택하고, 시공사가 시공해서 분양하는 방식을 말함
- ※ 옵션 방식의 분양 대금은 풀 옵션 분양금의 70% 정도 수준임

● 기존의 풀 옵션 방식에 대해서 만족하십니까?
만족한다 – 23% / 불만족한다 – 73% / 관심 없다 – 4%

● 옵션 방식을 도입한다면 귀하의 의견은?
좋다 – 93.7% / 나쁘다 – 1.8% / 무응답 – 4.5%

● 풀 옵션 방식의 내부 시설물을 소비자 기호에 맞게 수리한다면?
바닥재 – 77.5% / 벽지 – 65.8% / 싱크대 – 37.8%
실내등 – 44.9% / 변기, 세면대 – 22.5% / 출입문 – 25.2%

● 옵션 방식으로 분양 받아서 풀 옵션 방식 분양가의 40% 정도를 더 들여서 분양가의 110%에 집 내부를 완성한다면?
하겠다 – 76.6% / 안 한다 – 23.4%

본 자료는 주로 서울과 경기도에 거주하는 사람들을 대상으로 설문 조사를 한 결과이다. 기존의 풀 옵션 방식에 대한 의견은 만족한다 23%, 불만족스럽다 73%, 관심 없다 4%였다. 지방으

로 내려갈수록 풀 옵션 방식에 만족한다는 수치가 올라갈 것이란 가정도 해보았다. 지방에서는 옵션 방식을 도입하면 내부 공사에 대한 정보 부족으로 만족할 만한 성과를 얻을 수 없을지 모르기 때문이다. 차라리 편하게 입주할 수 있는 방법인 풀 옵션 방식을 선호할 것이라는 연구원의 의견이 있었다.

옵션 방식을 도입할 경우 이 방식을 선택하겠느냐는 질문에 93.7%가 좋다고 응답했고, 나쁘다는 응답은 1.8%, 무응답은 4.5% 나왔다. 무응답자의 대부분은 아파트를 선호하지 않으며, 일반 주택에 살거나 전원 주택을 선호하는 사람들이었다.

풀 옵션 방식으로 분양을 받았을 때 어느 곳의 내부 시설물을 기호에 맞게 수리하겠느냐는 질문에는 바닥재 77.5%, 벽지 65.8%, 싱크대 37.8%, 실내등 44.9%, 변기나 세면대 22.5%, 출입문이 25.2%였다. 소비자들은 바닥재, 벽지, 실내등에 관심이 많다는 것을 확인할 수 있었다.

옵션 방식으로 분양 받아 풀 옵션 분양가의 40% 정도를 투자해서 좋은 실내 구조를 갖추겠다는 사람은 76.6%였다. 조사를 통해 지금의 소비자들은 자신들의 취향이나 개성을 살려 내부 시설을 꾸미고자 하는 경향이 많다고 판단할 수 있다.

추가로 설명할 것은 내부 시설물에 대해서 소비자가 비용을 지출하는 정도이다.

내부를 공사할 수 있는 품목별 소비자 평균 투자 비율

∨	바닥재를 공사하겠다(77.5%).	110.36%
∨	벽지를 공사하겠다(65.8%).	111.18%
∨	싱크대를 공사하겠다(37.8%).	104.82%
∨	실내등을 공사하겠다(44.1%).	108.73%
∨	변기 및 세면기를 공사하겠다(22.5%).	104.55%
∨	출입문을 공사하겠다(25.2%).	104.91%

평균 : 107.43%

위 설문 조사 결과에 의하면, 바닥재를 공사하겠다는 소비자는 77.5%였으며, 풀 옵션 방식을 100% 기준으로 삼았을 때 110.36% 응답률을 보였다. 벽지를 바꾸겠다는 의견이 가장 많은 111.18%였다. 싱크대를 바꾸는 것은 104.82%, 실내등 교체는 108.73%, 변기와 세면대를 교체하는 것은 104.55%, 출입문을 바꾸는 것은 104.91%의 응답을 얻어서 평균 107.43%라는 결과를 얻었다.

설문의 내용을 정리하면 다음과 같다.

지금까지 사람들은 풀 옵션 방식으로 아파트를 구입해서 내부 시설물을 교체하는 데 분양 금액의 30% 정도를 가외로 더 투입해 총 130%의 금액으로 좋은 집을 만들어 생활했다.

그러나 옵션 방식을 선택하면 풀 옵션 분양 대금의 70% 가격으로 분양을 받는다. 그중 자금력이 부족한 사람들은 풀 옵션 분양 대금을 기준으로 할 때 20%만 투자해서 90%에 아파트를 소유할 수 있고, 자금력이 있는 소비자는 더 많은 40%를 투자해서 110%에 만족할 만한 실내 공간을 스스로 만들어 사용한다.

예를 들어, 입주자들이 풀 옵션에 분양가 3억 원인 아파트를 구입했지만, 내부가 맘에 들지 않아 다 뜯고 인테리어를 다시 하는 바람에 가욋돈으로 분양가의 30%인 9천만 원을 추가해 3억 9천만 원에 최종적으로 만족스런 집을 만들었다고 하자.

옵션 방식으로 만든 아파트를 분양받은 사람들은 풀 옵션일 때 3억 원인 아파트를 그 금액의 70%인 2억 1천만 원에 분양받은 후 자금력이 부족한 소비자는 풀 옵션 분양가의 20%인 6천만 원을 더 투입해서 총 2억 7천만 원짜리 집을 만들어 3억 원일 때보다 10%를 절약하고, 자금력이 큰 소비자는 40%인 1억 2천만 원을 투자해서 총 3억 3천만 원에 만족스런 집을 소유할 수 있다. 풀 옵션 아파트를 분양가의 30%인 9천만 원을 투자해 최종가 3억 9천만 원 즉, 130%를 들여 만족스런 집으로 바꿀 때보다는 옵션 방식으로 전환하면 풀 옵션 분양가의 110%인 3억 3천만 원에 그렇게 할 수 있다. 풀 옵션 방식에서 분양가의 20%

를 절약해 고객은 만족하고, 이로 인해 기업의 수익은 7.43% 증
가한다.

▶ 풀 옵션 방식과 옵션 방식

풀 옵션 방식	옵션 방식			
분양 대금 100%	분양 대금 70%		분양 대금 70%	
본인 스타일 30%	자금력이 있는 사람 40%		자금력이 없는 사람 20%	
총투자 금액: 130%	총투자 금액: 110%		총투자 금액: 90%	
	풀 옵션 방식 총투자 금액에 비해 20% 절감		풀 옵션 분양 대금에 비해 10% 절감	

지금까지 결과로 만들어진 결론이 아파트 산업의 기회선점 경
쟁 요소 '90:110=107 법칙' 이다. 이 법칙은 풀 옵션 방식에서
옵션 방식으로 전환하면 자금력이 없는 고객은 기존 분양가의
90% 대금만 지불하고 자금력이 있는 고객은 110%의 비용을
지불하여 자신이 원하는 아파트를 가질 수 있고, 그렇게 하면 건
설사는 기존의 100% 분양가에서 7% 금액이 상승한 107%의
총수익을 얻을 수 있다는 내용이다.

선두 건설 회사가 달리는 모습을 보고 유명 연예인이나 TV 광
고에만 집중한다면 기업은 계속적 비용 지출이 증가할 것이며,
소비자들이 그 비용을 부담하는 악순환이 계속될 것이다. 계속

강조했듯이 아파트 산업의 가치 혁신은 소비자도 만족하고, 기업 수익도 증가하는 아이디어 중심의 기회선점 경쟁 요인을 찾아서 상품화하는 것이다.

네이밍 시대

조직 이름을 바꾸는 데서 얻는 기회선점 경쟁 요인을 알아보자. 환경이 바뀌면서 세계적인 판매 경쟁 시대에 돌입했지만, 필자가 강의하면서 만나본 우리나라 기업 중에는 판매 경쟁에 대비해 든든하게 준비한 회사가 별로 없었다.

판매 경쟁에 대비하기 위해 기업에서 가장 먼저 점검해봐야 할 사항이 있다. 그것은 판매 경쟁 시대에 판매를 담당하고 있는 사람이 조직 내에서 가장 우수한 인재들인가 하는 것이다.

필자가 경제인 아침 조찬회 특강에서 "조직에서 가장 우수한 인재들을 기획실에 배치하지 않았습니까?"라고 질문했을 때 회장단의 99%가 그렇다고 했다. 다음으로 "조직에서 업무 수행 능력에 부족함이 있는 사람들을 영업부에 배치하지는 않았습니까?"라는 질문에도 99%가 그렇하고 대답했다.

그 말을 듣고 필자는 장내가 떠나가도록 소리쳤다.

"그들의 역할을 바꾸십시오. 그렇지 않으면 여러분 회사의 미래를 보장받을 수 없습니다!"

　회장님들은 100%가 필자의 말이 옳다고 인정했다. 필자가 "그들이 성과를 더 내고 신바람 나게 일할 수 있는 여건을 만들어줘야 합니다."라고 말하자 연회장은 갑자기 조용해졌다. 왜냐하면 열심히 지원하고 있는데도 영업부는 성과를 내지 못하고, 늘 경쟁사나 가격, 디자인을 운운하면서 변명하기에 급급하기 때문이었다. 하지만 필자는 "그들이 스스로 목표를 향해 나아갈 수 있도록 '영업부' 란 이름을 바꿔주십시오. 그것도 오늘 당장 말입니다."라고 주장했다.

　영업부에서 근무하는 직원들이 다 그런 것은 아니지만, 89%의 사람들이 '영업부' 란 이름보다 더 좋은 이름이 있다면 바꿨으면 좋겠다고 했다. 왜냐하면 영업부 직원들은 업무 수행 능력이나 학벌, 학점이 저조하여 다른 업무를 수행할 자질이 떨어져서 영업부에 배치되어 물건을 판다고 다른 사람들이 생각하기 때문이라고 했다. 반면에 사람들은 기획실에서 근무하는 직원들을 학벌도 좋고, 서류나 문서도 잘 만들고, 머리에 든 것이 많은 사원들로 인식하고 있다는 것이 설문 조사를 통해 드러났다. 예비 신입 사원인 대학 4년생들에게 두 부서를 놓고 물어보았더니, 영업부에서 좋은 성과를 내서 출세해보겠다는 학생은 겨우 8%뿐이었으며, 기획실로 가겠다는 학생은 92%였다. 부서 이미지에 관한 설문 조사에서는 영업부를 블루칼라로 보는 학생이 71%였으며, 대부분의 학생들은 기획실을 화이트 칼라로 생각하고 있었다.

"이런 상황이라면 회장님께서는 영업부란 이름을 달고 스스로 신바람 나게 일할 수 있겠습니까?"라고 지적하자 장내가 술렁이기 시작했다. 모든 회장님들의 시선이 필자에게 집중되는 것을 느꼈다. 필자의 지적이 회사 성과에 직접적인 영향을 미칠 수 있다고 판단했기 때문이었을 것이다.

필자는 제안했다.

"영업부라는 이름을 '전략실행팀'으로 바꿔주십시오. 전략실행팀! 기획실과 비슷하지 않습니까?"

회장님들은 계속되는 박수로 필자의 의견을 인정했다. 이것이 직원들의 에너지를 막고 있는 네이밍을 바꾸어 성과로 이어지게 하는 전략이다.

의류 매장의 기회선점 경쟁 요인

한 의류 브랜드 회사에서 필자에게 강의 의뢰를 한 적이 있다. 전국에 있는 1,300여 개 매장에 매출이 떨어져서 매출 향상 방안에 대한 강의를 요청했다.

필자는 옷을 팔아본 적이 없다. 경험이 없는 사람이 의류 판매를 활성화할 수 있는 강의를 한다는 것은 무리이다. 대신 컨설팅을 도입해서, 전국 매장을 다 돌아다닐 수는 없더라도 서울과 경기도 지역에 있는 매장 30여 개를 직접 찾아다니며 매장 방문 전, 방문 중, 방문 후 고객의 반응을 관찰하여 기회선점 경쟁 요인을 검토했다. 의뢰사의 매장과 경쟁사의 매장을 고루 다닌 결과 기회선점 경쟁 요인을 산출물로 만들어냈으며, 이것은 강의 내내 많은 호응을 받았다. 특히 매장을 방문하면서 기억에 남는 이야기들이 있다.

필자는 강의를 의뢰한 회사의 A 매장에 오전 11시 30분쯤 도착했다. 필자와 직원이 양복에 대해서 한참을 이야기하고 있는데, 사장이 여직원을 불렀다. 매장에는 사장의 아들로 보이는 아이가 로봇 장난감을 가지고 신나게 놀고 있었다. 사장은 여직원에게 아이를 집으로 데리고 가서 밥을 먹이고, 옷을 갈아입혀 유치원에 보내라고 지시했다. 그 여직원은 손님인 필자에게 양해도 구하지 않고 아이를 데리고 매장을 나가버렸다. 매장 밖에서 한 시간쯤 기다려 돌아오는 여직원을 만났다.

"사모님이세요?"

"아니에요. 매장 종업원입니다."

"그럼 아이는요?"

"사장님 아이입니다."

필자는 명함을 건네며 도움을 부탁했다.

"제가 학교에서 강의하는 선생인데 뭘 좀 여쭤보려 합니다. 도움 좀 주시겠습니까?"

"하루 몇 시간 근무하시나요?"

"아침 9시 30분에 출근해서 매장 청소부터 시작하여 저녁 11시 30분까지 14시간 근무합니다."

"그럼 한 달 월급도 많겠습니다."

"저는 130만 원이고, 같이 일하는 언니는 150만 원 받습니다."

130만 원을 주고, 150만 원을 주면서 직원들을 믿고 사업을 한다는 것은 위험천만한 일이다. 직원들도 스스로 동기 부여가 되어서 일을 해야 성과를 높일 수 있고, 열정을 다할 수 있다. 직원들이 지금보다 더 많은 월급을 받을 수 있는 제도적인 장치를 마련해야 한다.

다른 매장에 가 보았다. 매장에 들어서자 직원들이 세 명이나 한꺼번에 달려 나왔다. 매장에 손님이 없어서 반가워서 그랬다고 했다. 한 여직원이 필자의 팔짱을 끼면서 매장을 안내했다. 여기서 여기까지는 이월상품으로 15만 원이고, 저기서부터는 신상품으로 35만 원에서 70만 원이라고 했다. 그런데 여기는 170수에 140만 원 하는 양복이라면서 그제야 팔짱을 풀었다. 140만 원짜리 양복은 필자에게 너무 비싼 옷이어서 엄두를 낼 수 없었다. 거절하려는 말을 하려니 갑자기 얼굴이 달아오르고 땀이 나기 시작했다. 적당한 핑계를 대고 매장을 나왔다. 필자는 그 매장을 다시는 가지 않을 것이다.

다음에는 다른 경쟁사의 브랜드 매장을 방문했다. 트레이드마크가 있는 유명한 브랜드였다. 남자 사장이 매장을 지키고 있었다. 필자는 몸에 맞는 옷을 하나 부탁했다. 많은 옷을 뒤적거리더니 한 벌을 골라 주기에 입어보았다. 팔도 끼고, 가슴 쪽도 끼었다. 거울을 보고 있는 데 사장이 뒤에서 "잘 어울립니다."라며 분위기를 띄웠다. 그냥 나가려 했더니 풍성해 보이는 검은 코트를 골라서 입어보라고 권했다. 코트를 왜 주냐고 했더니 가슴 사이즈를 보기 위해서라고 했다. 거울 속에 비친 필자의 모습은 무릎 밑으로 내려온 코트 기장과 손가락을 펴야만 겨우 맞는 팔 길이에 파묻혀 너무 초라해 보였다. 가슴 사이즈가 크다며 이틀 후에 오면 맞는 사이즈에 원하는 모델로 준비해 두겠다는데 얼른 매장을 빠져 나왔다. 최소한 고객이 매장을 찾으면 첫눈에 고객의 체형과 사이즈 정도는 알고 옷을 권해야 할 것이라는 생각이 들었다.

강의를 의뢰한 회사의 성남 L 매장을 들러서 필자가 찾아온 이유를 이야기했더니 매장 사장은 본사에 대한 여러 가지 불만과 손님이 없어서 계속 이 장사를 해야 할지 말아야 할지 고민한다고 이야기했다. 그 매장 사장이 골프장에서 사용하는 우산을 50개 정도 주었는데 매장 이름과 전화번호가 적혀 있었지만 품위가 있어 보여 얻어 왔다. 옆 가게 I 매장에서 여름에 고객 사은품으로 5천 원짜리 양산을 만드는 바람에 자기도 뒤질세라 12,000원하는 골프 우산을 500개나 만들었는데, 계속적인 관계를 갖자고 우산 제작 업체에서 서비스로 100개를 더 만들어주었다고 했다. 하지만 골프 우산을 받은 사람들이 우산을 쓰면서 다음에 옷을 구입할 때도 L 매장에 가서 사야겠다고 결심하지는 않을 것이다.

옆에서 한다고 나도 해야 된다는 경쟁의식은 버려야 한다. 고객은 우산을 보고 옷을 재구매하지는 않는다. 그런 서비스보다는 자신을 차별화하고, 필요한 부분을 더 지원해주기를 원한다.

그렇다면 의류 브랜드 매장이 갖추어야 할 기회선점 경쟁 요인은 무엇일까?

무엇보다도 매장에서 근무하는 직원들이 열정적으로 일할 수 있게 하는 것이 필요하다. 그렇게 하려면 더 많은 수익이 창출될 수 있는 방법을 연구하고, 그들이 하는 일을 전문직으로 인식할 수 있는 계기를 만들어주어야 한다. 필자는 이런 것들을 기본 방향으로 설정하고 분석해보았다.

기회선점 경쟁 요인 1 : 출근하지 말고 영업하라

매장 청소는 사장이 하고, 직원들은 공격 영업을 하게 하라. 의류 매장에 오는 사람들은 목적 없이 지나가다 들러서 그냥 구경만 하고 가는 이들이 많다. 고객이 목적 구매를 하게 하려면 직원들이 사전에 영업을 해서 필요한 것들을 매장으로 구매하러 오게 해야 한다. 직원들이 영업을 하려면 코디 소품과 판촉물을 챙겨서 고객이 있는 곳으로 가야 한다. 아침에 회사로 출근하지 말고 고객이 있는 곳으로 곧장 영업을 나갈 수 있도록 하는 것이 중요하다.

기회선점 경쟁 요인 2 : 판매가 일어나면 인센티브를 지급하라

직원이 공격 영업을 해서 매장에 찾아온 고객이 물건을 구매하면 직원에게 인센티브를 지급해야 더 열심히 일할 것이다. 스스로 열심히 일하려는 동기는 일한 만큼 성과를 받을 수 있을 때 일어난다.

기회선점 경쟁 요인 3 : 고객 관리는 직원이 직접하라

대부분 매장에서는 사장이 고객을 관리한다. 요즘은 컴퓨터에 고객 정보를 입력하여 관리하는데, 옷을 구매한 후에 매장 사장이 고맙다는 인사를 하는 경우는 많지 않다.

고객이 직원과 상담하여 옷을 구입했다면 직원은 그 고객의 사이즈와 취향, 직업 등 개별 정보를 정확하게 알 것이다. 때문에 직원이 만든 고객 카드를 직접 관리하는 것이 좋다. 고객에 대한 특이 사항들도 기록으로 남겨 두면 기억하기 좋을 것이다. 계절이 바뀔 때도 고객 카드를 보면서 당시에 구입한 옷을 입으면서 불편한 점이 없었는지 물어볼 수도 있고, 신상품이 출시되었으니 매장에 들러달라는 인사를 할 수도 있다. 직원과 고객은 이미 공유하는 정보가 있으므로 대화 주제가 다양해질 수 있다. 고객도 모르는 매장 사장이 연락한다면 서로 어색한 말만 오갈 뿐이다. 이렇게 직원이 고객을 관리하고, 고객을 다시 불러 재구매가 일어나면 더 많은 인센티브를 주어야 한다.

직원이 고객을 관리하면 그들의 중요성은 점점 높아진다. 매장을 지키고, 고객이 요구하는 제품만 제공하며, 사장 아이를 돌보는 매장 직원이 아니라, 고객을 불러 모으고, 재구매를 일으키고, 매장의 성과에 직접적인 영향을 미치는 중요한 역할을 수행함으로써 자신의 가치를 높일 수 있다.

기회선점 경쟁 요인 4 : 코디네이터라 불러라

매장 직원을 부르는 말도 '야, 너, 미스 황, 종업원'이라고 해서는 안 된다. 코디네이터라 부르라.

매장에서 일하는 직원이 친구들과 만났다.

"얘, 너 요즘 뭐하니?"

"응, 저 앞에 있는 ○○브랜드 의류 매장에서 종업원으로 일해."

이런 이름으로는 직업에 대한 만족감이나 자신감이 생길 수 없다.

더 중요한 사실은 종업원의 눈에는 고객이 입고 있는 옷의 브랜드와 가격만 보인다는 점이다. 의류 매장 종업원들은 사람들이 요청하는 옷을 집어주는 역할을 하면서 비싼 옷을 팔려는 생각만으로 무장되어 있는 사람일 뿐이다. 170수에 140만 원 하는 옷을 소비자에게 추천한다고 판매되는 것도 아니고, 판매를 많이 한다고 해서 자신에게 특별하게 이익이 더 생기는 것도 없기 때문에 어쩌면 시간을 죽이고 있을지도 모른다.

반면에 코디네이터의 눈에는 무엇이 보일까?

첫째, 코디네이터는 고객의 체형이 보인다. 코디네이터라면 최소한 고객의 몸에 맞는 사이즈로 옷을 골라서 입힐 줄 안다. 고객의 몸에 맞는 사이즈도 몰라서 이것저것 여러 번 바꿔 입히면 고객은 짜증나서 그냥 나가버릴 수 있다. 코디네이터는 이런 실수를 범하지 않는다.

둘째, 고객의 분위기에 맞는 색깔이 보인다. 코디네이터는 전문가이다. 고객의 키와 얼굴색, 날씬한 사람과 뚱뚱한 사람에 따라 어울리는 옷이 다르다. 자신의 인상과 잘 맞는 옷을 찾아서 입는 사람이 몇이나 되겠는가? 그 문제를 코디네이터가 찾아서 해결해준다. 170수에 140만 원 하는 옷을 권하기보다는 겉옷과 속에 받쳐 입을 옷, 그리고 넥타이까지 어울리는 것으로 찾아서 고객의 이미지를 더 가치있게 만들 수 있는 것이 코디네이터가 가진 능력이다. 전체적으로 고객의 기호에 맞고 어울리는 옷을 추천해준다면 고객의 만족도가 높아질 것이다. 가격보다 고객의 가치를 창출하는 코디네이터는 고객이 믿고 계속 거래할 것이다.

종업원을 고객의 가치를 창출하는 전문가로 만들어야 한다

130만 원을 지급하면서 직원을 믿고 사업을 해서는 안 된다. 500만 원, 1,000만 원을 받아갈 줄 아는 전문 코디네이터를 만나 사업을 해야 한다. 코디네이터가 1,000만 원을 벌었다면 사장에게도 더 큰 부가가치가 생길 것이다. 사장은 직원들에게 신바람 나게 일할 수 있는 길을 연구해서 열어주어야 한다. 월급을 더 많이 받는 직원이 많을수록 수익이 크다는 것을 알아야 한다.

그렇게 하기 위해서 본사에서는 코디네이터 과정을 개설해서 전문 지식을 교육해야 한다. 종업원이란 이름에서, 평생 행복하게 생활할 수 있는 코디네이터란 이름으로 바꿔주어야 한다. 종업원은 옆집에서 10만 원 더 주겠다면 일자리를 옮길 것이다. 그러나 높은 인센티브를 받는 코디네이터는 어느 곳에 있더라도 전문가답게 일할 것이다.

위기의 영화관! 기회선점 경쟁 요인

여기저기 영화관이 문을 닫고 있다. 영화관이 입점해 있던 쇼핑몰들도 젊은 사람들을 유인해 오는 전략에 문제가 발생하자 새로운 대안을 제시하지 못하고 있는 실정이다. 한때 쇼핑몰들은 고객을 대량 유인할 수 있는 업종(게임방, 영화관, 찜질방, 푸드코트 등)으로 분양했었다. 쇼핑몰에 10~15개관 규모의 영화관이 입점한다는 홍보에 힘입어 많은 사람들이 가게를 분양받았으나 낭패를 본 곳이 많다.

영화관이 다시 활성화될 수 있을까? 활성화하려면 어느 부분을 개선해야 할까?

필자는 영화관을 컨설팅하는 차원에서 영화관 사용 전, 사용
중, 사용 후 사람들의 반응을 관찰한 결과 기회선점 경쟁 요인을
찾아냈다.

영화관에 베이비 시팅 룸을 설치하라

우리나라 인구 분포도에 의하면 25~32세 사람들이 가장 많
다. 이들은 결혼 적령기에 있으며, 기혼자라면 출산 시기에 있거
나 어린 자녀가 한둘 있을 수도 있다. 필자도 영화관에 3살 된
아이를 데리고 간 적이 있다. 영화가 시작되면서 밝았던 공간이
갑자기 깜깜해지고 가슴이 터질 것 같은 음향이 들리자 아이는
놀라서 울기 시작했다. 필자는 아이를 데리고 밖으로 뛰어야 했
다. 놀란 아이는 영화가 끝날 때까지 보채고 울어댔다. 지금 아
이는 7살이지만 그 이후로 아이와 함께 영화관을 가 본 적이 없
다. 영화관을 이용하는 가장 많은 고객층이 아이 때문에 이용을
못하고 있다면 그 문제를 해결해주는 것이 기회선점 경쟁 요인
이라 할 수 있다.

영화관이 다시 살아나려면 베이비 시팅 룸(baby sitting room)
을 설치하고, 구체적인 운영 방안을 생각해보아야 한다.

베이비 시팅 룸은 영화를 관람하는 고객들이 아이를 보살펴야
하는 문제에 대해 편의를 주려는 목적을 가지고 있으므로 영화
관람 티켓을 끊어야 입장할 수 있다. 영화를 관람하지 않으면서
베이비 시팅 룸을 이용할 수는 없다. 아이들을 돌보는 시간은 기

본 3시간에 요금은 1만 원 정도이며, 부모들은 아이가 먹을 음식과 옷가지들을 함께 맡겨둘 수 있고, 보육 선생님들이 아이를 안전하게 보살핀다. 3시간이 지나면 일정한 비용을 추가할 수도 있다. 1만 원은 결코 많은 금액이 아니다. 대한민국에서 3시간 동안 아이를 1만 원에 맡길 수 있는 곳은 단 한 곳도 없다.

또 영화관은 관람객들이 항상 주차장을 편리하게 이용할 수 있도록 주차 공간을 확보해야 한다. 요즘 고객들은 대부분 차를 가지고 이동하기 때문이다. 고객이 한 번 불편함을 느낄 경우에는 어쩌면 영원히 고객을 놓칠 수 있다는 생각을 해야 한다.

병원 산업의 기회선점 경쟁 요인

병원들도 경쟁이 치열하다. 모두 삼성의료원이나 아산병원처럼 브랜드 밸류(brand value)를 갖고 싶어 하고, 좋은 이미지를 유지하고 싶어 한다. 그러나 아무나 삼성 의료원과 아산병원처럼 될 수는 없을 것이다. 이들은 오랜 시간과 엄청난 노력을 투자해서 오늘날과 같은 명성을 얻었다.

만약 삼성의료원 근처에 900개 침대를 가진 초대형 병원을 건설한다면 그 병원은 아마도 경영 전략이나 마케팅, 서비스 등 각 분야에 많은 연구를 해야 할 것이다. 시설은 좋을지 몰라도 의사들의 수준이나 신생 병원으로서 기술 기반을 인정받지 못해 고객들이 기존의 아산병원이나 삼성의료원으로 몰려갈 가능성이 크기 때문이다.

신생병원의 기회선점 경쟁 요인은 무엇일까?

신생병원이 기회를 선점하기 위해 약점을 강점화하려고 시간과 인력과 비용을 투자하는 것은 어리석은 판단이다. 오히려 병원에서 가장 돈을 많이 벌어들이고 있는 핵심 사업 부분을 더 강화하면 약점을 보강할 수 있다.

신설병원이 고객의 인식을 좋게 하려면 하드웨어가 아닌 소프트웨어를 강화해야 하는데, 그것은 바로 장례식 사업부를 특화하는 것이다. 필자는 연구원들과 함께 삼성의료원 장례식장 사용 전, 사용 중, 사용 후 사람들의 반응을 관찰하기로 했다.

기회선점 경쟁 요인 1 : 장례식장 내에 사우나 시설을 설치하라

장례식장을 찾은 사람들 중에는 아침 출근을 위해 새벽에 사우나 시설을 이용하는 이들이 많았다. 조문객이 차를 타고 병원 밖의 사우나로 갔다가 회사로 이동하는 것은 불편하다. 내가 불편하면 남도 불편하기 때문에 불편한 점을 제거하는 것이 기회를 선점할 수 있는 경쟁 요인이라 생각한다. 그렇다면 신생병원 안에는 장례식장 옆에 사우나를 만들어야 한다.

"사우나", 그것이 신생병원의 기회선점 경쟁 요인이다. 이런 시설을 사용해본 사람들이 편리성에 대하여 입에서 입으로 소문을 내면 병원은 기회선점 경쟁 요인으로 성공할 수 있는 힘을 갖출 수 있다.

기회선점 경쟁 요인 2 : 장례식장 내에 수면실을 만들어라

필자가 삼성의료원에서 관찰하고 있을 때 손님 중에 상주를 꼭 보고 가야겠다는 사람이 있었다. 그러나 상주는 어디 간다는 말도 없이 자리를 비우고 없었다. 그 손님은 상주를 찾으러 주차장을 뒤지기 시작했다. 그리고 외부 주차장 3층에 있는 봉고차 안에서 자고 있는 상주를 겨우 찾아 데리고 왔다. 이 사례를 볼 때 장례식장 내에 상주들이 쉬고 눈 붙일 수 있는 수면실을 만들면 기회선점 경쟁 요인이 될 것이다.

기회선점 경쟁 요인 3 : 컴퓨터를 제공하라

새벽 1시쯤에 어떤 손님이 급하게 인터넷으로 회사에 자료를 보낼 것이 있다면서 컴퓨터를 찾고 있었다. 병원에 있는 컴퓨터는 동전을 넣으면 인터넷도 할 수 있었지만, 본체는 상자 안에 넣은 채 열쇠로 채워 놓아서 USB 메모리(자료를 저장할 수 있는 휴대용 메모리)를 본체에 연결할 수 없었다. 어쩔 수 없이 병원 밖에 나가서 PC방을 이용해야 했다. 중요 업무는 인터넷으로 하는 경우가 늘어나고 있다. 컴퓨터를 자유롭게 활용할 수 있는 공간과 시설을 마련해야 한다.

기회선점 경쟁 요인 4 : **놀이방을 만들어라**

관찰한 지 이틀째인 아침에는 스님이 오셔서 염불을 하셨다. 그런데 조용한 장례식장 안에서 아이들이 여기저기에서 소리를 지르며 뛰어다녔다. 스님께서 아이들 때문에 집중이 안 되시는 지 "애들아 좀 조용히 해라. 누가 애들 좀 말려주세요."라고 이야기했다. 아이들은 아랑곳하지 않고 뒤엉켜서 난리였다. 놀이방의 필요성을 절감하는 순간이었다.

이제 장례식장은 장례식만 위한 곳만은 아니다. 장례식장을 이용하는 수많은 사람들을 위한 새로운 문화를 만들어야 한다. 밤을 새느라 지친 사람들이 쉴 수 있는 수면실을 만들고, 사우나를 만들고, 컴퓨터를 편하게 사용할 수 있도록 하고, 아이들이 놀이방에서 놀 수 있는 토탈솔루션을 제공해야 한다. 이것이 병원 산업의 기회선점 경쟁 요인이다.

이런 시설을 병원에서 자체적으로 갖추어 운영할 수 있으면 좋겠지만, 그렇지 못한 여건이라면 외주를 주거나 제휴를 통해 설치, 운영하면 된다. 혼자서 무리한 경영을 하기보다는 여건을 고려해서 윈-윈 할 수 있는 전략도 적극 검토하길 권한다.

필자의 강의를 듣고 실행으로 옮긴 대구의 P병원은 대구에서 내로라하는 대학병원을 앞지르고 1위 자리를 차지했다. 이것은 기회선점 경쟁 요인을 찾아서 실행했기 때문이다. 한 번 정상에 오른 명성은 오래도록 사람들의 입소문으로 확산되기 때문에 1

위 자리는 장기화되리라 확신한다.

지금 한국 기업은 기존의 회사 구조와 싸움 방식을 의심하고 불만을 느껴야 한다. 성과를 내기 위해 많은 돈을 들여야 한다는 생각도 이제는 할 필요가 없다. 작은 것만 바꿔도 성과에 영향을 미칠 수 있기 때문이다.

직원들이 스스로 자신감을 가지고 동기를 부여해서 일할 수 있는 좋은 이름, 강점 하나를 최고로 만들 수 있는 토탈솔루션을 연구해보라. 멋진 기회선점 경쟁 요인을 찾아서 상품화할 수 있을 것이다. 병원의 하드웨어, 즉 병원을 짓는 비용을 마련하고, 의사를 뽑고, 기계나 장비에 대한 아이디어는 낼 수 없지만, 소프트웨어인 사우나 시설, 놀이방, 컴퓨터실, 수면실 등을 찾아내는 것은 충분히 할 수 있다.

늘 가치 있는 생각을 하고, 회사 문제를 찾아내어 개선하거나 해결하려고 노력하는 사람이 별로 없는 이유는 무엇일까?

기업주와 직원들 간에 진지한 대화가 없어서가 아닐까? 아니면 위기의식을 느끼지 못하고 안일한 생각으로 하루를 살아가는 나태한 정신 상태가 원인일 수 있다는 생각도 든다. 특별한 혜택도 없는데 괜히 일을 만들 필요가 없다고 생각하는 것도 원인일 수 있겠다. 아니면 회사 분위기에 동승해서 시키는 일만 잘하면 된다는 생각들이 창의적인 에너지들을 막고 있는지도 모른다.

'이것이 원인이다.' 라고 꼬집어서 말하기는 어렵지만, 그 원인이 무엇인지를 지금 찾아 나서기 바란다. 원인을 알아야 치료가 가능하기 때문이다.

원인을 찾아서 진지하게 대화를 나누어야 한다. 모든 문제의 원인은 내부에 있다는 사실도 명심해야 한다. 아직도 회사가 위기임을 인식하지 못하고 시장 경쟁에서 밀리고 있는 이유를 내가 아닌 남의 탓으로만 돌리고 있거나, 다른 사람 특히 사장이나 임원들이 문제를 해결할 것이라고 방관만 하고 있다가는 일터가 사라질지도 모른다. 문제를 직원 모두의 책임으로 인정하고 가치 있는 전략을 만들어야 한다.

가치 있는 전략을 찾기 위해서는 무엇보다도 회사와 자신이 하고 있는 일을 사랑해야 한다. 회사를 사랑하기 위해서는 여러 가지 조건이 맞아야 할 것이다. 회사가 시장에서 명성을 얻고 있어야 하고, 회사 제품이나 기술력들이 다른 기업에 영향력을 행사하고 있어야 하며, 그곳에서 근무하고 있다는 사실 하나만으로도 주변 사람들에게 부러움의 대상이 되어야 한다. 직원 복지에 대해서도 만족할 만큼 보장되어야 하고, 급여도 다른 사람들과 비교했을 때 많이 받고 있어야 한다. 이 외에도 여러 가지 만족할 조건들이 있겠지만, 가장 중요한 사실은 이런 조건들을 바로 당신이 만들어야 한다는 사실이다.

오늘날 사회에서 명성을 얻고 있는 기업들은 하루아침에 만들어진 것이 아니다. 처음 회사를 만들 때부터 참여했던 사람들의 피나는 노력과 땀의 결실, 실패와 도전을 거듭하면서 실패를 두려워하지 않고 도전했던 열정이 만들어낸 결과물들이다.

"실패를 두려워하지 말고 도전하라."

사고를 치는 사람이 있어야 한다. 지금 우리 기업들은 너무 조용하고 시장 판세를 관망만 하고 있다. 사고 치는 직원이 많아야 하고, 가치 있는 아이디어를 전체 직원들이 제안해야 한다. 회사는 직원들의 아이디어를 선별해서 지원해주고, 결과에 대해 관대한 경영을 해야 한다. 실패를 두려워하거나 결과에 대해 관대하게 아량을 베풀지 않는다면 성장과 발전은 더 이상 기대하기 어렵다.

"일을 사랑하면 가치 있는 생각을 할 수 있다."

지금 하고 있는 일을 사랑하라. 시켜야만 일하는 사람은 머지 않아서 그 일의 소중함을 알게 될 것이다. 문제를 발견하고 대안을 만들어 제안하거나, 하고 있는 일에 전문가가 되기 위해 남다른 노력과 훈련을 스스로 해야 한다. 시간이 지나면 승진해서 직급이 올라가고 급여도 높아질 것란 보통사람들이 생각하고 있는 선을 넘어야만 성공할 수 있다.

지금 하고 있는 일에 가장 중요한 부분이 무엇인지 파악하고 그 분야에 전문가가 되기 위해 목표를 정하고 도전하라. 회사가 시장에서 승리할 수 있는 기회선점 경쟁 요인이 무엇인지도 찾아내기 바란다.

개인적으로도 성공하고, 회사의 명성을 높이고 크고 위대한 기업으로 키우는 것은 이 글을 읽고 있는 바로 당신의 책임이자 사명이다. 오늘 당신이 개혁을 선도하는 혁신의 주인공이 되기 바란다.

청소를 가장 깨끗하게 하는 방법은 그 자리를 차지하는 잡동사니를 모두 치우는 것이다. 너무 오래되어 이제는 쓸모없거나 먼지가 자욱하게 앉아 제 구실을 못하는 것은 쓰레기 종량제 봉투에 담아 버려야 한다. 빈자리에는 당장 앞으로 필요한 것들부터 하나둘씩 채워 가면서 일하면 성과를 내는 것에 문제가 없을 것이다.

한국 기업은 예전부터 가지고 있던 전통적인 비즈니스 방식으로 조직을 유지하고 있기 때문에 환경 변화에 대응하기가 어려웠다. 모든 것을 버리고 새롭고 경쟁력 있는 것들로 바꿔라. 환경이 변하고 경쟁이 치열해지더라도 필요한 것들을 재창조하면 경쟁력을 갖출 수 있다.

스스로 일하는 구조 수립

한국 기업이 가지고 있는 라인 구조 속에서는 대부분 적당히 일한다. 누구 일인지 정해져 있지 않아 늘 일이 많은 사람이나 일을 좀 할 줄 아는 사람만 바쁘다. 기업주는 잘못된 구조를 만들어 놓고서 모든 직원들이 주인처럼 일하기를 바란다. 각자가 맡은 업무를 스스로 수행할 수 있도록 수레바퀴 조직, 수평 자율 경영 구조로 조직을 바꿔야 한다.

목표 관리

오전 9시는 대부분 회사의 출근 시간이다. 그것이 맞는지 틀리는지도 모르면서 남들이 하니 덩달아 따라 하고 있다. 기획실에 근무하는 사람이 답을 얻기 위해 있어야 곳은 책상이 아니라 시장이다. 영업하는 사람들도 시장에서 답을 찾아야 한다. 경영 전략과 마케팅 전략도 시장에 나가야 답을 찾을 수 있다. 스스로 목표를 항해 나갈 수 있도록 자율 경영을 실행하고, 목표 관리에 집중하라.

돈을 벌 수 있는 구조 수립

돈을 벌려면 돈을 벌 수 있는 구조를 갖춰야 한다. 미리 평등하게 만들어 둔 급여 테이블은 직원들의 열정과 자기계발을 멈추게 하는 장애 요인이다. 평등은 이런 의미로 사용하라고 만든 말이 아니다. 급여는 어떻게 주느냐가 중요한 것이 아니라 누구에게 줄 것인가가 더 중요하다. 성과를 낸 사람에게는 큰 보상이 따라야 하고, 기여도가 높은 사람에게는 더 많은 기회를 주어야 한다. 직원들을 평등하게 대하지 마라.

명쾌하고 간단하게 경영하라

복잡하면 기억하지 못한다. 모든 것을 간단하게 만들어라. 일하는 것도 단순한 원칙과 규정을 정해서 누구나 쉽게 이해하고 알 수 있게 해야 한다. 간단해야 기억하고 정해진 대로 행동한다. 백과사전처럼 두툼해서 한 번도 들여다 보지 않는 인사 규정은 쓰레기통에 버려라. 간단한 경영이 재창조 경영의 키워드이다.

새로운 산업에 적을 찾고, 싸움 방식을 연구하라

지금까지 경쟁자가 진정 자신의 경쟁자인지 확인해보라. 이제는 다른 산업에서 경쟁자가 나타나서 우리 산업에 직접적인 영향을 미치고 있다. 새로운 적을 찾아서 새로운 싸움 방식으로 무장해야 한다.

책상을 빼고 시장에서 뛰어라

고정비를 줄인다고 사람을 내보내지 마라. 책상부터 빼고 다시 생각해보자. 정말 책상이 필요한가? 한국 정서는 아직도 책상이 있어야 소속감이 든다고 하지만, 진정한 소속감은 시장에서 근무하는 회사의 명성을 얻는 데서부터 시작된다. 건실한 회사를 만들고, 다른 기업들이 부러워하는 문화를 만들고, 남들이 어렵다고 할 때도 큰 성과를 낼 수 있으려면 책상 앞에 서성이지 말고 시장으로 달려 나가야 한다.

웹으로 이야기하고 업무를 보라. 디지털을 즐기고 활용해야 한다. 내 책상이 놓여 있던 공간에 미련을 두지 말고, 회사 모든 공간을 활용할 수 있다는 긍정적인 생각을 하면 오히려 부자가 된 기분이 들 것이다.

사람을 내보내고 고정비를 줄여야 회사가 살 수 있다고 믿는
다면 그렇게 해라. 그러나 환경은 계속 어려워질 것이다. 그때
또 사람을 내보내면 결국 회사는 시장에서 퇴출된다. 그보다는
노사가 하나되어 환경을 극복하고 이겨낼 수 있는 돈 벌 방법을
머리 맞대고 연구하는 편이 빠르다. 상생의 문화를 만들어야 한
다. 사장부터 책상 빼고 넓은 세상에 나가서 배워야 한다.

일천한 지식을 담았지만 본서를 읽고 변화의 씨앗이 싹 트기
를 기대하며, 본서에 담긴 전략을 실천해서 직원들의 열정을 이
끌어낼 수 있는 구조를 갖추는 기업들이 많이 생겨나기를 소원
한다. 경제 전쟁이 벌어진 지금은 세상에서 1, 2, 3등 하는 회사
만 생존하는 시장임을 잊지 마라. 기업의 핵심 가치를 찾아서 더
강화하는 전략으로 이동하기 바란다. 망설이지 말고 지금 행동
하라.

가림출판사 · 가림M&B · 가림Let's에서 나온 책들

문 학

바늘구멍
켄 폴리트 지음 / 홍영의 옮김 / 신국판 / 342쪽 / 5,300원

레베카의 열쇠
켄 폴리트 지음 / 손연숙 옮김 / 신국판 / 492쪽 / 6,800원

암병선
니시무라 쥬코 지음 / 홍영의 옮김 / 신국판 / 300쪽 / 4,800원

첫키스한 얘기 말해도 될까
김정미 외 7명 지음 / 신국판 / 228쪽 / 4,000원

사미인곡 上·中·下
김충호 지음 / 신국판 / 각 권 5,000원

이내의 끝자리
박수완 스님 지음 / 국판변형 / 132쪽 / 3,000원

너는 왜 나에게 다가서야 했는지
김충호 지음 / 국판변형 / 124쪽 / 3,000원

세계의 명언
편집부 엮음 / 신국판 / 322쪽 / 5,000원

여자가 알아야 할 101가지 지혜
제인 아서 엮음 / 지창국 옮김 / 4×6판 / 132쪽 / 5,000원

현명한 사람이 읽는 지혜로운 이야기
이정민 엮음 / 신국판 / 236쪽 / 6,500원

성공적인 표정이 당신을 바꾼다
마츠오 도오루 지음 / 홍영의 옮김 / 신국판 / 240쪽 / 7,500원

태양의 법
오오카와 류우호오 지음 / 민병수 옮김 / 신국판 / 246쪽 / 8,500원

영원의 법
오오카와 류우호오 지음 / 민병수 옮김 / 신국판 / 240쪽 / 8,000원

석가의 본심
오오카와 류우호오 지음 / 민병수 옮김 / 신국판 / 246쪽 / 10,000원

옛 사람들의 재치와 웃음
강형중 · 김경익 편저 / 신국판 / 316쪽 / 8,000원

지혜의 쉼터
쇼펜하우어 지음 / 김충호 엮음 / 4×6판 양장본 / 160쪽 / 4,300원

헤세가 너에게
헤르만 헤세 지음 / 홍영의 엮음 / 4×6판 양장본 / 144쪽 / 4,500원

사랑보다 소중한 삶의 의미
크리슈나무르티 지음 / 최윤영 엮음 / 신국판 / 180쪽 / 4,000원

장자-어찌하여 알 속에 털이 있다 하는가
홍영의 엮음 / 4×6판 / 180쪽 / 4,000원

논어-배우고 때로 익히면 즐겁지 아니한가
신도희 엮음 / 4×6판 / 180쪽 / 4,000원

맹자-가까이 있는데 어찌 먼 데서 구하려 하는가
홍영의 엮음 / 4×6판 / 180쪽 / 4,000원

아름다운 세상을 만드는 사랑의 메시지 365
DuMont monte Verlag 엮음 / 정성호 옮김
4×6판 변형 양장본 / 240쪽 / 8,000원

황금의 법
오오카와 류우호오 지음 / 민병수 옮김 / 신국판 / 320쪽 / 12,000원

왜 여자는 바람을 피우는가?
기젤라 룬테 지음 / 김현성 · 진정미 옮김 / 국판 / 200쪽 / 7,000원

세상에서 가장 아름다운 선물
김인자 지음 / 국판변형 / 292쪽 / 9,000원

수능에 꼭 나오는 한국 단편 33
윤종필 엮음 / 신국판 / 704쪽 / 11,000원

수능에 꼭 나오는 한국 현대 단편 소설
윤종필 엮음 및 해설 / 신국판 / 364쪽 / 11,000원

수능에 꼭 나오는 세계단편(영미권)
지창영 옮김 / 윤종필 엮음 및 해설 / 신국판 / 328쪽 / 10,000원

수능에 꼭 나오는 세계단편(유럽권)
지창영 옮김 / 윤종필 엮음 및 해설 / 신국판 / 360쪽 / 11,000원

대왕세종 1·2·3
박충훈 지음 / 신국판 / 각 권 9,800원

세상에서 가장 소중한 아버지의 선물
최은경 지음 / 신국판 / 144쪽 / 9,500원

건 강

아름다운 피부미용법
이순희(한독피부미용학원 원장) 지음 / 신국판 / 296쪽 / 6,000원

버섯건강요법
김병각 외 6명 지음 / 신국판 / 286쪽 / 8,000원

성인병과 암을 정복하는 유기게르마늄
이상현 편저 / 캬오 샤오이 감수 / 신국판 / 312쪽 / 9,000원

난치성 피부병
생약효소연구원 지음 / 신국판 / 232쪽 / 7,500원

新 방약합편
정도명 편역 / 신국판 / 416쪽 / 15,000원

자연치료의학 오홍근(신경정신과 의학박사 · 자연의학박사) 지음
신국판 / 472쪽 / 15,000원

약초의 활용과 가정한방
이인성 지음 / 신국판 / 384쪽 / 8,500원

역전의학
이시하라 유미 지음 / 유태종 감수 / 신국판 / 286쪽 / 8,500원

이순희식 순수피부미용법
이순희(한독피부미용학원 원장) 지음 / 신국판 / 304쪽 / 7,000원

21세기 당뇨병 예방과 치료법
이현철(연세대 의대 내과 교수) 지음 / 신국판 / 360쪽 / 9,500원

신재용의 민의학 동의보감
신재용(해성한의원 원장) 지음 / 신국판 / 476쪽 / 10,000원

치매 알면 치매 이긴다
배오성(백상한방병원 원장) 지음 / 신국판 / 312쪽 / 10,000원

21세기 건강혁명 밥상 위의 보약 생식
최경순 지음 / 신국판 / 348쪽 / 9,800원

기치유와 기공수련
윤한홍(기치유 연구회 회장) 지음 / 신국판 / 340쪽 / 12,000원

만병의 근원 스트레스 원인과 퇴치
김지혁(김지혁한의원 원장) 지음 / 신국판 / 324쪽 / 9,500원

김종성 박사의 뇌졸중 119
김종성 지음 / 신국판 / 356쪽 / 12,000원

탈모 예방과 모발 클리닉
장정훈 · 전재홍 지음 / 신국판 / 252쪽 / 8,000원

구태규의 100% 성공 다이어트
구태규 지음 / 4×6배판 변형 / 240쪽 / 9,900원

암 예방과 치료법
이춘기 지음 / 신국판 / 296쪽 / 11,000원

알기 쉬운 위장병 예방과 치료법
민영일 지음 / 신국판 / 328쪽 / 9,900원

이온 체내혁명
노보루 야마노이 지음 / 김병관 옮김 / 신국판 / 272쪽 / 9,500원

어혈과 사혈요법
정지천 지음 / 신국판 / 308쪽 / 12,000원

약손 경락마사지로 건강미인 만들기
고정환 지음 / 4×6배판 변형 / 284쪽 / 15,000원

정유정의 LOVE DIET
정유정 지음 / 4×6배판 변형 / 196쪽 / 10,500원

머리에서 발끝까지 예뻐지는 부분다이어트
신상만 · 김선민 지음 / 4×6배판 변형 / 196쪽 / 11,000원

알기 쉬운 심장병 119
박승정 지음 / 신국판 / 248쪽 / 9,000원

알기 쉬운 고혈압 119
이정균 지음 / 신국판 / 304쪽 / 10,000원

여성을 위한 부인과질환의 예방과 치료
차선희 지음 / 신국판 / 304쪽 / 10,000원

알기 쉬운 아토피 119
이승규 · 임승엽 · 김문호 · 안유일 지음 / 신국판 / 232쪽 / 9,500원

120세에 도전한다
이권행 지음 / 신국판 / 308쪽 / 11,000원

건강과 아름다움을 만드는 요가
정판식 지음 / 4×6배판 변형 / 224쪽 / 14,000원

우리 아이 건강하고 아름다운 롱다리 만들기
김성훈 지음 / 대국전판 / 236쪽 / 10,500원

알기 쉬운 허리디스크 예방과 치료
이종서 지음 / 대국전판 / 336쪽 / 12,000원

소아과 전문의에게 듣는 알기 쉬운 소아과 119
신영규 · 이강우 · 최성항 지음 / 4×6배판 변형 / 280쪽 / 14,000원

피가 맑아야 건강하게 오래 살 수 있다
김영찬 지음 / 신국판 / 256쪽 / 10,000원

웰빙형 피부 미인을 만드는 나만의 셀프 피부건강
양해원 지음 / 대국전판 / 144쪽 / 10,000원

내 몸을 살리는 생활 속의 웰빙 항암 식품
이승남 지음 / 대국전판 / 248쪽 / 9,800원

마음한글, 느낌한글
박완식 지음 / 4×6배판 / 300쪽 / 15,000원

웰빙 동의보감식 발마사지 10분
최미희 지음 / 신재용 감수 / 4×6배판 변형 / 204쪽 / 13,000원

아름다운 몸, 건강한 몸을 위한 목욕 건강 30분
임하성 지음 / 대국전판 / 176쪽 / 9,500원

내가 만드는 한방생주스 60
김영섭 지음 / 국판 / 112쪽 / 7,000원

몸을 살리는 건강식품
백은희 · 조창호 · 최양진 지음 / 신국판 / 384쪽 / 11,000원

건강도 키우고 성적도 올리는 자녀 건강
김진돈 지음 / 신국판 / 304쪽 / 12,000원

알기 쉬운 간질환 119
이관식 지음 / 신국판 / 272쪽 / 11,000원

밥으로 병을 고친다
허봉수 지음 / 대국전판 / 352쪽 / 13,500원

알기 쉬운 신장병 119
김형규 지음 / 신국판 / 240쪽 / 10,000원

마음의 감기 치료법 우울증 119
이민수 지음 / 대국전판 / 232쪽 / 9,800원

관절염 119
송영욱 지음 / 대국전판 / 224쪽 / 9,800원

내 딸을 위한 미성년 클리닉
강병문 · 이향아 · 최정원 지음 / 국판 / 148쪽 / 8,000원

암을 다스리는 기적의 치유법
케이 세이헤이 감수 / 카와키 나리카즈 지음 / 민병수 옮김
신국판 / 256쪽 / 9,000원

스트레스 다스리기
대한불안장애학회 스트레스관리연구특별위원회 지음
신국판 / 304쪽 / 12,000원

천연 식초 건강법 건강식품연구회 엮음 / 신재용(해성한의원 원장) 감수
신국판 / 252쪽 / 9,000원

암에 대한 모든 것
서울아산병원 암센터 지음 / 신국판 / 360쪽 / 13,000원

알록달록 컬러 다이어트
이승남 지음 / 국판 / 248쪽 / 10,000원

당신도 부모가 될 수 있다
정병준 지음 / 신국판 / 268쪽 / 9,500원

키 10cm 더 크는 키네스 성장법 김양수 · 이종균 · 최형규 · 표재환 · 김문희 지음
대국전판 / 312쪽 / 12,000원

당뇨병 백과
이현철 · 송영득 · 안철우 지음 / 4×6배판 변형 / 396쪽 / 16,000원

호흡기 클리닉 119
박성학 지음 / 신국판 / 256쪽 / 10,000원

키 쑥쑥 크는 롱다리 만들기
롱다리 성장클리닉 원장단 지음 / 4×6배판 변형 / 256쪽 / 11,000원

내 몸을 살리는 건강식품
백은희 · 조창호 · 최양진 지음 / 신국판 / 368쪽 / 11,000원

내 몸에 맞는 운동과 건강
하철수 지음 / 신국판 / 264쪽 / 11,000원

교 육

우리 교육의 창조적 백색혁명
원상기 지음 / 신국판 / 206쪽 / 6,000원

현대생활과 체육
조창남 외 5명 공저 / 신국판 / 340쪽 / 10,000원

퍼펙트 MBA IAE유학네트 지음 / 신국판 / 400쪽 / 12,000원

유학길라잡이Ⅰ-미국편
IAE유학네트 지음 / 4×6배판 / 372쪽 / 13,900원

유학길라잡이Ⅱ-4개국편
IAE유학네트 지음 / 4×6배판 / 348쪽 / 13,900원

조기유학길라잡이.com
IAE유학네트 지음 / 4×6배판 / 428쪽 / 15,000원

현대인의 건강생활
박상호 외 5명 공저 / 4×6배판 / 268쪽 / 15,000원

천재아이로 키우는 두뇌훈련
나카마츠 요시로 지음 / 민병수 옮김 / 국판 / 288쪽 / 9,500원

두뇌혁명
나카마츠 요시로 지음 / 민병수 옮김 / 4×6판 양장본 / 288쪽 / 12,000원

테마별 고사성어로 익히는 한자
김경익 지음 / 4×6배판 변형 / 248쪽 / 9,800원

生생 공부비법 이은승 지음 / 대국전판 / 272쪽 / 9,500원

자녀를 성공시키는 습관만들기
배은경 지음 / 대국전판 / 232쪽 / 9,500원

한자능력검정시험 1급
한자능력검정시험연구위원회 편저 / 4×6배판 / 568쪽 / 21,000원

한자능력검정시험 2급
한자능력검정시험연구위원회 편저 / 4×6배판 / 472쪽 / 18,000원

한자능력검정시험 3급(3급II)
한자능력검정시험연구위원회 편저 / 4×6배판 / 440쪽 / 17,000원

한자능력검정시험 4급(4급II)
한자능력검정시험연구위원회 편저 / 4×6배판 / 352쪽 / 15,000원

한자능력검정시험 5급
한자능력검정시험연구위원회 편저 / 4×6배판 / 264쪽 / 11,000원

한자능력검정시험 6급
한자능력검정시험연구위원회 편저 / 4×6배판 / 168쪽 / 8,500원

한자능력검정시험 7급
한자능력검정시험연구위원회 편저 / 4×6배판 / 152쪽 / 7,000원

한자능력검정시험 8급
한자능력검정시험연구위원회 편저 / 4×6배판 / 112쪽 / 6,000원

볼링의 이론과 실기 이택상 지음 / 신국판 / 192쪽 / 9,000원

고사성어로 끝내는 천자문
조준상 글 · 그림 / 4×6배판 / 216쪽 / 12,000원

내 아이 스타 만들기
김민성 지음 / 신국판 / 200쪽 / 9,000원

교육 1번지 강남 엄마들의 수험생 자녀 관리
황송주 지음 / 신국판 / 288쪽 / 9,500원

초등학생이 꼭 알아야 할 위대한 역사 상식
우진영 · 이양경 지음 / 4×6배판 변형 / 228쪽 / 9,500원

초등학생이 꼭 알아야 할 행복한 경제 상식
우진영 · 전선심 지음 / 4×6배판 변형 / 224쪽 / 9,500원

초등학생이 꼭 알아야할 재미있는 과학상식
우진영 · 정경희 지음 / 4×6배판 변형 / 220쪽 / 9,500원

한자능력검정시험 3급 · 3급II

한자능력검정시험연구위원회 편저 / 4×6판 / 380쪽 / 7,500원

교과서 속에 꼭꼭 숨어있는 이색박물관 체험 이신화 지음
대국전판 / 248쪽 / 12,000원

초등학생 독서 논술(저학년) 책마루 독서교육연구회 지음
4×6배판 변형 / 244쪽 / 14,000원

초등학생 독서 논술(고학년) 책마루 독서교육연구회 지음
4×6배판 변형 / 236쪽 / 14,000원

놀면서 배우는 경제
김솔 지음 / 대국전판 / 196쪽 / 10,000원

건강생활과 레저스포츠 즐기기
강선희 외 11명 공저 / 4×6배판 / 324쪽 / 18,000원

아이의 미래를 바꿔주는 좋은 습관
배은경 지음 / 신국판 / 216쪽 / 9,500원

다중지능 아이의 미래를 바꾼다
이소영 외 6인 지음 / 신국판 / 232쪽 / 11,000원

취미 · 실용

김진국과 같이 배우는 와인의 세계
김진국 지음 / 국배판 변형양장본(올 컬러판) / 208쪽 / 30,000원

경제 · 경영

CEO가 될 수 있는 성공법칙 101가지
김승룡 편역 / 신국판 / 320쪽 / 9,500원

정보소프트 김승룡 지음 / 신국판 / 324쪽 / 6,000원

기획대사전 다카하시 겐코 지음 / 홍영의 옮김
신국판 / 552쪽 / 19,500원

맨손창업 · 맞춤창업 BEST 74
양혜숙 지음 / 신국판 / 416쪽 / 12,000원

무자본, 무점포 창업! FAX 한 대면 성공한다
다카시로 고시 지음 / 홍영의 옮김 / 신국판 / 226쪽 / 7,500원

성공하는 기업의 인간경영 중소기업 노무 연구회 편저 / 홍영의 옮김
신국판 / 368쪽 / 11,000원

21세기 IT가 세계를 지배한다
김광희 지음 / 신국판 / 380쪽 / 12,000원

경제기사로 부자아빠 만들기
김기태 · 신현태 · 박근수 공저 / 신국판 / 388쪽 / 12,000원

포스트 PC의 주역 정보가전과 무선인터넷
김광희 지음 / 신국판 / 356쪽 / 12,000원

성공하는 사람들의 마케팅 바이블
채수명 지음 / 신국판 / 328쪽 / 12,000원

느린 비즈니스로 돌아가라
사카모토 게이이치 지음 / 정성호 옮김 / 신국판 / 276쪽 / 9,000원

적은 돈으로 큰돈 벌 수 있는 부동산 재테크
이원재 지음 / 신국판 / 340쪽 / 12,000원

바이오혁명
이주영 지음 / 신국판 / 328쪽 / 12,000원

성공하는 사람들의 자기혁신 경영기술
채수명 지음 / 신국판 / 344쪽 / 12,000원

CFO 교텐 토요오 · 타하라 오키시 지음 / 민병수 옮김
신국판 / 312쪽 / 12,000원

네트워크시대 네트워크마케팅
임동학 지음 / 신국판 / 376쪽 / 12,000원

성공리더의 7가지 조건
다이앤 트레이시 · 윌리엄 모건 지음 / 지창영 옮김
신국판 / 360쪽 / 13,000원

김종결의 성공창업
김종결 지음 / 신국판 / 340쪽 / 12,000원

최적의 타이밍에 내 집 마련하는 기술
이원재 지음 / 신국판 / 248쪽 / 10,500원

컨설팅 세일즈 *Consulting sales*
임동학 지음 / 대국전판 / 336쪽 / 13,000원

연봉 10억 만들기

김농주 지음 / 국판 / 216쪽 / 10,000원

주5일제 근무에 따른 한국형 주말창업
최효진 지음 / 신국판 변형 양장본 / 216쪽 / 10,000원

돈 되는 땅 돈 안되는 땅
김영준 지음 / 신국판 / 320쪽 / 13,000원

돈 버는 회사로 만들 수 있는 109가지
다카하시 도시노리 지음 / 민병수 옮김 / 신국판 / 344쪽 / 13,000원

프로는 디테일에 강하다
김미현 지음 / 신국판 / 248쪽 / 9,000원

머니투데이 송복규 기자의 **부동산으로 주머니돈 100배 만들기**
송복규 지음 / 신국판 / 328쪽 / 13,000원

성공하는 슈퍼마켓&편의점 창업
나명환 지음 / 4×6배판 변형 / 500쪽 / 28,000원

대한민국 성공 재테크 **부동산 펀드와 리츠로 승부하라**
김영준 지음 / 신국판 / 256쪽 / 12,000원

마일리지 200% 활용하기
박성희 지음 / 국판 변형 / 200쪽 / 8,000원

1%의 가능성에 도전, 성공 신화를 이룬 여성 CEO
김미현 지음 / 신국판 / 248쪽 / 9,500원

3천만 원으로 부동산 재벌 되기
최수길 · 이숙 · 조연희 지음 / 신국판 / 290쪽 / 12,000원

10년을 앞설 수 있는 재테크
노동규 지음 / 신국판 / 260쪽 / 10,000원

세계 최강을 추구하는 도요타 방식
나카야마 키요타카 지음 / 민병수 옮김 / 신국판 / 296쪽 / 12,000원

최고의 설득을 이끌어내는 프레젠테이션
조두환 지음 / 신국판 / 296쪽 / 11,000원

최고의 만족을 이끌어내는 창의적 협상
조강희 · 조원희 지음 / 신국판 / 248쪽 / 10,000원

New 세일즈 기법 물건을 팔지 말고 가치를 팔아라
조기선 지음 / 신국판 / 264쪽 / 9,500원

작은 회사는 전략이 달라야 산다
황문진 지음 / 신국판 / 312쪽 / 11,000원

돈되는 슈퍼마켓&편의점 창업전략(입지 편)
나명환 지음 / 신국판 / 352쪽 / 13,000원

25 · 35 꼼꼼 여성 재테크
정원훈 지음 / 신국판 / 224쪽 / 11,000원

대한민국 2030 독특하게 창업하라
이상헌 · 이호 지음 / 신국판 / 288쪽 / 12,000원

왕초보 주택 경매로 돈 벌기
천관성 지음 / 신국판 / 268쪽 / 12,000원

New 마케팅 기법 (실전편) 물건을 팔지 말고 가치를 팔아라 2
조기선 지음 / 신국판 / 240쪽 / 10,000원

퇴출 두려워 마라 홀로서기에 도전하라
신정수 지음 / 신국판 / 256쪽 / 11,500원

슈퍼마켓&편의점 창업 바이블
나명환 지음 / 신국판 / 280쪽 / 12,000원

위기의 한국 기업 재창조하라
신정수 지음 / 신국판 / 304쪽 / 15,000원

주 식

개미군단 대박맞이 주식투자
홍성걸(한양증권 투자분석팀 팀장) 지음 / 신국판 / 310쪽 / 9,500원

알고 하자! 돈 되는 주식투자
이길영 외 2명 공저 / 신국판 / 388쪽 / 12,500원

항상 당하기만 하는 개미들의 매도 · 매수타이밍 **999% 적중 노하우**
강경무 지음 / 신국판 / 336쪽 / 12,000원

부자 만들기 주식성공클리닉
이창희 지음 / 신국판 / 372쪽 / 11,500원

선물 · 옵션 이론과 실전매매
이창희 지음 / 신국판 / 372쪽 / 12,000원

너무나 쉬워 재미있는 주가차트
홍성무 지음 / 4×6배판 / 216쪽 / 15,000원

주식투자 직접 투자로 높은 수익을 올릴 수 있는 비결
김학균 지음 / 신국판 / 230쪽 / 11,000원

역 학

역리종합 **만세력** 정도명 편저 / 신국판 / 532쪽 / 10,500원
작명대전 정보국 지음 / 신국판 / 460쪽 / 12,000원
하락이수 해설 이천교 편저 / 신국판 / 620쪽 / 27,000원
현대인의 창조적 **관상과 수상** 백운산 지음 / 신국판 / 344쪽 / 9,000원
대운용신영부적 정재원 지음 / 신국판 양장본 / 750쪽 / 39,000원
사주비결활용법 이세진 지음 / 신국판 / 392쪽 / 12,000원
컴퓨터세대를 위한 新 **성명학대전** 박용찬 지음 / 신국판 / 388쪽 / 11,000원
길흉화복 꿈풀이 비법 백운산 지음 / 신국판 / 410쪽 / 12,000원
새천년 **작명컨설팅** 정재원 지음 / 신국판 / 492쪽 / 13,900원
백운산의 **신세대 궁합** 백운산 지음 / 신국판 / 304쪽 / 9,500원
동자삼 작명학 남시모 지음 / 신국판 / 496쪽 / 15,000원
구성학의 기초 문길여 지음 / 신국판 / 412쪽 / 12,000원
소울음소리 이건우 지음 / 신국판 / 314쪽 / 10,000원

법률 일반

여성을 위한 **성범죄 법률상식**
조명원(변호사) 지음 / 신국판 / 248쪽 / 8,000원
아파트 난방비 75% 절감방법
고영근 지음 / 신국판 / 238쪽 / 8,000원
일반인이 꼭 알아야 할 절세전략 173선
최성호(공인회계사) 지음 / 신국판 / 392쪽 / 12,000원
변호사와 함께하는 부동산 경매
최환주(변호사) 지음 / 신국판 / 404쪽 / 13,000원
혼자서 쉽고 빠르게 할 수 있는 **소액재판**
김재용 · 김종철 공저 / 신국판 / 312쪽 / 9,500원
"술 한 잔 사겠다"는 말에서 찾아보는 **채권 · 채무**
변환철(변호사) 지음 / 신국판 / 408쪽 / 13,000원
알기쉬운 **부동산 세무 길라잡이**
이건우(세무서 재산계장) 지음 / 신국판 / 400쪽 / 13,000원
알기쉬운 **어음, 수표 길라잡이**
변환철(변호사) 지음 / 신국판 / 328쪽 / 11,000원
제조물책임법
강동근(변호사) · 윤종성(검사) 공저 / 신국판 / 368쪽 / 13,000원
알기 쉬운 **주5일근무에 따른 임금 · 연봉제 실무**
문강분(공인노무사) 지음 / 4×6배판 변형 / 544쪽 / 35,000원
변호사 없이 당당히 이길 수 있는 **형사소송**
김대환 지음 / 신국판 / 304쪽 / 13,000원
변호사 없이 당당히 이길 수 있는 **민사소송**
김대환 지음 / 신국판 / 412쪽 / 14,500원
혼자서 해결할 수 있는 **교통사고 Q&A**
조명원(변호사) 지음 / 신국판 / 336쪽 / 12,000원
알기 쉬운 **개인회생 · 파산 신청법**
최재구(법무사) 지음 / 신국판 / 352쪽 / 13,000원

생활법률

부동산 생활법률의 기본지식
대한법률연구회 지음 / 김원중(변호사) 감수 / 신국판 / 472쪽 / 13,000원
고소장 · 내용증명 생활법률의 기본지식
하태웅(변호사) 지음 / 신국판 / 440쪽 / 12,000원
노동 관련 생활법률의 기본지식
남동희(공인노무사) 지음 / 신국판 / 528쪽 / 14,000원
외국인 근로자 생활법률의 기본지식
남동희(공인노무사) 지음 / 신국판 / 400쪽 / 12,000원
계약작성 생활법률의 기본지식
이상도(변호사) 지음 / 신국판 / 560쪽 / 14,500원

지적재산 생활법률의 기본지식
이상도(변호사) · 조의제(변리사) 공저 / 신국판 / 496쪽 / 14,000원
부당노동행위와 부당해고 생활법률의 기본지식
박영수(공인노무사) 지음 / 신국판 / 432쪽 / 14,000원
주택 · 상가임대차 생활법률의 기본지식
김운용(변호사) 지음 / 신국판 / 480쪽 / 14,000원
하도급거래 생활법률의 기본지식
김진흥(변호사) 지음 / 신국판 / 440쪽 / 14,000원
이혼소송과 재산분할 생활법률의 기본지식
박동섭(변호사) 지음 / 신국판 / 460쪽 / 14,000원
부동산등기 생활법률의 기본지식
정상태(법무사) 지음 / 신국판 / 456쪽 / 14,000원
기업경영 생활법률의 기본지식
안동섭(단국대 교수) 지음 / 신국판 / 466쪽 / 14,000원
교통사고 생활법률의 기본지식
박정무(변호사) · 전병찬 공저 / 신국판 / 480쪽 / 14,000원
소송서식 생활법률의 기본지식
김대환 지음 / 신국판 / 480쪽 / 14,000원
호적 · 가사소송 생활법률의 기본지식
정주수(법무사) 지음 / 신국판 / 516쪽 / 14,000원
新**상속과 세금 생활법률**의 기본지식
박동섭(변호사) 지음 / 신국판 / 492쪽 / 14,500원
담보 · 보증 생활법률의 기본지식
류창호(법학박사) 지음 / 신국판 / 436쪽 / 14,000원
소비자보호 생활법률의 기본지식
김성천(법학박사) 지음 / 신국판 / 504쪽 / 15,000원
판결 · 공정증서 생활법률의 기본지식
정상태(법무사) 지음 / 신국판 / 312쪽 / 13,000원
산업재해보상보험 생활법률의 기본지식
정유석(공인노무사) 지음 / 신국판 / 384쪽 / 14,000원

처 세

성공적인 삶을 추구하는 여성들에게 **우먼파워**
조안 커너 · 모이라 레이너 공저 / 지창영 옮김
신국판 / 352쪽 / 8,800원
聽 **이익이 되는 말** 話 **손해가 되는 말**
우메시마 미요 지음 / 정성호 옮김 / 신국판 / 304쪽 / 9,000원
부자들의 생활습관 가난한 사람들의 생활습관
다케우치 야스오 지음 / 홍영의 옮김 / 신국판 / 320쪽 / 9,800원
코끼리 귀를 당긴 원숭이-히딩크식 창의력을 배우자
강충인 지음 / 신국판 / 208쪽 / 8,500원
성공하려면 유머와 위트로 무장하라
민영욱 지음 / 신국판 / 292쪽 / 9,500원
등소평의 오뚝이전략
조창남 편저 / 신국판 / 304쪽 / 9,500원
노무현 화술과 화법을 통한 이미지 변화
이현정 지음 / 신국판 / 320쪽 / 10,000원
성공하는 사람들의 토론의 법칙
민영욱 지음 / 신국판 / 280쪽 / 9,500원
사람은 칭찬을 먹고산다
민영욱 지음 / 신국판 / 268쪽 / 9,500원
사과의 기술
김농주 지음 / 신국판 변형 양장본 / 200쪽 / 10,000원
취업 경쟁력을 높여라
김농주 지음 / 신국판 / 280쪽 / 12,000원
유비쿼터스시대의 블루오션 전략
최양진 지음 / 신국판 / 248쪽 / 10,000원
나만의 블루오션 전략 - 화술편
민영욱 지음 / 신국판 / 254쪽 / 10,000원
희망의 씨앗을 뿌리는 20대를 위하여
우광균 지음 / 신국판 / 172쪽 / 8,000원

끌리는 사람이 되기위한 이미지 컨설팅
홍순아 지음 / 대국전판 / 194쪽 / 10,000원

글로벌 리더의 소통을 위한 스피치
민영욱 지음 / 신국판 / 328쪽 / 10,000원

오바마처럼 꿈에 미쳐라
정영순 지음 / 신국판 / 208쪽 / 9,500원

여자 30대, 내 생애 최고의 인생을 만들어라
정영순 지음 / 신국판 / 256쪽 / 11,500원

명 상

명상으로 얻는 깨달음
달라이 라마 지음 / 지창영 옮김 / 국판 / 320쪽 / 9,000원

어 학

2진법 영어 이상도 지음 / 4×6배판 변형 / 328쪽 / 13,000원

한 방으로 끝내는 영어 고제윤 지음 / 신국판 / 316쪽 / 9,800원

한 방으로 끝내는 영단어 김승엽 지음 / 김수경 · 카렌다 감수 /
4×6배판 변형 / 236쪽 / 9,800원

해도해도 안 되던 영어회화 하루에 30분씩 90일이면 끝낸다
Carrot Korea 편집부 지음 / 4×6배판 변형 / 260쪽 / 11,000원

바로 활용할 수 있는 기초생활영어
김수경 지음 / 신국판 / 240쪽 / 10,000원

바로 활용할 수 있는 비즈니스영어
김수경 지음 / 신국판 / 252쪽 / 10,000원

생존영어55 홍일록 지음 / 신국판 / 224쪽 / 8,500원

필수 여행영어회화 한현숙 지음 / 4×6판 변형 / 328쪽 / 7,000원

필수 여행일어회화 윤영자 지음 / 4×6판 변형 / 264쪽 / 6,500원

필수 여행중국어회화 이은진 지음 / 4×6판 변형 / 256쪽 / 7,000원

영어로 배우는 중국어 김승엽 지음 / 신국판 / 216쪽 / 9,000원

필수 여행스페인어회화 유연창 지음 / 4×6판 변형 / 288쪽 / 7,000원

바로 활용할 수 있는 홈스테이 영어
김형주 지음 / 신국판 / 184쪽 / 9,000원

필수 여행러시아어회화 이은수 지음 / 4×6판 변형 / 248쪽 / 7,500원

레포츠

수열이의 브라질 축구 탐방 삼바 축구, 그들은 강하다
이수열 지음 / 신국판 / 280쪽 / 8,500원

마라톤, 그 아름다운 도전을 향하여
빌 로저스 · 프리실라 웰치 · 조 헨더슨 공저 /
오인환 감수 / 지창영 옮김 / 4×6배판 / 320쪽 / 15,000원

인라인스케이팅 100%즐기기
임미숙 지음 / 4×6배판 변형 / 172쪽 / 11,000원

배스낚시 테크닉
이종건 지음 / 4×6배판 / 440쪽 / 20,000원

나도 디지털 전문가 될 수 있다!!!
이승훈 지음 / 4×6배판 / 320쪽 / 19,200원

스키 100% 즐기기
김동환 지음 / 4×6배판 변형 / 184쪽 / 12,000원

태권도 총론
하웅의 지음 / 4×6배판 / 288쪽 / 15,000원

건강하고 아름다운 동양란 기르기
난마을 지음 / 4×6배판 변형 / 184쪽 / 12,000원

수영 100% 즐기기
김종만 지음 / 4×6배판 변형 / 248쪽 / 13,000원

애완견114
황양원 엮음 / 4×6배판 변형 / 228쪽 / 13,000원

건강을 위한 웰빙 걷기
이강옥 지음 / 대국전판 / 280쪽 / 10,000원

우리 땅 우리 문화가 살아 숨쉬는 옛터
이형권 지음 / 대국전판 올컬러 / 208쪽 / 9,500원

아름다운 산사

이형권 지음 / 대국전판 올컬러 / 208쪽 / 9,500원

쉽고 즐겁게! 신나게! 배우는 재즈댄스
최재선 지음 / 4×6배판 변형 / 200쪽 / 12,000원

맛과 멋이 있는 낭만의 카페
박성찬 지음 / 대국전판 올컬러 / 168쪽 / 9,900원

한국의 숨어 있는 아름다운 풍경
이종원 지음 / 대국전판 올컬러 / 208쪽 / 9,900원

사람이 있고 자연이 있는 아름다운 명산
박기성 지음 / 대국전판 올컬러 / 176쪽 / 12,000원

마음의 고향을 찾아가는 여행 포구
김인자 지음 / 대국전판 올컬러 / 224쪽 / 14,000원

생명이 살아 숨쉬는 한국의 아름다운 강
민병준 지음 / 대국전판 올컬러 / 168쪽 / 12,000원

틈나는 대로 세계여행
김재관 지음 / 4×6배판 변형 올컬러 / 368쪽 / 20,000원

해양스포츠 카이트보딩
김남용 편저 / 신국판 올컬러 / 152쪽 / 18,000원

풍경 속을 걷는 즐거움 명상 산책
김인자 지음 / 대국전판 올컬러 / 224쪽 / 14,000원

3.3.7 세계여행
김완수 지음 / 4×6배판 변형 올컬러 / 280쪽 / 12,900원

골 프

퍼팅 메커닉
이근택 지음 / 4×6배판 변형 / 192쪽 / 18,000원

아마골프 가이드
정영호 지음 / 4×6배판 변형 / 216쪽 / 12,000원

골프 100타 깨기
김준모 지음 / 4×6배판 변형 / 136쪽 / 10,000원

골프 90타 깨기
김광섭 지음 / 4×6배판 변형 / 148쪽 / 11,000원

KLPGA 최여진 프로의 센스 골프
최여진 지음 / 4×6배판 변형 올컬러 / 192쪽 / 13,900원

KTPGA 김준모 프로의 파워 골프
김준모 지음 / 4×6배판 변형 올컬러 / 192쪽 / 13,900원

골프 80타 깨기
오태훈 지음 / 4×6배판 변형 / 132쪽 / 10,000원

신나는 골프 세상
유응열 지음 / 4×6배판 변형 올컬러 / 232쪽 / 16,000원

이신 프로의 더 퍼펙트
이신 지음 / 국배판 / 336쪽 / 28,000원

주니어출신 박영진 프로의 주니어골프
박영진 지음 / 4×6배판 변형 올컬러 / 164쪽 / 11,000원

골프손자병법
유응열 지음 / 4×6배판 변형 올컬러 / 212쪽 / 16,000원

박영진 프로의 주말 골퍼 100타 깨기
박영진 지음 / 4×6배판 변형 올컬러 / 160쪽 / 12,000원

10타 줄여주는 클럽 피팅
현세용 · 서주석 공저 / 4×6배판 변형 / 184쪽 / 15,000원

단기간에 싱글이 될 수 있는 원포인트 레슨
권용진 · 김준모 지음 / 4×6배판 변형 올컬러 / 152쪽 / 12,500원

이신 프로의 더 퍼펙트 쇼트 게임
이신 지음 / 국배판 올컬러 / 248쪽 / 20,000원

여성실용

결혼준비, 이제 놀이가 된다 김창규 · 김수경 · 김정철 지음
4×6배판 변형 올컬러 / 230쪽 / 13,000원

위기의 한국 기업
재창조하라

2008년 10월 10일 제1판 1쇄 발행

지은이/신정수
펴낸이/강선희
펴낸곳/가림출판사

등록/1992. 10. 6. 제4-191호
주소/서울시 광진구 구의동 57-71 부원빌딩 4층
대표전화/458-6451   팩스/458-6450
홈페이지/ www.galim.co.kr
전자우편/galim@galim.co.kr

값 15,000원

ISBN 978-89-7895-302-3 13320